本书系2018年度国家社科基金重大项目"马克思主义中国化百年传播话语体系变迁研究（1919—2018）"（项目批准号：18ZDA315）阶段性研究成果

新时代
中国国际传播创新发展

周宇豪　孙锐　高琳　著

WUHAN UNIVERSITY PRESS
武汉大学出版社

图书在版编目(CIP)数据

新时代中国国际传播创新发展／周宇豪，孙锐，高琳著. —武汉：武汉大学出版社，2024. 7
ISBN 978-7-307-24187-9

Ⅰ.新… Ⅱ.①周… ②孙… ③高… Ⅲ.中外关系—传播学—研究 Ⅳ.G219. 26

中国国家版本馆 CIP 数据核字(2023)第 249935 号

责任编辑：胡国民 责任校对：李孟潇 版式设计：马 佳

出版发行：**武汉大学出版社** （430072 武昌 珞珈山）
（电子邮箱：cbs22@ whu.edu.cn 网址：www.wdp. com.cn）
印刷：湖北恒泰印务有限公司
开本：720×1000 1/16 印张：18 字数：302 千字 插页：1
版次：2024 年 7 月第 1 版 2024 年 7 月第 1 次印刷
ISBN 978-7-307-24187-9 定价：66.00 元

目　　录

1. 新时代中国国际传播创新发展背景

世界正处于百年未有之大变局中，全球政治、经济、科技、文化等方面都发生了深刻变化。作为一个拥有悠久历史和崇高文明的国家，中国也不可避免地受到了这一变局的影响。在这一全球性变革的背景下，中国的国际传播面临着新的挑战和机遇。随着中国在全球事务中的影响力不断提升，国际传播也成为中国外交和国际战略的重要组成部分。习近平总书记指出："要深刻认识新形势下加强和改进国际传播工作的重要性和必要性，下大气力加强国际传播能力建设，形成同我国综合国力和国际地位相匹配的国际话语权。"①中国国际传播通常是指中国积极借助各种渠道和手段，向国际社会广泛传递中国的文化、价值观、政策、理念和形象。其目标是增进国际社会对中国的了解和认知，缩小不同文化之间的差距，促进友好合作和共赢，为中国在国际舞台上更加积极参与和发挥作用创造有利条件，以增进国际相互了解、友好合作，从而提升中国在国际事务上的影响力和进一步增强国家软实力。

因此，更加深入地了解中国国际传播的背景就显得尤为重要。中国国际传播背景可分为发展背景和理论背景，它们共同构成了中国国际传播发展的环境和基础。发展背景影响着中国国际传播的外部条件，而理论背景则为中国国际传播提供了理论支撑和指导，使其能够更加有针对性和有效地进行。

---

① 习近平. 习近平谈治国理政(第四卷)[M]. 北京：外文出版社，2022：316.

1.1 新时代中国国际传播创新发展背景

在探讨中国国际传播的发展背景时，首先要明确中国国际传播的发展背景是指影响和推动中国国际传播发展的各种外部环境因素的总和，这些因素包括全球政治、经济、科技、文化等方面的变化和演变。它们交织在一起，构成了中国国际传播的发展脉络。世界经历百年未有之大变局和中国现代化发展进入新时代是开展中国国际传播工作的两大基本背景。"世界百年未有之变局"这一短语揭示出这是一场近现代历史上罕见的、对全球各领域都产生深刻影响的大变革。这种变局包括：全球政治格局的演变；科技革命的崛起与数字化时代的来临；风险社会的挑战以及当前中国国际传播面临的紧张国际关系局势。同时，我们同样不能忽视中国式现代化的发展的背景。中国作为一个拥有悠久历史和崇高文明的国家，在现代化道路上走出了一条独具特色的道路。中国式现代化发展背景具体包括随着中国经济的崛起，必然需要更为广度的中国国际传播作为支撑。中国国际传播是塑造中国软实力的迫切需求，中国国际传播在加强中华文明传播力和影响力方面具有重要作用，传播中国特色社会主义制度需要良好的国际舆论环境。这四个方面共同促进了中国式现代化的发展背景。

1.1.1 世界百年未有之变局与新时代中国国际传播

世界正经历百年难遇的巨大变革，这是以习近平同志为核心的党中央对全球形势的重要判断，也是我们理解和应对国际形势变化的基本依据，同时也代表着国际权力格局正在快速重新调整的重大变化。它根据全球发展进程所作的历史性判断，揭示出国际力量对比、利益格局和治理体系正在经历重大调整。这种调整充满了矛盾、分歧和斗争。国际传播中的霸权主义因素正日益公然地针对中国的和平发展，同时科技革命也正在深刻改变国际传播的模式。这种巨大变革对于中国的国际传播工作既带来了挑战，又蕴含着机遇。在全球范围内，中国的国际传播工作因世界百年未有之大变局而发挥着更为显著的影响力，同时也进一步推动着它的发展。具体来说，世界百年未有之变局主要包括以下四个方面。

1.1.1.1 国际政治格局的演变

在过去的一个世纪内，全球历经百年未有之变局，国际政治格局发生了翻天覆地的演变。这种国际政治格局的变化直接关系到新时代中国国际传播的环境和方式，同时也会对新时代中国国际传播的策略造成影响。从双极时代到单极时代，再到当今的多极化时代，均在不同程度上重新塑造了国际政治格局。

在双极时代，以美国和苏联为代表的两大超级大国通过政治宣传、军事展示和意识形态渗透等手段，在全球范围内展开了一场持续数十年的意识形态对抗和军事竞赛。这一时期，信息传播的目的超越了简单的事实传递，更着重于塑造意识形态以争夺国际支持。由于受制于冷战格局，国际传播逐渐呈现高度政治化，中国的声音往往被美国和苏联的竞争掩盖，难以真实地展现自身国际形象。

到了单极时代，美国成为全球唯一超级大国。美国将文化与政治、经济等多个领域相结合，构建起强大的"软实力"，进而占据了国际传播的主导地位。这一时期，中国积极扩大开放，着手探索新的国际传播方式。但受制于美国的主导地位，中国的国际声音往往难以在国际舆论中引起足够的关注。在此背景下，中国逐渐意识到，要想在国际传播中发出有力的声音，就必须加大国际传播的力度，提升传播的质量和效果。

随着多极化国际格局的出现，全球力量分布趋向均衡。新兴大国的崛起和地区性力量的增强，不同国家和地区的声音得以充分表达，使得国际传播呈现出更为多元的面貌。中国作为新兴大国之一，中国的国际传播不再受制于单一超级大国的影响，有更大的空间去塑造自身的国际形象，从而提升中国话语在国际上的影响力。在这一背景下，中国通过积极参与各种国际组织和合作机制，倡导构建人类命运共同体，提出"一带一路"倡议等，为新时代中国国际传播赢得了更多展示自身的形象和理念的机会。同时，中国加大了国际际传播能力的建设力度，通过设立国际新闻电台、共建孔子学院、春晚全球直播等方式，推广中国的文化、价值观、政策以及世界观。然而，在多极化格局下，中国也面临着一些不利因素和挑战。多极化格局增进了不同文化、价值观和意识形态之间的碰撞和交流。在这样的背景下，中国的国际传播可能会面临来自不同文化背景的挑战，特别是在传播全球议题时，中国需要更敏锐地处理文化差异，采取更具吸引力和影响力的传播策略。同时，随着中国的快速崛起，中国面临着西方霸权主义主导的国际舆论的偏见。一些西方媒体常常将中国塑造为"图霸世界的红色帝国""集权、专制、独裁政体"等，这在中美贸易争端、对香港等地选举制度的干预、新冠疫情的来源等事件中屡见不鲜。这些媒体往往在报道中忽视中国所进行的努力，对中国产生的成就视而不见，通过对中国的行为进行污名化，从而煽动国际舆论中的反华情绪。还有一些西方媒体通过这样的报道，将中国描绘成一种威胁存在，从而将中国推入所谓的"中国威胁论"的框架中。正是这些偏见和不实报道对中国国家形象和中国国际传播工作造成了明显的负面影响和阻碍。

1.1.1.2 科技革命的崛起与数字化时代的来临

20 世纪末 21 世纪初，信息技术的飞速发展引发了一场前所未有的科技革命，为世界带来了前所未有的紧密联系。互联网、移动通信、数字化、人工智能等技术的突破性应用，改变了人类社会的生活方式、经济模式和社会结构，国际传播的速度和广度大大增加。公众不再只是信息的被动接收者，而是可以积极参与信息传播的主体；国际传播不再只是单向的信息输出，而是需要建立起更加互动和双向的沟通机制；国家之间的竞争不再仅仅局限于经济和军事领域，信息传播的能力也成为衡量国际影响力的重要指标。

尽管数字化时代带来了进行大规模的信息传播和交流的便利，但同时也对中国国际传播提出了新的挑战。多元传播主体的兴起，赋予了更多的网民自由表达话语的机会，使得他们在数字化时代成为重要的信息传播者。然而，一些传播主体的行为需要谨慎加以审视。部分网民刻意吸引注意力，追求刺激和浮躁的内容，创作流量取向的信息，比如在 TikTok 等海外平台上故意制作卖惨或滑稽的内容。此外，在社交媒体上散播虚假信息和谣言也是一种失范行为，特别是在紧急事件或热点话题发生时。例如，在关于扶贫成果的真实性或少数民族政策的解读方面，一些网民可能为了追求短期的关注和热议而散布虚假信息，这不仅会误导公众，引发社会恐慌和混乱，而且这种情况还可能被一些西方媒体所利用，用来传播他们关于中国"人权"问题的言论，从而对中国在国际传播中塑造积极形象造成不利影响。

与此同时，随着数字化技术的飞速进步，监控和操控信息变得更加便捷。在这个数字化时代，一些国家可能会利用先进的技术手段来干预其他国家的信息传播，试图在国际舆论中塑造有利于自身的形象。这种行为引发了广泛的争议和反感。其中一个备受争议的例子是，Twitter 在 2021 年 1 月封禁了中国驻美大使馆的官方账号。Twitter 声称这一决定是为了防止"有组织的涉政操作"，但并未提供充分的证据来支持这一说法。中国政府强烈反驳了这一行为，将其视为干涉中国内政的表现，并指责 Twitter 不公正地对待中国。

1.1.1.3 风险社会加大了对新时代中国国际传播的挑战

风险社会是在 20 世纪 80 年代由德国社会学家乌尔里希·贝克提出的一个概念。他认为在传统社会中，人们更多地面临自然灾害等外部传统风险，随着科技、工业、环境等领域的快速发展，很多新型风险是由社会自身产生的，如环境问题、科技风险、金融危机等。这些新型风险不仅在很大程度上重塑了我们的生活方式和社会结构，也直接影响着新时代中国国际传播的策略和效果。同时，在风险社会中，信息的传播更容易出现失真和偏见，尤其是风险问题往往涉及国家的核心利益和政策，不同国家在解读和回应风险问题时可能产生分歧。这可能让国际社会产生对中国政策和立场的错误理解，进而加剧国际舆论中的偏见和误解。

以新冠疫情为例，在疫情初期，美国前总统特朗普将病毒命名为"中国病毒"，短短几个小时，此举在 Twitter 等社交媒体平台迅速蔓延，引发大规模传播。"中国病毒"的说法助长了"中国应对新冠疫情负责"以及"中国起源论"的默认结论，严重损害了中国的国际形象。同时，在国内，在面对风险问题中的不确定性和信息失真时，"双黄连"防治新冠肺炎的伪科学方法在网络流传广泛，负面情绪的加剧使人们更加焦虑和恐慌，干扰了他们的正常判断能力。这也可能导致不同群体之间的对立和不信任感，从而引发社会治理问题，甚至对中国的国际传播产生负面影响。

此外，风险社会中的风险问题常常涉及国家的核心利益和政策，不同国家和民众对于风险问题的解读和回应可能产生分歧。以"环保少女"格雷塔的言论为例，她曾在一次演讲中指责中国使用筷子是一种非常浪费资源的行为，也是一种破坏生态环境的行为。为了保护资源，格雷塔说中国人应该使用刀叉，马上戒掉使用筷子这种坏习惯。然而，她并未意识到中国使用的筷子原材料并非树木，而是竹子。因此，这种误解可能使国际社会对中国环保政策产生误解。

总体而言，风险社会给中国国际传播带来了多方面挑战。在这个社会中，对于风险问题的争议已经超出了问题本身，相关的负面信息更可能加剧国家之间的不信任，以及各国民众之间的对立情绪。这可能导致深层次和长期的影响，对中国国际传播构成一种挑战。同时，风险信息的失真和错误定义使得信息传递变得困难，损害国际传播的健康生态环境，更不利于国际交流活动的开展。这不仅对中国的国际形象造成负面影响，还可能加剧国际社会的误解和偏见，导致国际合作的困难和国际关系的紧张。

1.1.1.4　新时代中国国际传播正面临着紧张的国际关系局势

国际形势一直在不断变化，而这种变化对中国的国际传播产生了深远影响。新兴国家的崛起，特别是中国的崛起，正在重新塑造国际体系，同时引发了许多国家关系之间的变化。这种变化不仅影响着国际政治、经济等多个领域，也在很大程度上深刻地影响了新时代中国国际传播的形势。

中国的崛起在一定程度上挑战了现有的国际秩序，在全球化的背景下，错综复杂的国际关系使得各国对于国际秩序的未来充满了担忧。欧洲国家作为国际政治和经济的重要参与者，对于中国的崛起存在着复杂的看法。尽管中国的发展为全球提供了巨大的经济合作机会，但也在一些国家引发了战略上的焦虑感、危机感甚至恐惧感。这种矛盾的态度进一步加剧了国际传播的复杂性。一方面，中国的强势崛起对一些国家的传统地位和利益构成了威胁，引发了这些国家对未来国际秩序的担忧；另一方面，中国在一些国际事务中的意识形态和价值观，也引发了一些国家对于中国立场的担忧。在这样的背景下，这种担忧在国际传播中被放大，一些国家开始重新思考和调整对华政策。例如欧洲将"伙伴""竞争者"和"制度性对手"作为对华政策的新的三重定位。美国则采取更加强硬的立场，加强在亚太地区的军事存在和与盟友的合作，试图遏制中国的影响力。还有一些国家采取对华敌对政策，不断制造舆论攻击，试图削弱中国的国际地位。这些政策调整使得中国的国际传播环境变得更加错综复杂。

台海问题就是一个典型案例。随着中国的崛起，美国和其他一些国家对台湾问题的态度也引发了国际关注。美国在军事、政治、外交等多个领域的干预，导致台海局势紧张。同样，中美贸易战也对中国的国际传播产生了重大影响，这场贸易战不仅在经济层面带来影响，还引发两国政治紧张。对于中国来说，不同国家和媒体对这些问题持有不同观点，这些事件在国际传播中可能被夸大或误解，从而影响国际社会对中国经济和国际合作的看法。如何通过中国国际传播正确宣传台湾问题和报道中国在贸易战中的立场和反应，对于维护中国的国际形象和声誉至关重要。

1.1.2 中国式现代化发展与中国国际传播

中国式现代化发展进入新时代，这一历史性节点不仅推动了全面改革的深入，同时这一发展还引领着中国各项工作的全面升级。在此背景下，中国的国际传播工作需要更明确的目标和规划，也将面临更高的要求。具体来讲，中国式现代化发展下的中国国际传播背景可以分为以下四个方面：

一是随着中国经济发展的崛起，必然需要更为广度的中国国际传播作为支撑。邓小平同志曾明确指出，"经验证明，关起门来搞建设是不能成功的，中国的发展离不开世界"[1]；党的十一届三中全会上也强调要"在自力更生基础上，积极发展同世界各国平等互利的经济合作"[2]；党的十八大报告则进一步指出要"加快走出去步伐，增强企业国际化经营能力，培育一批世界水平的跨国公司。统筹双边、多边、区域次区域开放合作，加快实施自由贸易区战略，推动同周边国家互联互通"[3]。中国改革开放政策的实施从根本上使中国由计划经济转向市场经济，为中国的经济腾飞打下了基础。中国倚重丰富的劳动力资源、广阔的市场规模以及政府的有力引导，为其快速的经济增长提供了稳固支持。作为全球最大的出口国和第二大进口国，中国向世界提供了大量商品和服务。中国的经济实力在国际事务中的作用日益重要，已成为全球产业链中不可或缺的一部分。如今，中国已经从一个低收入国家发展成为世界第二大经济体，被誉为"中国经济的奇

---

① 邓小平文选(第3卷)[M].北京：人民出版社，1993：78.

② 中共中央文献研究室.改革开放三十年重要文献选编[M].北京：中央文献出版社，2008：16.

③ 胡锦涛文选(第3卷)[M].北京：人民出版社，2016：632.

迹"。与此同时，经济上的相互依赖加深了国际社会之间的联系，也使得中国在国际组织中的影响力逐渐上升，推动了国际交流与合作。通过与其他国家的合作，为全球经济体系的构建贡献了积极力量。

然而，随着中国的经济崛起及经济利益的扩大，国际舆论的积极支持就变得尤为重要。例如在 2018 年，澳大利亚政府禁止华为和中兴参与建设澳大利亚的 5G 网络基础设施，理由是担心潜在的国家安全风险。美国指控华为通过子公司 Skycom 违反了对伊朗的制裁，并涉嫌欺诈银行；2020 年，印度政府以国家安全为由，禁止了多个中国应用程序，包括 TikTok 和 WeChat 在印度境内的使用。这些例子不仅在国际关系中具有重要性，还影响到国际舆论对中国的看法和态度。

从中国国际传播战略的角度来看，中国的国际传播在支持中国海外经济利益方面扮演着独特而不可替代的角色。尤其在当前中国积极推动的"一带一路"倡议下，国际舆论的支持变得尤为重要。这有助于为中国企业和经济在国际舞台上的拓展创造更有利的传播环境，从而使国际社会能够更准确地了解中国的发展成就、投资项目以及贸易合作，减少信息的不对称，消除误解，形成更加公正客观的认知。同时也能够加强国际交流与合作，吸引更多国家和机构参与到与中国的合作中来，促进国际互利共赢。

二是中国国际传播是塑造中国软实力的迫切需求。软实力这一概念是由美国国际关系学者约瑟夫·奈于 20 世纪 90 年代提出的。他指出，软实力是国家通过文化、价值观、政治制度、外交政策等手段来塑造自身形象和吸引其他国家、组织或个人的一种能力。不同于硬实力，软实力的发展需要长期积累，它更多地依赖影响力、亲和力和合作，使他人（或他国）自愿地合作、共享价值观，而非通过威胁或武力，从而对国际关系和国际政治产生深远影响。

其中，国际传播能力就是国家软实力的重要组成部分。党的二十大报告强调要"不断提升国家文化软实力和中华文化影响力"，并"加强国际传播能力建设，全面提升国际传播效能，形成同我国综合国力和国际地位相匹配的国际话语权"①。当前，全球局势的复杂性和国际政治经济的变革，已大大削弱了大国对全球的控制力，使软实力的竞争变得更加激烈。中国国际传播能力涉及塑造和传

---

① 习近平著作选读（第一卷）[M]．北京：人民出版社，2023：38.

播国家形象，直接影响着国家的公信力和话语权，在一定程度上决定着国家的软实力。所以，中国的国际传播能力建设至关重要，通过讲好中国故事、传播中国声音、展现中华文化，以促进中华文化的国际传播。

在全球化时代，中国国际传播能力和文化软实力紧密相连。中华文化的吸引力和影响力需要借助国际传播，因此中国国际传播能力成为提升文化软实力的重要途径。尽管新兴国家在国际传播中扮演着重要角色，然而，国际传播领域一直以来都由西方国家主导。因此，打破这种国际传播的垄断格局，提升国际传播能力，已成为新兴国家普遍追求的目标。美英日等国的成功经验显示，国际传播能力建设包括文化内容、传播渠道和平台建设。这些国家的共同点都是通过自身文化，来扩展本国的国际传播内容；通过注重媒体建设，扩宽传播渠道；通过文化平台建设，增强文化价值认同感。而这些国家的不同之处在于，无论是美国、英国，还是日本，它们都是根据各自国家的实际情况而确定的。对于中国来说，当前正面临着国际传播的重要任务，但国际传播能力建设既充满了机遇，也伴随着挑战。在2017年，习近平总书记就提出要促进中国国际传播能力，建设具有广泛影响力的中华文化软实力。党的十八大以来，随着党中央对中国国际传播工作的高度重视，我国国际传播能力进一步得到提升。中国国际传播的实践经验和美英日等国家的成功经验，为中国在此领域的努力提供了有益的借鉴。在推进国际传播能力建设过程中，中国应以现实问题为导向，结合本国的实际情况，借鉴英美日的经验，有计划地增强不同方面的国际传播重点，以全面提升中国国际传播能力。这不仅有助于增强国家的文化软实力，也有助于塑造更积极、更具吸引力的国际形象。

三是中国国际传播在加强中华文明传播力和影响力方面具有重要作用。习近平总书记曾在中共中央政治局集体学习时指出："中华优秀传统文化是中华文明的智慧结晶和精华所在，是中华民族的根和魂，是我们在世界文化激荡中站稳脚跟的根基。"①党的二十大报告明确提出要"增强中华文明传播力影响力"，这与"中国式现代化""创造人类文明形态"等相呼应，成为国际传播的新指引。同时，

① 中共中央党史和文献研究院. 习近平关于社会主义精神文明建设论述摘编［M］. 北京：中央文献出版社，2022：236.

党的二十大报告首次将文明传播影响力与国际传播能力放在一起表述，明确了中国国际传播的历史目标就是进一步增强中华文明传播力和影响力，从而推动文明交流互鉴和构建人类命运共同体。中国悠久的历史文明不仅是中国国际传播的重要传播内容，同时也是价值根基。立足民族根基、继承精神品质、发掘当代价值，是进一步驱动中国国际传播能力建设的关键所在。新时代的中国国际传播，不管是扩大中国的国际话语权，还是展示中国良好的形象，都需要紧密围绕中华文明的传播、深化文明交流与互鉴。

中国作为一个拥有五千多年历史的古老国度，拥有丰富的文化遗产，如儒家思想、水墨画、瓷器等。在新时代的背景下，这些宝贵的元素都需要通过国际传播来加强中华文明传播力。美国学者塞缪尔·亨廷顿提出了"文明冲突论"，他认为不同文明之间存在冲突和对抗，是造成世界局势动荡的根本原因。然而，中华文明的优秀传统文化持有天下大同的理念，强调人类命运共同体的概念。这一理念体现在中国国际传播中，强调合作、和平、共赢的原则，与各国共同发展、分享成果的愿望密切相关。这种理念推动着中华文化更好走向世界，促进不同文明在交流互鉴中共同进步，增进了各国人民之间的了解与亲近。

与此同时，社交媒体的普及，为中国的国际传播提供了全新的途径，使其不再受限于传统媒体的形式，不同文化之间的交流也变得更加频繁和直接。通过分享照片、文字、音频和视频，人们能够更加深入地了解不同国家的文化和生活方式。外来文化的涌入推动了中国文化的多元融合与创新，同时国际文化的交融也在影响着中国文化的发展。例如，中国的绘画艺术中融入了西方的绘画风格，中国的美食在西方国家也受到了广泛欢迎，这些都体现了中外文化在交流中的相互影响与借鉴。但需要注意的是，在信息爆炸的时代，文化内容的传播速度极快，文化交流与碰撞既为中国国际传播提供动力，也充满着挑战。不同国家和地区的文化有着独特的价值观和传统，可能会因为语言障碍、历史观念等问题产生分歧。其次，文化传播也可能导致一些国家的文化逐渐同质化，丧失独特性。在中国国际传播中要坚持本土特色、加强对外交流、促进多元融合，为全球文化的繁荣与发展作出更大的贡献。这对于当今中国的进步发展和国家复兴仍然具有极其重要的意义，它在新时代中国国际传播中扮演着重要角色，同时也为中华文明与世界文明的交流中提供最有力的精神支持。

四是传播中国特色社会主义制度需要良好的国际舆论环境。虽然中国特色社会主义制度的成功实践获得了国际社会广泛且积极的关注，然而，部分群体仍未能全面、客观地评价其优势，甚至出现了对其价值的误读和曲解。出现这种情况的一个主要原因是，有些人对中国特色社会主义制度的核心内容缺乏充分的理解，忽略了其所蕴含的社会主义精神，如合作共赢、共同发展、交流互鉴等。

虽然一些国际舆论和知名学者已经开始研究解读中国特色社会主义，但他们没有从其历史与现实的实践角度，从更全面的角度来解读其核心内容，导致他们对中国特色社会主义的理解不确切。尤其是一些理解不通透的学者盲目发表错误的见解，试图从中国传统价值中寻找中国特色社会主义制度的内涵，从而产生了错误的相似性。

其次，部分国外的舆论专家和研究学者并没有从更深层的层面来解读中国特色社会主义所取得的巨大成功，而是将中国的成功污蔑为"全球化的作用"或"美日英等国经济的刺激"，并试图从根本上否定中国的成功。西方国家通过否定中国特色社会主义的价值来质疑中国共产党的合法性。制度价值是指一种社会体制或制度在道德和法律上的合理性和可接受性，它有助于确保一个国家的制度得到认可和支持。从西方的角度来看，中国特色社会主义制度在国内可以满足人们追求全面自由发展的需求，同时在国际上也越来越受欢迎。面对这一不可否认的事实，西方国家只能试图通过否定中国特色社会主义的意识形态来质疑中国共产党的合法性。

再次，国际社会没有把社会主义的核心价值观和中国特色社会主义的制度价值联系起来。国际社会用来评价体制的标准往往具有明显的意识倾向性。虽然西方学者设计的评价标准看起来公平，但往往在意识倾向性的影响下，存在着不公正。

这种对中国特色社会主义制度价值的错误认知，不论是无意的忽视、虚无化还是故意的歪曲，都会对中国造成国际舆论压力，影响国家良好的形象，甚至会削弱中国群众对社会主义制度的信任力，从而加剧国内潜在的风险。这种国际社会对中国特色社会主义制度的错误认知，对中国的影响巨大。为此，中国必须高度重视这一情况，通过对产生的原因进行剖析，进而采取有效的措施，使中国国际传播工作能够在国际领域更好地开展。因此，中国特色社会主义制度需要更加有利的国际舆论环境。

中国特色社会主义制度内含着深刻且丰富的价值理念,因此要精心开展中国特色社会主义制度价值的国际传播,耐心细致地解释和阐释其内涵。同时,务实地推进中国特色社会主义建设事业,逐步提升其吸引力。从而为促进全球合作共赢、推进全球共同发展以及全球文化交流互鉴作出更为显著的贡献。

1.2 新时代中国国际传播创新理论背景

随着中国迈入崭新的时代,国家面临着前所未有的发展机遇和挑战。这一全新的历史阶段,标志着中国正在不断走近世界舞台的中央,成为国际格局中不可或缺的重要一环。中国的日益崭露头角不仅源于其经济的飞速崛起,更因为它在国际事务中愈发积极的角色。然而,这个由中国特色社会主义所构筑的新世界地图,也伴随着更加多元和复杂的交流需求,为新时代中国国际传播创新理论的涌现提供了充足的土壤。在这样的历史背景下,国际传播不再只是信息的单向传送,而是一个多维、多向的交流网络,涵盖着政治、经济、文化、科技等多个领域。信息的传播不再受时空限制,而是在互联网和社交媒体的推动下,实现了全球化的扩散。中国作为一个正在融入全球化进程的重要国家,必须面对这种趋势带来的机遇和挑战。它需要更加灵活地运用各种传播手段,以更加全面和立体的方式向世界传递中国的声音和理念。在这个全球化的时代,了解新时代中国国际传播创新理论背景就尤为重要,而其理论背景主要包括加强新时代中国国际传播话语体系建设和丰富新时代马克思主义中国化对外交往理论两个方面。

1.2.1 加强新时代中国国际传播话语体系建设

新时代中国国际传播话语体系是塑造国家软实力的重要部分,同时也是中国取得国际话语权的关键先决条件。中国加强新时代国际传播话语体系的建设,有助于更深入地让国际社会了解中国,扩大中国在国际上的话语影响力;还有助于打破西方传播的垄断,改变中国在传播能力上较弱的局面。纵观世界,一个国家在国际上的话语权与其国际传播话语体系的道德影响力、实际解释力和思想穿透力直接相关。如果一个国家无法在国际舞台上有效传播话语,就难以在国际话语权方面发出真实的声音，难以维护国家的利益，甚至对国家之间的交流互鉴造成影响，破坏外部交流环境，从而丧失话语主动权，被一些外部强势话语左右。虽然中国的国际传播方式有着其独创性和自主性，但在国际上，中国国际传播的影响力还不够强。要想改变这一状况，中国需要加强国际传播话语体系的建设，同时改进传播方式。这样，中国的经验和智慧才能更好地传达给国际听众，让他们愿意倾听并真正信任我们，中国才能与其他国家更好地交流，提高国家的国际声誉。党的十八大以来，习近平总书记多次以来强调要加强新时代中国国际传播话语体系的建设。2021年5月，他强调要"构建中国式话语和叙事体系，用中国理论阐释实践，用中国实践升华理论，创造中外融通的新概念、新范畴、新表述，更充分地展示中国故事和其背后的思想力量和精神力量"①。同时，他还强调"牢记联接中外、沟通世界的职责，把握大局大势，创新对外话语体系，构建全媒体传播格局，建设高素质队伍，不断提高国际影响力，更好介绍中国的发展理念、发展道路、发展成就，更好展示真实、立体、全面的中国"②。在新时代下，通过加强中国国际传播话语体系建设，有助于增强中国在国际上的话语权，从而占据传播主导地位，在国际重要议题上发挥举足轻重的作用，以及对西方的刻意歪曲与抹黑具有更强的回击力，使中国的发展模式和道路在国际舆论场上逐渐赢得尊重和认同。

1.2.1.1 新时代中国国际传播话语体系的构成要素

要加强新时代中国国际传播话语体系的建设，首先要了解该体系的构成要素。新时代中国国际传播话语体系的构成要素并不是只有一个单一的要素，而是一个多元素的集合体，不同元素之间相互影响。从狭义上看，新时代中国国际传播话语体系的构成要素可以划分为几个主要方面，包括话语者(党的领导人、普通党员等)、话语理念(维护国家形象、促进全球和平与发展等)、话语内容(中国共产党执政理念、执政成就等)、话语情景(中国共产党自身发展、新时代中国国际传播的背景等)、话语对象(海外公众、媒体等)、话语方式(报刊、互联

---

① 习近平书信选集(第一卷)[M]. 北京：中央文献出版社，2022：329.
② 习近平书信选集(第一卷)[M]. 北京：中央文献出版社，2022：329.

网等）、话语目的(促进中国走向世界、获得更多认可和认同等)。这些要素在狭义上构成了新时代中国国际传播话语体系的内部结构。从广义上来看，该体系的构成要素更加注重于如何在实际中进行有效运作，注重于运作的环节和过程。其中，在 2020 年 6 月 30 日，习近平总书记在《关于加快推进媒体深度融合发展的指导意见》中强调"建立以内容建设为根本、先进技术为支撑、创新管理为保障的全媒体传播体系"，这一指导意见可被视为中国共产党关于自身传播体系建设的重要判断，强调了在传播体系中内容、技术与管理三大要素的重要性。新时代中国国际传播话语体系是一个由多个要素相互协作构成的综合性结构，其中包括顶层设计、话语表达、传播资源等。这个体系和新时代中国国际传播的指导原则、紧急情况处理和评价体系等系统间存在着密切关系。通过对中国共产党的传播历史的学习，并结合传播工作的历史经验教训，可以看出，新时代中国国际传播话语体系基于物质性的对外传播资源和精神性的对外传播原则。它由多个要素共同构成，包括新时代中国国际传播的指导思想、相关政策、预定目标等。同时，还有相关实践，包括传播内容、传播渠道、传播平台等。另外，传播风险监测体系、评估体系等也是属于传播要素。这些要素之间相互关联、相互影响，形成了一个整体的传播系统。此外，新时代中国国际传播话语体系的构成要素可以大致分为两种类型。第一种是有形的传播资源，包括中国国际传播的渠道、平台、内容、人员等。这些都是中国共产党对外传播话语的承载体，同时也是保障传播实践顺利进行的物质基础。第二种是无形的中国国际传播的内在精神，涵盖对外传播的目标、理论、制度、政策等要素。正是这些无形的中国国际传播的目标、理论、制度、政策等要素，构成了中国共产党对外传播话语内容并确保其实效的理念基础。这些要素相互作用，共同构建了新时代中国国际传播话语体系的整体框架。

1.2.1.2　新时代中国国际传播话语体系的体系形态

中国国际传播话语体系的基本要素、传播思路、传播实践等，共同构成了新时代中国国际传播话语体系。

第一，新时代中国国际传播话语体系具有顶层设计。它涵盖指导思想、构建目标、政策、制度等内容。中国共产党国际传播的宏观规划，也就是顶层设计，在宏观层面指导了新时代中国国际传播的方向和具体实施，直接影响着新时代中国国际传播的实际效果。

第二，新时代中国国际传播话语体系包括内容制作、传播渠道、平台建设和人才队伍培养等方面，这些元素形成了一套中国特色的话语传播的系统。这个体系不是孤立的，它与社会各个领域的复杂变化相互关联，这些变化可能发生在不同的地方和环节。其中，中国国际传播话语的产生和传播尤为重要，因为这是提高国际传播水平和增强国际话语权的主要方式。中国共产党在国际交往中采取的互利共赢行为是话语生产和传播的基础，两者相辅相成，行为支撑话语，而话语又反映了行为。

第三，在新时代中国国际传播话语体系中，受众分析和培养至关重要。中国共产党的话语传播直接面向国际社会，包括外国政府、不同的党派、国际组织、社会团体以及境外企业等。这个受众群体非常复杂，他们在立场和利益上存在着差异。面对这种差异，中国在对外传播方面需要深入了解这些受众，分析他们的需求和特点，以制定更精确的传播策略。这就需要将受众划分成不同的层次，如支持者、合作伙伴、持怀疑态度的人甚至反对者，并根据他们的背景和接受习惯，有针对性地传递信息。这种精准的传播策略有助于克服现有的传播障碍，提高国际话语传播的效果。

第四，在新时代中国国际传播话语体系中，我们要特别关注传播风险监测体系、评估体系等。因为国际交往环境不断变化，我们需要实时监测特定事件、特定受众或潜在风险，建立健全的应急传播体系，以便能够主动应对各种挑战。同时，话语评估体系也不容忽视，它涵盖对整体对外传播话语体系科学性的评估、对顶层设计可行性的评估，以及对具体实践行为的评估。然而，这些方面常常容易被当前的话语体系忽视。

这些要素交织在一起，构成了新时代中国国际传播话语体系的重要组成部分。在国际传播的过程中，特别是在面对多元受众和复杂环境的情况下，充分考虑这些要素的相互关系和作用，对于确保对外传播的有效性和实效性至关重要。

1.2.1.3 新时代中国国际传播话语体系的构建思路

早在 20 世纪，法国著名的哲学家、社会学家和历史学家福柯就对国际传播话语体系的构建思路提供了一定的理论参考。他对话语与权力关系的探讨为社会科学和哲学领域带来了深刻的洞察和思考。他认为，话语与权力之间存在着紧密的联系，二者相互作用并共同构成社会的运行机制。他认为，权力不仅仅是体现在政治、经济层面上的支配，还存在于社会文化的方方面面。而话语作为一种表达和传递信息的方式，实际上是权力的一种体现。通过话语，人们能够塑造和影响他人的思想、行为以及整个社会的运行。掌权者通过控制和操纵话语的流动，能够塑造社会的价值观、规范和认知模式，从而实现对社会的控制和影响。

在过去的一个世纪里，中国共产党一直高度重视新时代中国国际传播话语体系的效果。在不同的历史背景下，中国共产党的对外传播策略有所不同，不同的传播策略与中国共产党的指导思想、目标与国内发展背景密切相关。新时代中国国际传播话语体系的构建思路包括多种不同表述，如"主动发声""把地球管起来""互相借鉴""中西交融"等。这些不同的表达方式隐藏着中国共产党推动世界和平、友好交流、中西互鉴、保护国家利益和传播社会主义思想的战略和目标。尽管在社会主义的初级阶段，中国共产党并没有明确提出"中国国际传播话语体系"的概念，但中国国际传播一直是中国共产党工作的重要部分。例如，即使在新中国成立初期，国家尚未富裕，但中国共产党仍迅速建立了完善的对外宣传媒介体系。随着对外传播体系不断发展，我国塑造了一套可以传达党的思想、发展道路和文化制度的国际化言论。这种言论的传播提高了国际社会对中国共产党的了解和支持程度，为构建新时代的国际传播言论体系打下了坚实基础。

在 2013 年 11 月 12 日，中国共产党第十八届中央委员会第三次全体会议通过的《中共中央关于全面深化改革若干重大问题的决定》中明确指出："加强国际传播能力和对外话语体系建设。"因此，建设一套具有中国特色的多层次、立体的创新性的新时代中国国际传播话语体系就成为重中之重。在建设中国共产党对外传播话语体系时，新时代中国国际传播构建思路是捋清"中国共产党对外传播"与"中国对外传播"的异同之处。同时，还需考虑中国共产党的国际传播话语体系和中国的国际传播话语体系在不同方面的异同。特别是在传播对象方面，无论是以中国共产党为主体还是以中国为主体的国际传播话语体系，都面向国际社会，但在传播者、传播内容、传播对象以及话语方式方面，中国共产党的国际传播话语体系更为紧密、更为专注地围绕中国共产党的活动展开。这些都从各个方面为中国国际传播提供了一定的构建思路和实际实践经验。

综合而言，构建中国国际传播话语体系是一项需要战略性思考和系统性规划的复杂任务。中国国际传播话语体系的构建思路是关乎国家形象、文化输出以及国际影响力的重要战略。这一体系的构建需要在理念、内容、方式等多个方面有机结合，以确保信息传递的准确性、广泛性和影响力。

1.2.2　丰富新时代马克思主义中国化对外交往理论

新时代中国国际传播在不断创新中崭露头角，其背后有着深厚的理论基础和丰富的内涵。其中，一个重要方面就是马克思主义中国化对外交往理论和新时代中国特色社会主义国际传播思想，这不仅是中国国际传播的基石，更是国际交往的战略引领。在新的历史时期，马克思主义中国化对外交往理论将继续为中国走向世界、影响世界贡献更多智慧与力量。

马克思主义对外传播思想为新时代中国国际传播的理论背景提供了重要的理论支持和启发。马克思主义对外传播思想的核心原则和国际主义精神与新时代中国国际传播的目标和使命相契合，为中国在全球范围内传播自己的声音和价值观奠定了理论基础。马克思主义对外传播思想不仅是新时代中国国际传播理论的核心思想，同样也是中国特色社会主义道路的根本指导思想，对国家发展具有深远的理论价值。要充分理解学习党的领导人关于国际传播的重要论述，以更好地指导新时代中国的对外传播工作，就必须深入把握国际传播的理论背景。新时代中国国际传播在实践中依赖马克思主义的指导，究其根源是源于马克思、恩格斯以及列宁的对外传播思想，同时继承并发展了中国历届领导的国际传播理念。这些思想在传承的基础上不断创新，既与前人的思想相呼应又与时俱进，充分体现了中国共产党关于对外传播的重要论述的科学性与实践性。

在新时代中国国际传播能力建设的理论基石中，马克思交往理论、世界历史理论以及马克思主义新闻观始终发挥着至关重要的作用，它们为进一步丰富新时代马克思主义中国化对外交往理论、推动新时代中国国际传播能力建设提供了坚实的理论支撑和实践经验。其中，马克思交往理论强调了价值的传播和文化的交流对国际关系的影响，世界历史理论帮助我们更好地理解历史发展和国际格局，而马克思主义新闻观则指导着我们如何准确、客观、公正地报道国际新闻。这些理论的综合运用有助于中国更好地应对国际传播的挑战和机遇，提高国际话语权，促进世界的和平与繁荣。然而，当前国际传播局势非常复杂，新时代中国国际传播仍然面临许多压力与挑战。因此，深入探讨和学习马克思主义的理论价值变得尤为关键。

马克思主义交往理论揭示了国际传播的重要历史使命，这一理论体系是马克思主义哲学关于人类社会交往活动的阐释。它关注的焦点是社会关系和交往活动如何影响社会变革和个体成长，同时，它还强调了社会结构、经济基础、意识形态等因素对交往活动的影响。马克思交往理论是中国参与国际活动的重要理论依据，对中国国际传播产生了深远影响。这一理论强调平等、互利、和平、合作的国际交往原则，为中国国际传播提供了理论指导，促使中国积极参与国际事务、维护和平与稳定。同时，中国国际传播的目标始终与马克思交往理论相互呼应，促使中国国际传播将国内发展与全球格局相结合，为构建更加公正的国际秩序贡献中国智慧。这一理论也强调人类共同价值观，引导中国国际传播倡导和平、发展、公平、公正的国际秩序，凸显中国在国际事务中的重要作用。通过梳理马克思交往理论的发展脉络和历史逻辑，更有助于深刻地理解中国国际传播的价值内涵，为进一步深化新时代中国国际传播工作奠定坚实的理论基础。

马克思的世界历史理论是他对人类社会历史发展独特的理解和阐述，主要聚焦在他的作品《资本论》以及与弗里德里希·恩格斯共同创作的著作中。这一理论强调了历史发展的内在规律，尤其是突出了生产力和生产关系的矛盾如何驱动社会形态的演变，以及阶级斗争如何推动了历史的演进。马克思的世界历史理论是马克思主义哲学体系不可或缺的组成部分，对于理解人类社会历史演进的规律和动力具有重要指导作用。新时代中国国际传播能力建设的现实目标在于传播中国社会主义核心价值观，而中国社会主义核心价值观更有助于国际社会了解并认识中国。这种价值观与国际传播工作相互交织，相互促进，在统一中推动着人类社会的前进和发展。同时这一理论也为新时代中国国际传播提供了科学理论支撑，也揭示了国际传播的实践逻辑。

马克思主义新闻观是基于马克思主义哲学和政治经济学，对新闻和媒体在社会中的作用和地位进行了深入分析和阐释。其关注点在于新闻媒体的阶级属性、社会责任，以及在传播积极价值观、揭示社会现实等方面的重要作用。习近平总书记曾明确指出："新闻观是新闻舆论工作的灵魂。"①中国共产党在国际传播实践中将马克思主义新闻观作为行动的基本准则，在实践中逐步丰富和发展了这一理论。1948 年，毛泽东同志在与《晋绥日报》编辑人员的交流中提出了"全党办报、群众办报"的工作方针，强调"我们的报纸也要靠大家来办，靠全体人民群众来办，靠全党来办，而不能只靠少数人关起门来办"②。邓小平同志则强调将新闻传播工作要对社会有所贡献。江泽民同志则于 1996 年提出"福祸论"，即"舆论导向正确，是党和人民之福；舆论导向错误，是党和人民之祸"③。胡锦涛同志强调要同时注重国内国外两个不同的方面，做好对外传播工作。习近平总书记提出了新闻宣传的真实性原则、尊重规律、以人民为中心等一系列观点。我国历届领导人的指导思想与马克思主义的经典理论融合发展成为新时代马克思主义新闻观。马克思主义新闻观明确了新时代中国国际传播的行动方向，具有指导性作用，对于引领我国整体内外传播工作，应对国内外不同的传播背景和复杂多变的外部环境具有重要的实际意义。

综上所述，新时代中国国际传播的理念遵循马克思主义思想，强调在国际交往中要互相借鉴、互相交流。中国也正是在以马克思主义对外传播思想为理论指导，不断提高国际传播能力，为促进更平等、更包容的国际交流作出贡献。

国际传播能力的重点内容是国家或政党如何塑造和引领本国国际传播的能力，其中的关键就是，国家或政党领导人如何确定国际传播的方向和政策。党的十八大以来，习近平总书记在不同场合多次谈到国际传播的重要性，这些重要论述在多个层面逐步构建了一个系统化的国际传播框架，而这个框架的核心就是讲好中国故事。习近平总书记强调中国国际传播的总目标是使中国的国际声誉与中国国力相匹配，在国际社会获得相应的话语权，为中国的改革和发展创造良好的国际舆论环境，同时为构建全球命运共同体贡献力量。这些思想为中国在国际传播方面提供了指导和政策支持，也有助于向国际社会展示中国的立场和宏观战

---

① 习近平著作选读(第一卷)[M]. 北京：人民出版社，2023：453.
② 毛泽东选集(第 4 卷)[M]. 北京：人民出版社，1991：1319.
③ 江泽民文选(第 1 卷)[M]. 北京：人民出版社，2006：564.

略；同时，也明确了新时代中国国际传播的总目标，阐释了新时代中国国际传播的使命。其核心要素仍然是"中国特色与中国故事"。从"展现真实、立体、全面的中国"到"展现可信、可爱、可敬的中国"，反映了中国国际传播从传递者的角度转向受众的角度，标志着中国国际传播能力建设的重心转变，中国所追求的目标不再是仅仅劝服对方，而是使对方客观认知并认同。从历史、理论与实践角度来看，这些论述的价值体现在推动中国共产党的国际传播理论体系进入新的发展阶段，有利于为新时代中国国际传播营造良好的国际传播环境，同时也有利于新时代中国国际传播能力的快速提升。

2. 新时代中国国际传播主要内容

新时代我国面对复杂的国际形势，亟待建立中国国际传播新话语体系，以应对西方对我国的围追堵截，以及有意的曲解与无意的误解。曲解与误解主要有三种情况：一是故意曲解，二是渠道不畅通认知的停滞，三是因文化差异导致理解不到位或不理解。新时代我国在国际上的话语权逐渐增强，但存在传播力、影响力、话语力后劲不足的现象。加之，以美国为首的西方国家有意通过唱衰中国、散播"中国威胁论"等手段阻碍、打压中国发展，我国亟待寻找新渠道、新策略改变现状。面对当前复杂的国际局面，中国要自强、自立，一是加强内生文化软实力建设，二是加强新时代中国国际传播话语体系建设以及国际传播能力建设。习近平总书记强调："讲好中国故事，传播好中国声音，展示真实、立体、全面的中国，是加强我国国际传播能力建设的重要任务。"①因此，在新时代中国国际传播中必须创新对外传播话语体系，寻找国际传播新路径、新方法、新对策，方能在新时代中国国际传播中讲好中国故事，传播好中国声音。进一步而言，讲好中国故事，也是新时代中国国际传播的主要举措。只有厘清传播的主要内容，传播好中国声音的渠道才起作用。

新中国成立以来，我国在新闻外宣领域不断拓展新路径，但基于历史语境和社会现实，我国国际传播能力难尽如人意。直到改革开放，我国对外宣传才有了进一步发展。某种意义上，改革开放加速了我国与其他国家之间的交流，包括政治外交、经济贸易与文化精神交往。新世纪以来，随着媒介技术的发展，我国对外传播已不仅仅局限于新闻传播实践，而是逐步拓展传播类型样式和媒介形态。

---

① 加强和改进国际传播工作 展示真实立体全面的中国[N]. 人民日报，2021-06-02(1).

引进来，走出去，中国传统文化以及治国理政、经济发展等理念在国际上得以深入传播。特别是马克思主义作为指导思想，奠定了交往的重要性，确立了交往与发展的关系。某种意义上，国际传播能力不足是由于国际传播的主体性建构出现了问题。新时代中国国际传播创新发展的本质是主体性建构，这就要求我们应进一步加强中国特色、中国价值、中国智慧、中国方案的传播，以获得国际社会理解和认同，提升国际传播力和国际传播效能。

2.1 新时代中国国际传播以马克思主义交往理论为指导

马克思在《1844年经济学哲学手稿》中提出了"交往"概念，马克思交往理论坚持唯物主义，以物质实践为基础，注重人与人、人与自然的关系。交往是以物质生产为基础的，包含政治、经济、文化、军事等各方面。这与哈贝马斯注重语言的交往相异。马克思主义交往理论与中国文化中的交往的含义较为一致，皆是以物质为基础的务实化交往。古往今来，中国一直倡导"邦交""经济贸易""文化交流"等，例如古代丝绸之路(陆上丝绸之路和海上丝绸之路)，当代的上海合作组织、"一带一路"("丝绸之路经济带"和"21世纪海上丝绸之路")、中法文化之春等。新时代中国国际传播思想对马克思主义交往理论的发展，对新时代中国国际传播话语体系建设、传播路径拓展等具有深刻的指导意义。

2.1.1 以不断发展的21世纪中国化马克思主义对外交往理论指导新时代中国特色对外传播工作

党的十八大以来，中国国际传播取得了辉煌的成就，这得益于马克思主义科学理论的指导——面对复杂多变的国际形势，我们必须以马克思主义为指导，一方面探索符合中国国情和社会发展实际的中国道路，另一方面也要做好具有中国特色的对外宣传工作。习近平总书记多次对中国国际传播作出指示，如要"构建起多主体、立体式的大外宣格局"①。所谓"大外宣格局"，其中一层含义是开放性、包容性。推而言之，就是多措并举、兼收并蓄、尊重差异、文化互鉴、合作

---

① 2021年5月31日，习近平总书记在中共中央政治局第三十次集体学习时的讲话。

共赢。"习近平国际传播观着眼于人类文明整体发展，以构建人类命运共同体理念和'一带一路'建设为内核，以讲好中国故事、传播好中国声音、提升中国国际话语权、建设具有强大传播力和影响力的国际传媒集团为主要目标。"①为实现这一目标，我们要遵循和平、平等、互信、共赢的理念，这也是新时代我国对外交往的理念。社会学家费孝通先生有言，"各美其美，美人之美，美美与共，天下大同"。这意味着我们要尊重文化的多样性，也要尊重其他民族的文化，才能推动世界文明、国际社会共同发展。钱穆先生也曾提出"民族共存""文化交流"的历史大趋势。② 民族共存和文化交流的前提是和平、共赢、文化自信，也是新时代中国国际传播的出发点。

首先，要基于和平理念开展对外传播。和平是我国在经济、社会、文化、国际关系等方面一贯坚持的原则。只有走和平发展之路，人民才能过上幸福的生活，世界各国才能和平共处。新中国成立以来，我国一直秉持和平发展的理念，走和平崛起之路。不可否认，国际社会存在一些不和平的现象，甚至造成当地民众民不聊生。作为中华儿女，我们要珍惜来之不易的和平，也要倡导和平共处的发展原则。同时向世界推介中国时，要讲好中国关于和平发展、和平崛起的故事。

新时代中国特色对外传播必须坚持中国价值理念。中国与西方因为文明根源不同，所以人际交流交往方式也不尽相同。中华文化根植于农耕文明，家庭集体劳作，重集体轻个人，形成了以"和"为中心的价值理念。因此，在内部交往中，秉持"以和为贵"的价值理念。从春秋战国至明清时期，虽有内部争斗，但多以邦交的方式处理，一方面解决了内部利益之争，另一方面也使得百姓免受战争之苦。另外，还有贸易、会盟、和亲等方式的邦交。从历史上来看，"和"是中国治国理政、文化交流、经济贸易等一以贯之践行的理念。习近平总书记对中国国际传播的要求中提出，"用中国理论阐释中国实践，用中国实践升华中国理论，打造融通中外的新概念、新范畴、新表述，更加充分、更加鲜明地展现中国故事

---

① 周宇豪，刘宁. 习近平国际传播观的科学内涵、核心内容与时代特征[J]. 新闻与传播评论，2022(6)：6.

② 钱穆. 民族与文化[M]. 贵阳：贵州人民出版社，2019：4.

及其背后的思想力量和精神力量"①。"和"的价值观念便是中国理论的理论精髓之一，中国也一直在倡导和平发展，以及世界各地区尊重差异、和平共处。因此，新时代中国国际传播必须以中国理念为核心，打造融通中外的新概念、新表述，讲好中国故事，传播好中国声音，才能有效提升中国的国际话语权，乃至在世界的传播力和影响力。

其次，要基于共赢理念开展对外传播。世界各国的合作发展从来不是完全无私奉献的，只有看到合作中的共同利益，或者各方都有所受益，才有长久持续合作的可能性。换言之，共赢是国际合作的基石。中国在国际经济贸易合作中，摒弃西方某些国家自我独大的错误观念，坚持合作共赢的理念。这一理念是平等互惠的，也是基于平等、互信原则下的正确发展之路。如马克思所言，贸易是交往的一种形式。"某一个地方创造出来的生产力，特别是发明，在往后的发展中是否会失传，取决于交往的扩展情况。"②因此，国际交往是必要的，它不但是内生性的，也是外生性的。国际贸易合作不仅要惠及本国民众，同时通过国际贸易也能使本国的科技发明向他国普及，助力本国经济发展。交往是国际社会发展的必由之路，交流互鉴才能共同发展、共同进步。

中巴经济走廊是 2013 年启动的"一带一路"的重要项目之一，基于共赢、互联互通原则，中巴经济走廊成为两国经济发展重要项目，同时也为两国乃至世界和平繁荣作出了重大贡献。中国与格鲁吉亚于 2018 年签订中格自由贸易协定，在经济贸易、投资、基础设施建设方面加大合作力度……这些国际经济贸易合作中，中国始终坚持合作共赢的理念。在国际传播实践中，往往由于传播渠道不畅通，或者西方媒体对中国媒体的围追堵截，导致中国声音难以出现在国际舆论场中。在对外传播中要戳破西方媒体建构的中国世界，同时也不必对此耿耿于怀，因为正如萨义德所言："一旦我们将东方学视为西方对东方的一种统摄和统治东方的一种愿望，我们对其所作所为根本就不会感到大惊小怪。"③作为对外传播者乃至每一位中华儿女所要做的是以马克思主义交往理论为指导，务实外交，秉持

---

① 2021 年 5 月 31 日，习近平总书记在中共中央政治局第三十次集体学习时的讲话。

② 马克思恩格斯全集(第 3 卷)[M]. 北京：人民出版社，1960：61.

③ [美]爱德华·W. 萨义德. 东方学[M]. 王宇根，译. 北京：生活·读书·新知三联书店，1999：124.

共赢理念，寻找策略、方法形成多元声音的国际舆论场，讲好中国故事，传播好中国声音，以新面孔屹立国际世界舞台。

最后，要基于文化自信开展对外传播。文化是民族发展的根基。中华文化源远流长、博大精深。习近平总书记指出，"要深入开展各种形式的人文交流活动，通过多种途径推动我国同各国的人文交流和民心相通"①。民心相通的最好的建立方式是国家、民间的频繁交往，乃至情感的建立。目前，我国的对外传播渠道并不畅通，除了拓展交往渠道和形式之外，便是文化自信。新时代中国特色对外传播是基于中华文化内涵的对外传播，中华文化结合马克思主义形成了马克思主义的中国化。或言之，以马克思主义为指导，中国特色社会主义形成了符合中国发展实际的道路与制度，因此，我们在对外传播中，只有建立道路自信、理论自信、制度自信以及文化自信，才能挺起腰板，赢得喝彩。"打铁还需自身硬"，中国国际传播话语权要"硬"，这不但需要科学技术发达乃至领先世界的硬实力，同时文化软实力也需要硬起来。中华文化走出去需要的是文化软实力"硬"起来。文化软实力的"硬"是要求中国在国际传播中要具有强烈的文化自信意识。中国特色社会主义道路之所以能够实现中华民族的伟大复兴和中国梦，是因为它具有先进性，这是深厚的文化内涵作为支撑得来的。因此，在对外传播中，首先要建立文化自信心，才能做到对外传播的文化自觉，同时还要秉持文化自强的动力，传播中华优秀传统文化，否则文化软实力建设只能沦为一纸空谈。

综上所述，新时代中国国际传播要走出中国自己的道路，面对复杂多变的国际形势，以及西方的设限，我们更要发动脑筋，讲好中国故事，讲好中国快速发展、文化繁荣、文明进步、科技发达的故事；传播好中国声音，挖掘新形式、开拓新渠道、建立新交往，让中国声音在国际舆论场上畅通无阻。特别是要讲好的中国故事，否则我们也会落入"自我东方化"②的误区。新时代中国国际传播观，离不开马克思主义交往理论的指导。从一定意义上看，坚持历史唯物主义和辩证唯物主义的马克思主义交往理论在中国对外传播中得到了深入发展和

① 2021年5月31日，习近平总书记在中共中央政治局第三十次集体学习时的讲话。

② 关于"自我东方化"的阐述，可参见美国学者阿里夫·德里克的《后革命氛围》(中国社会科学出版社，1999年版)一书。

深刻践行。

2.1.2　坚持马克思主义在意识形态领域指导地位是新时代中国国际传播发展的根本原则

新时代中国国际传播实践中面临的最大困难是意识形态问题；换言之，造成西方敌对中国的最大根源是意识形态的差异。西方国家的资本主义制度与我国的社会主义制度的根本差异也是意识形态的差异。如马克思所言，它们都是一种交往形式。

首先，坚持马克思主义在意识形态领域的指导地位是新时代中国国际传播创新发展的基础。在党的二十大报告中，习近平总书记指出："在坚持马克思主义指导地位这一根本问题上，我们必须坚定不移，任何时候任何情况下都不能有丝毫动摇。"①马克思主义是中国特色社会主义的根本指导思想，意识形态是第一位的，必须坚持马克思主义在意识形态领域的指导地位，它是新时代中国国际传播创新发展的基础。中国特色社会主义坚持以人民为中心，为人民服务，寻找新方法、新路径，从各方面满足人民日益增长的精神文化需求。只有坚持马克思主义在意识形态领域的指导地位，才能做好新时代中国国际传播工作，国际传播方式才能更加丰富，才能真正传播好中国声音并符合中国人民利益的诉求。

其次，坚持马克思主义在意识形态领域的指导地位是新时代中国国际传播创新发展的保障。在中华民族伟大复兴的新征程上，新时代的中国已经发生翻天覆地的变化，早已褪去落后、贫穷的状态。因此，新时代中国国际传播中必须讲好中国发展变化的故事，传播社会发展的状态，改变国际社会对中国的固化认知，改变西方对中国敌视，防止西方某些国家对中国的"和平演变"。第63任美国国务卿沃伦·迈纳·克里斯托弗曾公开表示："只要中国保持现有的政府体制，它就将对美国的外交政策提出挑战，那么中国将永远是美国的攻击对象。"②如前所述，意识形态是第一位的，西方与中国的根本差异是制度与意识形态的差异。社

---

① 中共中央党史和文献研究院. 习近平关于社会主义精神文明建设论述摘编[M]. 北京：中央文献出版社，2022：44.

② ［美］沃伦·克里斯托弗. 美国新外交：经济、防务、民主——美国前国务卿克里斯托弗回忆录[M]. 苏广辉等译. 北京：新华出版社，1999：418.

会主义制度，特别是中国特色社会主义制度具有巨大的优越性，中国社会经济等各领域快速发展，成为经济总量仅次于美国的世界第二大经济实体便是明证。以美国为首的西方国家惧怕中国的快速发展，特别是美国掌控世界的位置惧怕中国取而代之。因此，新时代中国国际传播必须坚持马克思主义在意识形态的指导地位，讲清楚中国特色，才能扫清障碍，让国外民众理解中国方案的可行性和必然性。

最后，坚持马克思主义在意识形态领域的指导地位是新时代中国国际传播创新发展的底色。以辩证唯物主义和历史唯物主义为核心的马克思主义正确指导了中国共产党的执政实践，与时俱进，创立了习近平新时代中国特色社会主义思想，进一步推进了中国特色社会主义发展。以人民为中心的中国特色社会主义制度，历经风雨却能稳如磐石，可见坚持马克思主义在意识形态领域的指导地位是十分正确的。所谓底色，即文化基因，讲好中国故事实际上是传递好中国价值。中国故事是传播内容，中国故事得以顺利传播的基础是中华文化。毋庸置疑，中西方文化存在根本差异，因为文明起源不同，价值理念也不尽相同，因此，面对同一事物或事件，中西方民众给予的反应也不尽相同也就不足为奇了。因此，中国文化走出去，首先我们要正视差异，一是文化的差异，二是社会制度的差异，三是意识形态的差异。新时代中国国际传播创新发展需要求同存异、尊重差异，"美人之美，各美其美"。换言之，新时代中国国际传播建立在和平、共赢、文化自信的基础上，方才有平等、公平与正义。人类历史实际是人类交往史或民族交往史，既包含物质交往，也包含精神交往，二者同等重要。新时代中国国际传播必须建立在和平、共赢、文化自信与平等、公平正义的国际交往的基础之上。

总而言之，马克思主义是中国共产党执政为民的指导思想，只有以马克思主义为指导，特别是坚持其在意识形态领域的指导地位，才能真正做好新时代中国国际传播能力建设。脱离马克思主义在意识形态领域的指导地位，在国际传播中必然会迷失方向，脱离人民，更有被西方异化的可能。如前所述，人类发展史是不同民族的交往史，国际传播便是一种交往形式。人际交往的动力是个体的发展，国际交往的动力是国家民族的发展，也是国家民族内部个体的发展。建立在平等、互信、公平、正义的基础之上的国际交往才具有稳定性和可持续性。但同时也必须认清，国际互信并非仅仅依靠宣传与传播就可以建立，而是要基于长期各种交往建立的互信协议框架。由此可知，以马克思主义交往理论为指导是践行新时代中国国际传播的必由之路。

2.2 以中国式现代化引领全面构建新时代中国国际传播话语体系

以中国式现代化引领全面构建新时代中国国际传播话语体系，先要厘清何谓中国式现代化。中国式现代化主要包含五个层面：人口规模巨大的现代化；全体人民共同富裕的现代化；物质文明和精神文明相协调的现代化；人与自然和谐共生的现代化；走和平发展道路的现代化。它涉及人口规模、经济发展、物质与精神文明、生态环境、和平理念等，更确切地说，它是以人为本的现代化，是区别于西方的现代化，也是不同于其他民族国家的现代化。它蕴含着丰富的中国精神和中国价值，不但是利己的，也是利他的，即既有利于中国的发展，同时也有利于其他国家的发展。这种具有共同利益的共同体话语是新时代中国国际传播话语体系构建的基础。

2.2.1 以中国式现代化引领客观真实立体多彩中国形象的全面塑造

中国式现代化具有强烈的人民性，它是围绕人的全面发展形成的现代化。新时代中国国力不断提升，国际话语权逐渐增强，对国际社会发展方向的主导作用越来越强，设置世界发展议题渐具主动性。自利与利他兼具的中国方案、中国智慧逐渐得到世界各国政要的认可与认同。中国提出的关于世界发展的方案和议题从来都是共赢的，这体现了儒家伦理价值观。共赢的价值理念得到很多西方国家的认可，所以中国在政治、经济、文化、军事等方面的对外交流工作的开展也越来越顺利。如提出"一带一路"倡议、创立北京亚太经济合作促进会（BJAPEC）等，改变了西方人对中国形象的认知偏见，逐渐消除了西方眼中被固化的"东方"，不再是被西方建构的、处处被动的、受西方支配的"东方"了，这些离不开新时代中国国际传播中对中国形象的全面塑造。

习近平总书记在十八届中共中央政治局第十二次集体学习时提出，中国应有四个形象:"文明大国""东方大国""负责任大国""社会主义大国"。党的二十大报告又明确提出:"增强中华文明传播力影响力。坚守中华文化立场,提炼展示中华文明的精神标识和文化精髓,加快构建中国话语和中国叙事体系,讲好中国故事、传播好中国声音,展现可信、可爱、可敬的中国形象。"①在以上这些形象的基础上,我们还要结合中国式现代化内涵塑造好中国形象,走属于中国的道路,树立伟大中国的形象,甩掉"西方的附庸"的形象。

一是负责任大国形象。中国国际传播要树立负责任大国形象,强调的是"负责任",这与西方某些国家截然相反。西方某些国家在处理一些重大问题上的"甩锅"现象层出不穷,与"负责任"毫不相关,可以说是极不负责任,如此最终只会失掉他国民心。"胸怀天下"是中国人民和中国共产党的情怀,责任意识深入人心。《论语》中曾子曰:"士不可以不弘毅。任重而道远,仁以为己任,不亦重乎?死而后已,不亦远乎?"《礼记·礼运》中"天下为公",以及范仲淹的"先天下之忧而忧,后天下之乐而乐",皆表达了天下为先、先人后己的理念。尔后,如陶行知所言,我们要"知责任,明责任,负责任"。这些理念是得人心的,也是中国一如既往的价值理念,在国际传播中要传播好这些中国价值,以获得国际社会乃至其他国家民众的理解。负责任形象要可信,还得在对外宣传中讲清楚中国国情。中国式现代化第一层要义是人口规模巨大的现代化,这是我国国情。2021年第七次全国人口普查结果显示,全国人口共14.1178亿人,在2023年被印度赶超,成为世界第二人口大国。作为人口大国解决好本国人民衣食住行便是一项巨大的工程,如何负责任向外树立好负责任大国形象呢?先要解决好国内人民所关心的基础问题。中国对外树立负责任大国形象也并不是仅讲清楚人口众多,而是具有多层含义。大国有五层含义:一是人口众多,二是国土面积大,三是经济实力领先,四是科技先进,五是军事力量强大。这五层含义要求中国在对外宣传工作中,要做好对这五层含义的阐释。中国虽然人口庞大,但已实现全面奔小康。中国国土面积大,资源丰富,中国有能力、有实力和世界其他国家共同发展、共同繁荣。需要强调的是,中国科技力量和军事实力走在世界前列,有能力和实力维护世界和平,但绝不搞霸权主义、强权政治。在对外宣传中,要全面

① 习近平. 习近平著作选读(第一卷)[M]. 北京:人民出版社,2023:37-38.

传播好中国国情、中国政策、中国方案、中国智慧、中国诚意，宣传好"天下为公"胸怀天下的负责任大国形象。

二是文化强国形象。中国上下五千年文明，文化博大精深，形成了独特的文化风貌。世界有四大文明古国，只有中国不带"古"字，因为中国文化是连续的，其他文明古国的文明皆已中断或衰落，不得不冠以"古"字以便与现代国家相区别。诸子百家等中国思想流传至今，并应用于现代社会治理。特别是它们所组成的中华优秀传统文化，成为中国特色社会主义建设的思想根基、马克思主义中国化的思想支撑。毛泽东思想、邓小平理论、"三个代表"重要思想、科学发展观以及习近平新时代中国特色社会主义思想，皆是马克思主义中国化的成果，皆是结合中国国情，以中华优秀传统文化为思想根脉产生的，是对当代中国发展具有指导性意义的新思想。同时，中国对外工作中也贡献了中国方案、中国智慧，以"和"展开中国对外交流，包括政治外交、互惠共赢的经济贸易合作、互鉴的文化交流等。因此，中国在国外的形象越来越趋于真实，越来越趋于正向。如前所述，中国文化具有承继性，并未出现断裂，所以能够指引今日中国人民衣食住行、言谈举止。马克思说："人们自己创造自己的历史，但是他们并不是随心所欲地创造，并不是他们自己选定的条件下创造的，而是在直接碰到的、既定的、从过去承继下来的条件下创造。"①中国文化的根基在农耕，而后形成了以农业为特色或特征的中国传统文化，乃至中国价值观念。因此，中国文化具有较强的包容性、开放性和弹性，这也意味着中国文化具有普适性和强应用性。鉴于此，我们更要树立高度的文化自觉和坚定的文化自信，对外讲清楚中国文化的形成史和文化特征，不断发展中华优秀传统文化。由此可见，中国文化内涵丰富且适用范围广，在对外传播中我们要讲好中国文化中的多策略性和广适用性，以及对全世界人类发展的有益性。从这一层面来看，我国是一个文化强国，展现在：一是民族文化的丰富性，二是民族文化的包容性。文化是一个民族的核心，丰富的文化代表了一个民族文明程度的高低，所以要对外传播好中国文化的多元性，树立好文化大国、文化强国形象，也即如习近平总书记所言，树立好"文明大国"形象。

三是和平发展形象。如前所述，古代中国文化以儒家文化为核心，形成了以

---

① 马克思恩格斯全集(第8卷)[M]. 北京：人民出版社，1961：121.

"和"为特征的民族文化。从古至今，我国秉持和平相处的理念开展对外交往，例如和亲、会盟、边境贸易等方法，以及郑和下西洋、张骞出使西域等事件，都表明中国都是以文化交流、平等的经济贸易为基础的。如此，一是免除了民众战争之苦，二是促进了民族融合，于国家发展、百姓生活、文化拓展等皆百利而无一害。因为任何不和平的事件出现，最终都由普通民众埋单，这便违背了中国文化中"以人为本"的思想。从文化起源和文化内涵上可以看出中国对外交往所秉持的观念，因此在中国对外传播中，要讲好中国和平发展的理念，树立好中国和平发展的形象。习近平总书记有言："中国没有称王称霸的基因，没有大国博弈的冲动，坚定站在历史正确一边，坚定奉行'大道之行，天下为公'。"[①]国家之间、民族之间的交往是平等互鉴的。改革开放以来，中国经济飞速发展，一跃成为世界第二大经济体，军事实力不断提升，但中国秉持和平发展理念，不搞单边主义、霸权主义，因为单边主义、霸权主义与中华优秀传统文化及其价值理念相悖，也与"礼仪之邦"之名不符。和平发展既是世界各国发展的需要，也是世界各国民众的心声。另外，在全方位交流合作上，特别是"一带一路"倡议，给相关国家在政治、经济、文化交流中带来了较大益处。这一倡议是以合作共赢、互惠互利为基础的，所以我国对外贸易秉持合作共赢、互惠互利的理念。对外树立好和平发展形象，一是文化的阐释，二是以实际行动开展对外交流。特别是对外交流层面，从提出"一带一路"倡议、创立上海经合组织到申办北京奥运会、北京冬奥会，皆是较好的对外交流方法。实践证明，这种务实化的对外交流活动能真正提升我国的大国形象，传播好和平发展理念，并且受到他国及其民众的肯定。

四是异质趋同形象。如前所述，中国文化具有包容性、开放性和弹性，外来文化总能通过自己文化的消融为我所用。这说明文化理念有相异之处，但文化之用并无绝对界限。中西方固然有着诸多不同，如政治体制、经济制度等，最根本的不同是文化不同。世界各国文化是多元的，但也有相同之处，生存的时间相同、空间相同，乃至命运也是相同的，国际上产生的"蝴蝶效应"事件不绝如缕。

---

① 习近平向金砖国家工商论坛闭幕式发表致辞[EB/OL].[2023-08-23].人民网，http://politics.people.com.cn/n1/2023/0823/c1024-40061822.html.

因为全世界人类生活在同一个地球，地球环境将影响每一个国家、每一个人。中国式现代化是人与自然和谐共生的现代化。古有"天人合一"的价值理念，体现了人与自然是相互联系、相互依存的。自然环境的好与坏将直接影响人类的生活质量，如果人类对自然环境过度开发，或不加节制地利用，终有一天，自然将反噬人类。如今气候变暖已经成为全球问题，全球空气污染严重，已经影响到人类的身体健康。工业化的确能够加速提升国家经济，但经济发展不能靠破坏生态环境为代价，这对后世子孙是不负责任的，所以生态环境是民生问题。生态文明建设关系到中华民族永续发展的生存大计，"历史地看，生态兴则文明兴，生态衰则文明衰"①。于中国而言如此，于世界各国而言亦如此。因此，我国极力倡导人与自然和谐共生，不论民族、国家，政治制度、经济制度等，皆面临同样的问题。这是人类的共同命运，是异质趋同的。以人类共同所面临的问题为起点，发现各国、各民族的异质趋同之处，方能更好地开展对外交流工作。新时代中国式现代化是符合中国发展的民族道路，也是对外交往的中国道路，也是提供给世界共同发展的中国方案、中国智慧。塑造好新时代中国形象是为了更好地展开对外交流工作，异质趋同形象则是新时代中国对外交流中树立的新形象。

2.2.2 以中国式现代化引领话语创新为核心的新时代中国国际话语体系构建

如前所述，中国式现代化包含中国国情、中国价值观，乃至中国道路和中国方案。中国式现代化实质上是中华优秀传统文化的创造性转化和创新性发展，即中国话语的创新。中国式现代化展现了不同于西方现代化模式的新图景，创造了人类文明新形态，既是我们强国建设、民族复兴的康庄大道，也是中国谋求人类进步、世界大同的必由之路。② 中西方在政治制度上有着根本的不同，基本国情也不相同，西方现代化模式一度被认为是现代文明的标杆，实际上这是不合理的，西方现代化模式是西方发展模式和西方文化因素决定使然，它体现了西方现

---

① 习近平. 论坚持人与自然和谐共生[M]. 北京：中央文献出版社，2022：29.

② 中共中央宣传部. 习近平新时代中国特色社会主义思想学习纲要（2023年版）[M]. 北京：学习出版社、人民出版社，2023：61.

代文明，对于其他国家现代化具有参照作用，但不应全盘照搬，否则会出现水土不服之症。中国式现代化全面体现了中国特色、中国国情、中国价值、中国智慧、中国方案等。

中国式现代化所包含的五个层面全面体现了中国智慧、中国价值、中国方案。中国人口规模大，要实现以人为本实现共同富裕的目标是共产主义建设的目标，不但需要物质文明还要有相匹配的精神文明。党的十九大报告提出，中国社会主要矛盾已经转化为人民日益增长的美好生活需要和不平衡不充分的发展之间的矛盾。由此来看，新时代人民群众追求美好生活的愿望越来越强烈。新时代中国国际传播中的话语建构方向则需要转向现代化中国话语建构。中国式现代化是现代化中国话语建构的基础，代表着中国的过去发展的积淀、目前发展的现状、未来发展的方向。毋庸置疑，中国的生机是空前的，中华民族伟大复兴的中国梦要靠每一位中国人的努力与奋斗。

中国式现代化不只是面向国内的现代化，也是向外的现代化，因为中国的发展与世界各国是相勾连的、不可分割的。如习近平总书记所言，当前世界已经是"你中有我、我中有你的命运共同体"。中国式现代化是全体人民共同富裕的现代化，中国愿意与其他国家共同富裕、共同发展。所谓中国式现代化即中国式现代化进程，"其核心观念可以表述如下：越是新的，就越是现代的。它为一种进步主义和发展主义欲望所主宰"①。这种进步主义和发展欲望必然与西方不同，也必然会引起西方的恐慌。那么，也必然会引起西方国家对中国道路、中国智慧、中国方案的围追堵截和无端责难。不可否认，中国多方面实力已经走在世界前列，也正因为如此，关于污名化中国的"中国威胁论"甚嚣尘上。国强必霸的陈旧逻辑表明"东西方之间在有关民族国家如何实现崛起问题上存在着巨大的思维差异。如果从反思角度出发，冷战形成的根本原因是东西方之间从主观上认为设置意识形态对立。但西方社会并没有随冷战结束停止对社会主义国家的围追堵截，根本原因在于其骨子里固有的所谓社会主义就是极权主义和阶级斗争的预设立场从未改变过。西方正是依据其自身'国强必霸'的历史发展轨迹，臆测中国的崛起跳不出真正挑衅的老路，不惜一切代价阻止打压中国构建

① 汪民安. 现代性[M]. 南京：南京大学出版社，2012：6.

国际话语体系的努力"①。

党的十八大提出了"大力推进生态文明建设"的战略决策，2015 年 5 月 5 日，中共中央、国务院发布《关于加快推进生态文明建设的意见》，习近平总书记在党的十九大报告中指出，要加快生态文明体制改革，建设美丽中国。因此，生态文明建设成为新时代中国特色社会主义建设中一项重要任务。我国在生态文明建设上提出了一系列切实可行的战略决策，比如碳达峰、碳中和等，以及新能源技术的应用，我国在治理环境上下定了决心，在生态文明建设上走在世界前列。面对西方某些国家对中国碳排放等问题的指责，我国外交人员也给予了有力的回应，西方国家已经没有话语权，且没有资格在这些方面对中国指指点点。

以中国式现代化引领全面构建新时代中国国际传播话语体系是一种全面的现代化体现。中国人口规模巨大，实现全民共同富裕，便是以人为本理念的体现，也强调了"民为邦本"的人民的重要性，从另一个层面来讲也即人权。中国国土幅员辽阔，存在东西、南北以及城乡发展不平衡等问题。中国共产党的终极目的是实现共产主义，则实现共同富裕必然是重要任务之一。2021 年我国全面建成了小康社会，又向实现全面共同富裕迈进了一步。全民共同富裕不只是物质经济充沛，还要有与之相协调的精神文化生活资源充足，即物质文明和精神文明兼顾的共同富裕。中国式现代化保障全民过上美好幸福生活的基础不是破坏生态环境得来的，而是与自然生态和谐共生的基础上实现的。由此可见，这不仅仅是中国人民的美好愿景，也是世界民众所期待的。从中国式现代化内涵可以看出，以人为本、天人合一、和合文化在内中国传统价值理念深切融入其中，即中国式现代化是从中华优秀传统文化或中国视角、文化内部构建中国特色社会主义道路的话语体系，这也是新时代中国国际传播话语体系构建的根基。由此来看，中国式现代化具有世界推广性和示范性。那么，中国在国际传播中要讲好中国式现代化的内涵和理念，方能得到西方民众的认同或理解，才能真正创新新时代中国国际传播话语体系。

---

① 周宇豪，刘守义. 马克思主义中国化传播话语体系百年嬗变[M]. 北京：人民出版社，2020：223.

综上所述，中国式现代化是具有深切内涵的中国方案、中国智慧的现代化，是符合中国特色社会主义建设道路的现代化，也是与世界和平、平等交流互鉴的现代化。中国要构建好国际话语体系，讲好中国故事，讲好中国式现代化的深刻内涵，讲好中国道路、中国方案的合理性以及中国价值观念。国强必霸的陈旧逻辑与中国价值观念相悖，也不符合中国乃至世界民众和平发展的诉求，以及追求美好幸福生活的愿望。讲好中国式现代化内涵，树立好真实客观立体的多彩中国形象，亦即创新新时代中国国际传播话语体系构建的基础，更易于中国方案、中国智慧得到西方民众认可或理解，乃至推广。

2.3　以构建人类命运共同体理念引领新时代中国国际传播话语共同体

众所周知，全世界正在面临全球气候变暖、环境污染、资源问题、恐怖主义等问题，这些皆是需要全人类携起手来共同解决的问题。2013 年 3 月，习近平总书记提出了"构建人类命运共同体理念"，其实质是中国对外话语体系建设的新表述、新理念。构建人类命运共同体理念是基于中华优秀传统文化的中国智慧，"是新时代中国基于把脉人类文明未来走向而贡献的公共性思想产品，体现中国在实现自身的复兴和崛起中，没有忽视人类发展中的结构性矛盾，并为解决这些问题提供中国方案"①。从当前全世界面临的问题来看，构建人类命运共同体理念是一个不可否认的时代论题，一个可行的解决世界共同问题的方案。从另一个层面来看，全人类也是一个"风险共同体"②，因为全人类面临的问题是大致相同的，那么只有全世界全人类携起手来，共同发展、共同解决，方能规避风险；否则当自然全面反噬人类时，没有一个国家可以幸免。从全人类共同利益来看，共同体思想便是一个全人类皆可接受的价值理念，这是新时代中国国际传播话语体系建设的核心之一。

---

① 周宇豪，刘宇. 习近平国际传播观的科学内涵、核心内容与时代特征[J]. 新闻与传播评论，2022(6)：9.
② [德]哈贝马斯. 包容他者[M]. 曹卫东，译. 上海：上海人民出版社，2002：1.

2.3.1 构建人类命运共同体理念指引新时代中国国际传播话语体系共同体构建方向

构建人类命运共同体理念源于中国传统文化，它与本尼迪克特·安德森的关于民族国家的"想象的共同体"不同，民族国家的共同体靠的是语言、文化、价值等的相同而连接在一起的群体。"人类命运共同体"更加宏阔，全世界两百多个国家和地区，文化、价值不尽相同，语言也千差万别，这一共同体能够连接在一起的因素只有"命运"。如习近平总书记所言："人类生活在同一个地球村里，生活在历史和现实交汇的同一个时空里，越来越成为你中有我、我中有你的命运共同体。"①我们同属于一个地球，地球是全人类共同的家园。

中国走和平发展之路，和平也是中国外交的核心理念，只有和平的世界，才有共同发展的世界。从大处着眼，"人类命运共同体"是于全人类而言的，从小处来看，这又关乎每一个个体的生存。"人文主义或人本主义……是中国文化基本精神的重要内容。"②即是说，以人为本是中国一以贯之的价值理念。可以明确的是，构建人类命运共同体理念是与西方话语体系完全相异的。"推动构建人类命运共同体，不是一种制度代替另一种制度，不是以一种文明代替另一种文明，而是不同社会制度、不同意识形态、不同历史文化、不同发展水平的国家在国际事务中利益共生、权利共享、责任共担，形成共建美好世界的最大公约数。"③换言之，中国走的是和平发展道路，而非"国强必霸"的路子，但这一思想理念宣传并不能完全让西方认同。这就要求中国对外宣传媒体(中国新闻社、中国环球电视网等)或个人在对外传播中，以构建人类命运共同体理念为核心，宣传好中国和平发展的道路与理念。

如前所述，"人类命运共同体"超越了安德森提出的"想象的共同体"，"想象的共同体"更在于民族性，具有界限性，特别是文化和地域的界限性，"人类命运共同体"打破了民族性和文化、地域的界限，走向了共同，是没有边界的。全

① 习近平. 习近平外交演讲集(第一卷)[M]. 北京：中央文献出版社，2022：2.
② 张岱年，方克立. 中国文化概论[M]. 北京：北京师范大学出版社，1994：382.
③ 中共中央宣传部. 习近平新时代中国特色社会主义思想学习纲要(2023年版)[M]. 北京：学习出版社、人民出版社，2023：268-269.

球化时代，国际社会的政治、经济是一个相互联系的整体，牵一发而动全身。近年来，中东、中亚发生的国家之间的冲突事件便是明证，对全球造成的影响之大是不言而喻的。冲突产生的背后的原因涉及社会发展、民族利益、霸权主义等，这些皆是当今国际社会亟待解决的问题。

文化具有民族性，即会产生界限性，因此需要开展国际文化交流活动。国际文化交流活动是为了促进国际文化互鉴。在新时代中国国际传播话语体系建设中，要有方法、有策略地传播中华优秀传统文化。

地域性似乎很难突破。我国在继承"海陆丝绸之路"的基础上，提出了"一带一路"合作倡议等策略，相关国家在政治、经济、文化上实现了协商、贸易、交流的常态化，很大程度上促进了这些国家各方面的发展，人类命运共同体的共赢共享的理念在这些国家得到认可与认同。毋庸置疑，地域性限制在频繁的外交中得到一定缓解，但实际界限因为政治、经济、文化等的差异并未真正被打破，但好在现代媒体发展迅猛，除了电影、电视等传统媒体外，网络以及借助网络的VR、AR、5G 等技术的新媒体使得国际交往无障碍化，打破了时空的限制，国际交往实时化。虽然因新技术的介入，地域性界限一定突破，但借助网络建立的交往团体似乎具有疲软之态。

即便是地域性难以被打破，文化价值观甚至难以相容，但这并不妨碍国际交往。构建人类命运共同体是打破国际现实界限的一道良策。如前所述，中国外交政策"求同存异"，一味地同化或者得到认同并不可取，反而会适得其反。因为文明起源不同，文化、价值等皆存在差异，这是一成不变的。从语言学角度，我们需要返回上一层级，即返回聚类项。人类的衣、食、住、行等行为便是聚类项，也即普遍性的，但如何穿衣、饮食、居住、行动便是特殊性的，民族之间便会存在差异。构建人类命运共同体的着力点在于从普遍性、共性上寻找策略，如何更好地为全人类谋福利，是新时代中国国际传播话语体系的构建方向。

我国在力促国际共同发展中，"坚持以维护世界和平，促进共同发展为宗旨推动构建人类命运共同体"[1]。和平是第一位的，冲突只会伤害地区民众以及社会倒退，同时整个世界也会动荡不安，与人类向好发展的态势相悖。新时代中国

---

[1] 习近平. 习近平谈治国理政(第三卷)[M]. 北京：外文出版社，2020：427.

国际传播话语体系需要持续性以共同体理念为核心，讲好人类命运共同体的故事，同时引导其他国家媒体讲好人类命运共同体的故事，从认可到认同，从理解到实践。

2.3.2　以构建人类命运共同体理念为核心重塑新时代国际舆论场

从以往国际舆论场来看，国际话语权掌握在西方手里，国际舆论场的中心在西方，而中国声音、中国故事难以在国际上得到有效传播。新时代中国国际传播中要讲好中国故事，传播好中国声音，提升中国国际话语权，但并不意味着中国要走美国称霸世界的路子，而是以平等互信的原则，构建人类命运共同体。

党的十八大以来，习近平总书记多次提及构建人类命运共同体。人类命运共同体是全世界共同发展的必由之路。中国特色社会主义在发展中秉持和平发展理念，在国际贸易合作、文化交流中倡导公平正义，提倡民主自由。"和平、发展、公平、正义、民主、自由，是全人类的共同价值，也是联合国的崇高目标。"①人类命运共同体涉及方方面面，一是普适性的共同情感，二是娱乐性的共同趣味，三是持续性的共生命运。因此，中国在对外跨文化传播中要以共同情感、共生命运、共同趣味为基点，塑造新时代国际舆论场，为中国争取更好的国际基础。

第一，共情传播。共情传播是近年来国际传播学界、业界提倡的一种新兴传播手段。以共情传播重塑新时代国际舆论场成为一种趋势。共情首先是共同的情绪，因为"共情传播就是共同或相似情绪、情感的形成过程和传递、扩散过程"②，其次才是共同的情感。即是说，国际传播需要普适性情感作为传播基础，因为不同民族文化具有相异性，那么，同一符号、故事或事件在被传播时所被理解的情感是不尽相同的。因此，国际传播必须厘清文化的差异性，方能做到精准传播、分众传播，从而达到国际传播预期的效果。"七情六欲"大致表述了中国文化中的情感分类，在《礼记》中指"喜、怒、哀、惧、爱、恶、欲"，儒家、佛教、医学领域等对其界定大体一致。西方对情感的分类更为细化，哲学家斯宾诺

---

① 习近平. 习近平外交演讲集（第一卷）[M]. 北京：中央文献出版社，2022：286.

② 赵建国. 论共情传播[J]. 现代传播（中国传媒大学学报），2021(6)：48.

莎在《伦理学》中罗列了情感的 48 种形态。① 无论是中国文化中的 7 种，还是西方的 48 种，全人类的情感基本相似，只是激起相同情感的符号、故事、事件不尽相同。因此，我们讨论的共情传播不仅仅涉及共同情感，还涉及引起共同情感的相同的符号、故事、事件，否则共情传播的基础是不成立的。因此，新时代中国国际传播中的舆论导向必须具体问题具体分析，搞清楚如何传播、怎么传播，更为重要的是搞清楚传播什么，否则共情传播则无从谈起。

进一步而言，共情传播需要在受众经验范围之内，"相比于看不见的东西，我们更容易触景生情，但如果在自己的经验范围外，共情力就可能无法投射"②。由此可见，共情传播的前期铺垫是十分重要且必要的。那么，我们更好挖掘新渠道、寻找新方式，讲好中国故事，讲好中国式现代化，让国外民众理解、吃透中国传统文化，让中国文化在国外民众的经验范围之内，即便不认同，也可以做到理解，那么在国际传播中，则会减少阻力，中国故事便会在国外民众中产生共情。

从国际传播角度来看，中国亟待建立一套共情叙事与传播的话语体系。当以共情视角建构新时代中国国际传播话语体系时，意味着中国国际传播的重心发生了位移，即转向受众的认同；或言之，国际传播不仅需要重视传播方式，更要重视传播效果。没有畅通的传播渠道和较好的接受度，再好的传播内容和传播渠道亦是徒劳。这属于传播力的范畴，只有具备足够的传播力，才能提升国际影响力、话语力。

第二，共趣传播。共趣也即共同趣味，共趣传播实际上共情传播的一种延伸。共同趣味是基于人的共同情趣，是人类共同情感的一种的延伸。布尔迪厄在《区分：判断力的社会批判》一书中提出趣味具有阶级性，他认为"所有的文化实践(去博物馆、音乐会、展览会，阅读等)，以及文学、绘画和音乐方面的偏好……与社会出身相关"③。即是说，所有的文化实践都有阶级属性。无疑，趣

① [荷]斯宾诺莎. 伦理学[M]. 贺麟，译. 北京：商务印书馆，1983：150-162.

② 吴飞，王舒婷，陈海华. 提升中国国际传播中的共情力[J]. 对外传播，2023(6)：13.

③ [法]皮埃尔·布尔迪厄. 区分：判断力的社会批判(上册)[M]. 刘晖，译. 北京：商务印书馆，2015：1-2.

味区分了阶级。从世界总人口阶层划分来看，中产阶级和无产阶级占据绝大多数，中国国际传播几乎要面向所有人。我们需要做的是针对不同群体，挖掘相同的趣味，以开展国际传播。

喜剧、幽默以及优美的旋律等皆能成为共趣传播的着力点，以改变他国民众对中国的偏见。我国名曲《好一朵美丽的茉莉花》在我国歌坛经久传唱，甚至在国外民间也在传唱这首歌曲。这不仅仅是因为世界著名歌手席琳·迪翁来"代言"，还因为这首歌曲具有内在的艺术性魅力。音乐本身的高雅性，促使喜爱音乐的人无意识地传唱。当一首歌曲具有民族身份时，其所归属的国家的文化软实力便在隐性提升。这就要求中国国际传播中要创作好的、能够为世界民众喜爱的艺术作品。

歌曲《苏幕遮》在 TicTok（抖音）上之所以能够广泛传播，是因为其中加了戏曲唱腔，与流行音乐的演唱方法不同，同时也具有一定难度。在某种意义上说，这种歌曲就具有了新奇性，在国外逐渐流行起来。TicTok 有翻唱的、对口型的以及其他可供娱乐的视频制作。一时间中国风成为一种流行现象。如国外酒吧播放的情景喜剧《家有儿女》主题曲，引起了国外民众的争相翻唱，他们并不知晓歌词大意，但独特的音乐节奏与旋律具有情绪的宣泄功能。"趣味是一种阶级习性，表明一个阶级倾向于喜欢什么东西或喜欢做什么事情。"①这表明，具有宣泄功能的旋律与节奏能成为普罗大众的共同兴趣。

新时代中国国际传播的内容既需要有阳春白雪，也需要下里巴人。因为新时代中国国际传播的对象大致可以分为两大类，一是面向有影响力人物的传播，二是面向普罗大众的传播。如前所述，趣味具有阶层性，每一个群体都有自身的趣味，即便是低级趣味。共同趣味作为"人类命运共同体"的要义之一，高可从高雅性上重塑国际舆论场，低可以从通俗性上重构国际舆论场。中国文化走出去，不仅靠新闻宣传，还要依靠中国民族音乐、戏曲、电视剧、电影等艺术作品。在某种意义上，共趣传播是一种标新立异的、景观化的传播方式。它具有区分性，但正是区分性赋予了新时代中国国际传播的便利性。

---

① 刘晖. 从趣味分析到阶级构建：布尔迪厄的"区分"理论［J］. 外国文学评论，2017（4）：55.

一言以蔽之，我们要在当今世界发展局势中寻找世界共同发展、共同进步的最大公约数，即秉持求同存异的理念，建立天下大同的"新想象共同体"，或"泛想象共同体"，也即"人类命运共同体"。

第三，共生传播。共生传播脱胎于"人类命运共同体"。就传播学来讲，蝴蝶效应会发生社会、经济，甚至科学领域。特别是在全球化时代，以及新媒体时代的加持，世界各国已经成为一个不可分割的整体，一个国家在政治、经济等层面出现问题，便会殃及他国。例如2008年美国次贷危机，几乎对全球各国的经济发展产生或大或小的影响。从这一事件来看，世界各国早已连接在一起，虽然不一定共命运，但命运一定是共生的，或向上生长，或向下生长。在国际传播中，共生一定不能是相悖的，而应该是相向的。

新时代中国国际传播不但要寻找共同的情感、美好幸福生活的共同趣味，还要寻找能够将情感与趣味勾连起来的共同生存特征。当今，随着中国国力不断提升，我们应该掌握话语权，主动设置议题，变被动应对为主动出击，做好共生传播的政治、经济和文化等的铺垫。构建人类命运共同体理念便是中国主动设置议题的成果。从发展的角度来看，人类共同的幸福基本是丰富的物质基础和雄厚的经济实力，同时还有充沛的精神需求，因此，除了政治交往与经济贸易之外，还有民族文化交流。政治交往与经济贸易具有共生性是毋庸置疑的，民族文化的共生性似乎较弱一些。从全人类发展的角度来看，每一个民族的文化都有存在的历史语境和社会发展需求，或优秀或低劣。毋庸置疑，优秀传统文化是需要弘扬的；反之，终将被人类所遗弃。即便是中国传统文化，我们需要创新性发展和创造性转化的也是中华优秀传统文化。正因为或优秀或不优秀文化的存在，民族之间更应该开展文化交流活动，互相汲取借鉴，整个世界才具有共生性。

除了政治、经济、文化的联通之外，全球的共生性还体现在疾病、生态环境等问题上。实质上，面对全球性问题，全人类是同生死共命运的。中国是和平崛起的大国，不搞霸权主义、强权政治。霸权主义、强权政治是自我中心主义、排他性的，与构建人类命运共同体理念相悖。换言之，构建人类命运共同体理念的隐含意是非霸权主义、非强权政治，是人人平等，尊重每一个具体个体的人本主义。只有如此，全球才能齐心协力解决全人类共同面对的问题，走向人类共生。

众所周知，由于意识形态的相异、价值理念的偏差，乃至西方中心主义的盛行，中国受到西方的围追堵截、四面封锁，导致中国媒体很难在国际上发声。即便如此，我们也要寻找新路径、新策略，讲好中国故事，传播好中国声音，宣传好有益于全人类的中国方案，促进全人类共同发展，共同追求美好幸福生活的共生传播，重塑新时代中国国际舆论场。

在对外宣传工作中，我们要讲好中国故事，重点讲好中国对世界发展有突出贡献的故事，同时还要讲清楚为解决全人类共同面临的问题所贡献的中国智慧，即中国道路、中国特色、中国方案的可行性。同时我们还要向世界讲好中国道路、中国特色、中国方案是什么、为什么行、怎么行的问题，变被动传播为主动出击。为推动全人类谋幸福、为全世界谋发展提供中国方案。这是利他与自利的，与西方的自我中心主义不同。

以构建人类命运共同体理念为核心加强中国国际传播的实质是消除单边主义、霸权主义，走多元化、多极化之路，是世界大多数国家的诉求。走多元化、多极化之路，世界各国皆可自由发声，以美国为首的西方国际舆论场主导世界的局面不攻自破。从全世界全人类的发展来看，发展中国家以及民众数量占据世界大多数，更有生存，乃至过上美好幸福生活的希望，更具有共生性。因此，共生传播也是打破以美国为主导的西方国际舆论场一条有效路径。

总而言之，"人类社会交往的理想目标是建立真正的共同体即自由人的联合体"①。新时代中国国际传播实质乃是自由人的自觉行为，这基于文化自觉、文化自信，乃至文化自强。中华优秀传统文化讲求"天下一家"，只有坚持构建人类命运共同体理念，全世界才能共同向好发展，自我中心主义是非人道的，也是罔顾他国人权的。因此，新时代中国国际传播话语共同体的构建必须以构建人类命运共同体理念为引领。

2.4 以"一带一路"倡议促进新时代中国国际传播渠道多元化和传播内容精准化立体化

2013 年，习近平总书记提出了共同建设"丝绸之路经济带"和"21 世纪海上

---

① 王巍，刘怀玉. 马克思交往理论的哲学人类学内涵[J]. 河海大学学报(哲学社会科学版)，2015(6)：28.

丝绸之路"倡议。丝绸之路分为陆上丝绸之路和海上丝绸之路，是古代连接中西方的商道。2015 年 3 月 28 日，国家发展改革委、外交部、商务部联合发布了《推动共建丝绸之路经济带和 21 世纪海上丝绸之路的愿景与行动》，即为了推进实施"一带一路"倡议，让古丝绸之路焕发新的生机活力，以新的形式使亚欧非各国联系更加紧密，互利合作迈向新的历史高度。"一带一路"是联通中西、文化交流、经济贸易等的重要纽带。中国对外传播一是靠新闻媒体，二是靠对外交往，也即外交。实际上"一带一路""中法文化之春"等项目皆是新时代中国国际传播的现实路径。通过"一带一路"倡议，中国在政治、经济、文化等领域与世界相勾连，共同发展成为新时代中国国际传播的重要价值理念。"一带一路"倡议涉及内容较为广泛，包括政治外交、经济贸易、文化交流，以及科技合作、能源基础设施互联互通等，大大拓展了中国声音的传播渠道。由此，中国国际传播形式也趋于多样化，打破了西方媒体对中国故事的封锁以及抹黑中国的现象。

2.4.1 "一带一路"倡议助推新时代中国国际传播渠道多元化和传播形式多样化

随着媒介技术变革，传播媒介渐趋多样化，呈现出新的特征，传播渠道也渐趋多元化。特别是互联网时代的到来，赋予了国际传播诸多可能性。在互联网并不发达的时代，国际传播存在渠道不畅通的现象，导致中国在国际传播中出现难以在国际上发声的"卡嗓子"现象。虽然互联网时代国际传播出现新的特点，国际传播渠道也畅通起来，但依然存在一些传播"堵塞"现象，中国难以在国际上较好地发声。近年来，中国推行了一系列对外交流政策，助推中国在国际上发出自己的声音。媒介技术越来越发达，促使我们充分利用新媒体技术，拓展融合式传播渠道，创新国际传播效能格局，开拓多元中国国际传播渠道和多样的传播形式。"一带一路"是一种较好的畅通中国国际传播的渠道，它的内容包括政治文化交流和经济贸易，它的功效在于拓展了中国国际传播渠道。国际传播的形式并不完全局限于媒介，而是借助渠道之后展开的渠道化的传播。在某种意义上，"一带一路"是一种传播中介、一个平台、一个维度。在传统的国际传播中，我们通常借助广播、电视、电影、新闻摄影、文学、音乐、舞蹈、美术，乃至今日异常发达的网络新媒体；我们应当发挥能动性，拓展传播渠道，完成组织传播、人际传播，乃至群体传播，注重各要素之间的高效协调。

第一，官方媒体传播。官方媒体是中国国际传播的主要媒体，能够主动设置议题，完成大众传播和组织传播。新华社、中新社等外宣媒体，光明网、人民网、央视网等主流媒体皆可面向国内外展开宣传工作。另外还有一些单位的新媒体，在对外传播中也具有官方效应。"一带一路"倡议给予了中国和沿线国家以及其他国家交流合作的机会，这于我国而言是一次主动创立的国际传播的机会，官方媒体应该极力助力新时代中国国际传播话语建设。"一带一路"是以"坚持共商共建共享为原则"的。① 这既有利于中国政治经济的发展，也有利于沿线国家乃至其他国家政治经济的发展。特别是近年来中国科技发展不断取得突破，不但能够施惠于本国，也能够惠及他国。这就是"一带一路"共享原则给沿线国家和其他国家带来的福利。2023 年"中国北方冰雪旅游海外推广季"——新疆海外推广周，以美食、人文、旅游为主题，通过纪录片的形式展现了新疆的自然之美、人文之美、冰雪之美。我国驻多国使领馆、中国文化中心、旅游办事处在各自的社交媒体账号推出该系列纪录片，新疆之美得到广泛传播，取得了较好的传播效果。无论是主流媒体，还是官方自媒体，都要充分利用"一带一路"倡议成果进行大力宣传，探索矩阵化、群体化等多种传播形式，为推进沿线国家发展战略提供便宜和联通渠道。

第二，官方文化交流传播。官方文化交流传播样式多元，具有组织性和高效性的特征。例如，北京奥运会、北京冬奥会，以及中国—中亚峰会等官方活动。特别国际性赛事的举办，是一种对外文化交流传播的渠道，它既能增强国际政治交往、经济发展，还能促进民间文化交流。奥运会是一种大型国际体育赛事，围绕这一赛事衍生的文化交流活动是多样的，例如地方文化、民族艺术等中华优秀传统文化的高频率展示，加深了外国友人对中华文化的了解、对中国价值的理解，以及对中国发展现状的具身性体验，改变了中国在西方人严重的"落后""东亚病夫"的扭曲形象。2023 年 5 月 18—19 日，中国—中亚峰会在陕西省西安市举行。中国—中亚峰会内容涉及经济贸易、基础设施建设、生态环境、共同富裕、新能源、文化交流等，合作发展事项有 50 多项，特别提及"启动中国同中亚国家

---

① 习近平. 习近平谈治国理政(第三卷)[M]. 北京：外文出版社，2020：427.

人民文化艺术年暨中国—中亚青年艺术节""举办青年文化节、论坛和体育赛事""互设文化中心"等。这一系列合作与文化交流拓宽了国际传播的渠道。另外，国际性博览会也是一种新的传播渠道。2010年上海世界博览会、2011年西安世界园艺博览会、2013年锦州世界园林博览会、中国国际进口博览会等，这些在中国举办的博览会涉及方方面面，我国也通过国际性博览会展现了中国特色社会主义和中国式现代化的成果。官方文化交流是一种较好的国际传播渠道，能够涵盖大众传播、组织传播、人际传播和群体传播等传播渠道，具有组织性、便利性、高效果性的特征。

第三，民间文化交流传播。全球化时代，世界政治、经济、文化，乃是人类命运已经成为一个共同体，也基于此，民间大中小型企业、民间组织和个人在跨国对外交流方面连续不断。虽然民间文化交流传播效果远不如官方文化交流传播，但作为官方文化交流的传播的补充，其作用是显而易见的，民间文化交流传播拓展了国际传播渠道，创造了国际传播的新形式。与官方文化交流的广泛的涉及面不同，民间文化交流相对较窄。民间文化交流往往趋于日常化，这使其更易于被国外民众接受，也更具有亲和性。如饮食文化、服饰文化等，是世界民众皆不能脱离的话题。例如，世界中餐业联合会承办的"行走的年夜饭"在世界各地开展，较为广泛地传播了中华民族传统文化。虽然中国春节在海外除了华人华侨之外，国外民众并不会当成自己的节日来庆祝，但节日所带来的情感容易引起共鸣和尊重，饮食也会作为一种景观和符号被他国民众接受和理解。除此之外，还有中国烹饪协会组织的"中国美食国际文化节"活动，以及意大利华侨华人厨师总会、日本中部华侨华人美食促进会等各地华人华侨组织，以美食为主题，在世界各地举办了关于中国饮食文化的对外交流活动，皆取得了较好的文化传播效果。这即是民间文化交流的日常化，或者说正是这种烟火气息，易于得到国外民众的认可和理解。因此，在民间文化交流传播中，需要"适度地以去除或中立的'去文化化'和纳入或接受的'再文化化'加强与合作国家的文化对接度和交融度，让中华文化因趋于日常而被吸收，因成为引领而受追随"①。不同国家、

---

① 金苗. 中华文化国际传播与影响力提升路径——基于"一带一路"合作国家新闻报道的数据分析[J]. 南京社会科学，2023(1)：107.

民族在文化上是存在差异的，这种差异是具有藩篱性的，不可逾越，否则便会适得其反。毋庸置疑，民间文化交流传播拓宽了新时代中国国际传播的渠道和形式。

第四，自媒体传播。自媒体如民间文化交流传播一般，具有平民化、日常性的特征。在互联网时代，人人拥有麦克风，都是传声筒。自媒体即个人建立的媒体账号，有权威人士，也有普通民众。特别是普通民众在对外传播中具有一定的亲和性，因为其剥离了目的性。自媒体往往具有功利性，为了追求点击量或流量，在文化传播中往往具有奇观性。奇观化传播并非一无是处，它仅仅是一种传播方式，只要不违背公序良俗、民族国家利益，也无可厚非。正是这种奇观化的亲民性赋予了自媒体传播以便利性，使其具有"爆"点，因此自媒体博主能凭借某一种奇特性成为网红，那么，此时它的视频内容的传播效果便会飞速飙升。例如"90后"美食视频博主李子柒，她于2015年开始拍摄美食短视频。彼时吃播是一种流行的直播形式，她一改千篇一律的视频传播形式，改为具有中华田园风的视频特点，瞬间受到国内外民众的追捧，点击量飙升，在海内外圈粉无数。作为自媒体博主，她的美食短视频传播是一种无意识的，但寻找新的风格是有意识的。如前所述，美食具有日常性，也更易于引起国外民众的好奇心与接受。在一些短视频平台上，我们经常可以看到一些国外民众对中国美食产生的强烈好奇心和食欲。除此之外，还有在媒体平台"喜马拉雅"上播出的《在线中华文化讲堂》。该文化讲堂面向的对象是国外政界、文化界、学术界和青年精英等人群，以文化方式讲好中国故事，阐释中国文化的精神内涵，以此加强我国与世界各国的文化交流与文明互鉴。

总而言之，无论是大众传播、组织传播，还是人际传播、群体传播，贵在开拓新的传播渠道，通过媒介所形成的传播渠道其贵在传播内容和形式的创新，但传播渠道的开掘需要发挥主观能动性，因为传播渠道更加具有物质性，新的传播渠道往往建立在成果展示或文化交流之上的。综上可知，这些渠道可以是视觉性的、听觉性的、味觉性的、嗅觉性的，也可以是以上诸知觉兼具的。"一带一路"倡议内容多元，具有一定的综合性，这意味着其能够拓展传播渠道和传播形式，能够助力新时代中国国际传播话语体系建设。

2.4.2 "一带一路"倡议助推新时代中国国际传播渠道的精准化立体化

新时代中国国际传播早期存在"卡嗓子"的问题，主要表现为传播渠道不畅通。因此，拓展传播渠道，开展精准化传播是解决"卡嗓子"问题的关键。换言之，中国国际传播的问题不在于媒介技术，而在于传播渠道。从报刊、广播、电视、电影等传统媒介到互联网新媒体，媒介技术在不断变革，这的确在一定程度上解决了中国国际传播中传播渠道不畅通的问题，但其依然受到媒介技术的限制，导致中国难以在国际上发出自己的声音。因此，中国国际传播还需要在传播渠道畅通性上下功夫。习近平总书记强调："要采用贴近不同区域、不同国家、不同群体受众的精准传播方式，推进中国故事和中国声音的全球化表达、区域化表达、分众化表达，增强国际传播的亲和力和实效性。"[1]如前所述，"一带一路"倡议涉及政治、经济、文化等方方面面的合作。全面合作可以增强国际了解与互信，特别是了解国外民众的喜好和民族文化生活，以使中国对外交流更加便利。

第一，"一带一路"倡议助推新时代中国国际传播精准化。于国家政治、经济、文化交流而言，无目标、无定位的传播只会是事倍功半、徒劳无功，因此，精准化传播是中国国际传播的必然趋势。"要做到精准化，必须注重两个层面：一是传播主体与传播内容的精准化；二是传播对象与传播目标的精准化。"[2]"一带一路"倡议加强了中国与相关国家在各方面的全方位合作，增强了国家之间的文化交流，更能精确了解国外民众的喜好与现状，以便切中要点达成中国国际传播的目的。在"一带一路"倡议下，不同的项目有专人负责，因而传播主体的精准化是轻而易举的，但是传播内容的精准化则需要大量的实地调查。如了解不同民族、国家的喜好，甚至有针对性地了解重点人群，包括对媒介、内容等方面的喜好等，因此精准化传播"强调传播要素的差异化配备，包括受众差异、媒介差

① 习近平. 习近平谈治国理政(第四卷)[M]. 北京：外文出版社，2022：318.
② 胡正荣. 国际传播的三个关键：全媒体·一国一策·精准化[J]. 对外传播，2017(8)：10.

异、主体差异、内容差异等"①。"一带一路"倡议建设项目众多，面对不同的项目，我们要深入挖掘内在传播潜力。实际上，精准化传播是为了解决传播效果问题。"精准化阶段的使命，就是要解决声音'清晰度'和'合理性'问题，让国际社会'听得清'并'听得进'。"②例如，济南国际传播中心在英国巴斯市和法国雷恩市分别设立"中华文化之角·尼山书屋"，用于传播中华优秀传统文化和地方特色文化，使其在地化，即在现实空间完成中华优秀传统文化的国际传播。

第二，"一带一路"倡议助推新时代中国国际传播分众化。如前所述，差异是精准化传播的特征。不同国家、不同区域、不同群体在文化、价值上存在差异，必须针对不同的国家、区域、民族等展开群体化传播。"一带一路"沿线涉及国家众多，民族多样，在文化习俗上存在较多差异，对不同民族习俗等进行分类，厘清出不同民族的价值体系，可以在国际传播中有的放矢，实现较好的国际传播效果。在一定意义上，"一带一路"倡议为新时代中国国际传播扫除了障碍。在"一带一路"倡议建设中，通过国际经济贸易、基础设施建设、文化交流等活动，可以近距离了解国外民众对中国的了解程度，以及国外民众的喜好与价值理念。在长期交往中，了解国外不同阶层、不同性别、不同教育阶段、不同区域的价值理念，然后开展交流活动，有助于分类展开群体传播、人际传播和组织传播。

第三，"一带一路"倡议助推新时代中国国际传播立体化。国际传播贵在有组织策划，否则将如无头苍蝇一般，达不到传播效果。所谓国际传播立体化，即从政治、经济、文化、军事等各领域全方位展开传播活动，让国外民众全面了解中国智慧、中国方案。如前所述，"一带一路"倡议建设是方方面面的，涉及领域较广，这意味着中国展开的是全面对外交流活动。除了内容上的立体化，还可以借助媒体合作，展开立体化传播。"在媒体融合的大背景下，要构建全程媒体、全息媒体、全员媒体、全效媒体的传播生态，关注突飞猛进的人工智能技术对信息生产、内容生成以及舆论形态带来的冲击。"③随着媒介技术的不断变革，新

---

① 孙宇，宫承波. 国际传播精准化的基本逻辑与多维进路[J]. 当代传播，2022(6)：75.
② 文建. 提升传播精准度 增强国际话语权[J]. 中国记者，2019(8)：6.
③ 张树庭. 精准聚焦全面提升国际传播效能[J]. 红旗文稿，2023(13)：45.

传播媒介不断衍生，新的传播媒介催生了新的传播方式，例如 VR、AR、MR 等建构了元宇宙虚拟空间，借助新媒介讲述中国故事，让国外民众身临其境体验中国文化、经济和科技发展现状以及风土人情、中国价值等，以方便其全方位了解中国，真正从内容和形式上全面展开立体化传播。

第四，"一带一路"倡议助推新时代中国国际传播情境化。情境化传播有两层含义，一是设置情境，易于受众接受，例如生活情境、文化情境等。中国国际传播中以美食、音乐、舞蹈等作为切入点，具有景观化色彩，于国外民众而言，这属于异域色彩。从心理学上来讲，好奇心和奇观化心理让国外民众感觉到既与生活较为接近，同时也具有一定的陌生化效果，如此设定与国外民众生活较为接近的情境能够更易于为他们所接受。二是源于居伊·德波的情境主义，即情境是用来抵御景观的遮蔽性和麻痹性。在国际传播中，通常会遇到一些景观麻痹事件，如西方资本主义意识形态对现实或真实的掩盖，制造一些与非现实的景观迷惑接受，使接收者陷入其中不能自拔，例如网络游戏等。因此，我们在国际传播中需要不断将一些事件放置于生活情境中检验其真伪性。"一带一路"倡议涉及面较广，特别是不同民族、国家、地区的风土人情，具有较强的生活性，那么在对外文化交流中也更加接地气。以生活为根基，可以建立与国外民众相适应的情境，进行情境化传播，以提高传播效果。如前所述，量身剪裁的精准化传播是为了传播效果，生活情境化传播是为了打破接受门槛，其最终目的是也是提高传播效果。"一带一路"倡议为我国国际传播准备了诸多可能性。"一带一路"秉持互尊互信、合作共赢、文明互鉴原则，这意味着相关国家需要和衷共济，方能开拓新天地。同时这要求新时代中国国际传播要主动设置议题，掌握话语权，提升传播本领。由此可见，互联网时代的到来不但为新时代中国国际传播提供了便利，而且也提高了传播效果。

媒介技术变革带来了诸多可能性，因而为提高新时代中国国际传播效果和中华文化软实力的传播效能，必须建立国际传播渠道体系，"学会用世界语境讲中国故事，用中国语境讲世界故事"①。"一带一路"倡议以开放包容、互惠互利、

---

① 连玉明. 激发社会和民间团体对外文化交流活力［EB/OL］.［2023-05-25］. 中工网，https://www.workercn.cn/c/2023-05-25/7852063.shtml.

合作共赢为原则，基于这些原则，可以见出中国对外交流工作的诚心，以及共同发展、共同繁荣的决心。习近平总书记在北京 APEC 会议等多个国际峰会上提出"正确义利观、发展观、安全观"。"一带一路"倡议于我国而言既是机遇，又面临着挑战，既有复杂性挑战，也有面对西方如何变本加厉地抹黑中国的挑战，因为西方某些国家将"一带一路"倡议称为"新经济殖民"。这显然是故意抹黑中国，破坏"一带一路"倡议，以达到阻碍中国发展和中国崛起之路的目的。"中国威胁论""国强必霸"之言论不绝于耳，面对这一现状，新时代中国国际传播更要借助"一带一路"倡议讲好中国故事、中国方案、中国道路以及中国价值，传播好中国声音。一要消除国外民众对我国存在的误解，二要拓展传播渠道，挖掘多元传播形式，开展精准化、分众化、立体化、情境化传播，增强传播力度、深度、广度，让抹黑中国的现象不攻自破。

2.5 以文明交流互鉴助推新时代中国国际传播话语体系构建

如前所述，国际交往是文化交流的重要途径。文化是开放的，既是有边界的，也是无边界的。文化有边界是指文化有国界、民族性；文化无边界是指文化是需要通过交流互鉴才能更好地发展。新时代中国国际传播话语体系构建的基础是"求同存异"。中国国际传播话语体系构建并非一定是为了价值得到认同，在某种意义上，中国价值、中国文化能够得到理解即可。因为民族文化具有差异性，民族文化和价值主导了不同民族的日常行为规则。在某种意义上，认同也即更换的意思，因文化价值理念不同，生活环境也不尽相同，更换价值理念难以做到，也不可行。当下，新媒体发展速度迅猛，VR（虚拟现实）、AI（人工智能）等新型媒介和新技术早已介入现实，以及全媒体矩阵化传播开拓了传播渠道，强化了传播效果。如今我们正在主动运用新媒体、新技术的红利展开国际交流活动。除了"一带一路"等官方文化交流活动外，还要寻求多渠道地宣传中国人的精神风貌、中国特色社会主义道路和中国式现代化发展成果。除了官方的文化交流外，还要加强民间文化交流互动。民间文化交流不拘一格，更多地在于自发性。官方与民间文化的双向交流互动方能更好地助推新时代中国国际传播话语体系构建。官方的文明与文化交流具有权威性，锚定于更加宏阔的战略合作发展；民间的文明与文化交流具有平民化、可亲性，锚定于微观的文化融合与互信了解。

2.5.1 以文明交流互鉴正确认识世界文明发展变迁中的中华文明与其他文明之间的关系

世界各国是一个彼此相互勾连的整体，且早已是面临共同问题的命运共同体。因此，民族国家之间的交往与交流应当趋于常态化。特别是文明与文化交流，可以互相借鉴以解决国内问题。文化具有民族属性，它是在人类长期的社会实践中形成的经验积累，具有历史价值和现实指导意义。中华文明上下五千年，且具有连续性，其内涵博大精深，对中国社会发展和马克思主义中国化具有深刻的现实指导意义。其他文明也大致如此，对其民族社会发展具有现实指导意义。这与中国式现代化逻辑相同，各个国家民族根据本国实际也具有本国的现代化特色。费孝通先生在处理不同民族文化关系时提出了十六字"箴言"："各美其美，美人之美，美美与共，天下大同。"于整个世界而言，文化具有多样性，且各具特色，各民族文化之间需要"美美与共"，方能共同发展、共同繁荣。换言之，中华文明与其他文明之间应当以文明交流互鉴为基础，展开文化与文明交流，提升民族文化内涵，并洋为中用，从外部文化中汲取精华，为我所用。

首先，中华文明与其他文明之间是并列关系。文明之所以要交流，是因为不同文明有独特的发展史，有独特的历史文化价值，它必然是指引一个民族兴旺发达的内心动力。这意味着文明之间是可以互鉴的，共同存在于世界。文化是民族的精神与根基，具有维护社会稳定发展的作用，也是民族价值的起源地。不同民族因文化不同，其思维方式和价值理念也不尽相同，也正是差异性，赋予了不同民族在发展中可以借鉴的可能性。"文明因多样而交流，因交流而互鉴，因互鉴而发展。文明之间要对话，不要排斥；要交流，不要取代。应该坚持世界是丰富多彩的、文明是多样的理念，让人类创造的各种文明和谐共生、相得益彰，共同为人类发展提供精神力量。"①虽然文化的生产与地域、风俗相关，但不可否认文

① 中共中央宣传部. 习近平新时代中国特色社会主义思想学习纲要[M]. 北京：学习出版社、人民出版社，2023：282.

化有时对其他民族具有借鉴作用。人类生活在同一个地球，虽然因地域不同，面临的生活环境并不相同之处，但人类向好的愿景却是相同的。文明具有地域性，代表一个地域的发展史、社会规律和价值理念。文明即是文化思想的集合体，百花齐放才是应用文明发展状态。习近平总书记强调："一朵鲜花打扮不出美丽的春天，百花齐放才能让世界春色满园。多姿多彩是人类文明的本色。正因为各国历史、文化、制度不尽相同，才需要交流互鉴、取长补短、共同进步。蓄意鼓噪所谓'民主和威权''自由和专制'的二元对立，只能造成世界割裂、文明冲突。"①如果世界上只有一种文明，那么这个世界必然是单调的。一旦一种文明遇到问题，则很难找到解决办法。正是由于文明的多样性，当一种文明出现问题时，可以通过交流互鉴的方法找到出路。也正是因此，中华文明与其他文明之间是一种并列关系，并无文明优劣之分。

其次，中华文明与其他文明之间是对话关系。中华文明与其他文明之间正是存在并列的关系，所以才有互鉴和发展。实质上互鉴即为融通，融通即为对话。文明是物质、精神、制度的综合体，范畴较广，不同文明必然具有自己的优势，那么于其他文明之间必然具有可鉴作用。"文明是多彩的，人类文明因多样才有交流互鉴的价值。""文明是平等的，人类文明因平等才有交流互鉴的前提。""文明是包容的，人类文明因包容才有交流互鉴的动力。"②特别是中华文明具有较强的包容性、开放性和弹性，善于汲取精华、去其糟粕，但在借鉴之中需要保持自身的独立性。"我们参与文化交流互鉴的前提，就是必须要有自己自觉而清晰的中国文化的表达，有我们自己作为主体的'前理解结构'。我们必须以'贴切我们想法的话'与'他们'对话，而不是用'贴切他们想法的话'与'他们'对话。如果'我们'变成'他们'，那就没有必要与'他们'对话了。"③对话的目的在于文明交流互鉴，以解决本国发展问题，于中国文化如此，于其他国家文化亦是如此。从

① 习近平在2023年金砖国家工商论坛闭幕式上的致辞[EB/OL].[2023-08-23].人民网，http://politics.people.com.cn/n1/2023/0823/c1024-40061823.html.

② 推动文明交流互鉴 要有这样的态度[EB/OL].[2019-05-15].环球网，https://china.huanqiu.com/article/9CaKrnKkvNG.

③ 韩震.社会主义核心价值观的话语构建与传播[M].北京：中国人民大学出版社，2019：118-119.

另一个层面来看，中华文明与其他文明的对话关系可以催生新的文明或文化形式。"文化对话生产的基本逻辑便是杂糅，即不同文化元素和形式在碰撞与融合的时空互动过程中产生新的文化形式和内涵，于'第三空间'释放影响。"①文化生产与时代和社会语境相关，不同时代和社会语境会生产出不同的文化形态，因此，坚持中华文明与其他文明保持对话关系，可以生产出适合中国发展的更深层次的文化，乃至新的文明形态，这对于新时代中国发展和世界发展皆是有益的。如前所述，世界文明具有多样性，它代表了不同民族国家的文化价值理念。文化习俗不尽相同，但它们传递出的价值观或有近似的情况，例如崇善弃恶等普适性价值。文明如同思想文化一般需要百家齐放、百家争鸣，"理不辩不清，道不辩不明"。不同文明的交流互鉴打破了人为限制的枷锁，促进了不同民族国家的文明和文化交流合作，赓续了人类文明与文化的薪火。

最后，中华文明与其他文明之间是互生关系。如前所述，文明对话可以生产出新的文明和文化形态，新文明和新文化必然是反映社会发展现状和发展需求的。文明与文化因杂糅得以生产出新的形态，或出现优势互补现象。中国很多作物原本并不是本土的，玉米自明朝后才传入我国，小麦是我国北方人面食的主要原料，实际最早产自中亚，后来才进入中原。红薯原本是菲律宾的，1593年传到我国江南一带，后来在全国推广，成为中国人重要的食物。我们餐桌上常见的一些菜品很多也是外来的。显然，这是不同文明交流互鉴后产生的共生关系。我国历史上汉代张骞出使西域、明代郑和下西洋等重大历史事件，促进了中国与国外的文明交流互鉴。张骞出使西域带回来了葡萄、黄瓜、石榴、核桃、花生、胡萝卜等水果和农作物，同时也带去了当时的纺织、铁器制作等技术，以及中原文化。郑和下西洋带回了胡椒、南瓜、西瓜、苦瓜、马铃薯等水果和农作物，带去了瓷器、茶叶、丝绸等中国特产，让西方了解了中国文化。显而易见，历史上中华文明与其他文明互相辅助，丰富了彼此的文化，就是一种互生的关系。再从艺术上来看，敦煌壁画融入了古印度佛教元素，是中外文明相融的结果。杭州西湖的飞来峰石刻造像，融入了印度、日本等国的文化元素。苏联电影理论家、导演

---

① 金苗. 中华文化国际传播与影响力提升路径——基于"一带一路"合作国家新闻报道的数据分析[J]. 南京社会科学，2023(1)：109.

谢尔盖·爱森斯坦受日本文字中的汉字影响，创造了电影蒙太奇语言。从这些领域来看，中西方一直存在文明交流互鉴的历史，并且在互相影响中不断精进发展，形成了各自的民族特色。不可否认，中西文明存在文化耦合现象，彼此的缺陷或许成为对方的优势，得以改进发展，形成民族特色。如此来看，不同文明之间可以实现文化的优势互补。或许从这一角度来看，全世界本就是一个共同体，这种共同体的形成是无意识的，无论是否承认，从人类的生存进化种来看，它是存在的。由是观之，中华文明与其他文明之间是互生关系。

2.5.2 坚持文明交流互鉴原则对外精准阐释实现中国梦与各国人民梦想相辅相成

习近平总书记在北京 APEC 会议等多个国际峰会上提出"和而不同、兼收并蓄的文明交流观"，其内涵之一便是"各美其美"，尊重差异性。差异是现实，是不容回避的。差异意味着多样性，多声部发声，交流互鉴有利于文明发展。如前所述，文明无所谓高级和低级。任何一种文明都有其历史渊源和社会现实需求，"文明交流互鉴不应该以独尊某一种文明或贬损某一种文明为前提"①。世界各国民众与中国人民一样期待世界和平，共同发展，共同繁荣。这是中国梦，也是世界各国人民自己的梦想。但因文明与文化存在差异性，不同民族国家的民众需求不尽相同，那么，其他国家民众必然有属于自己的梦想。无论是哪种梦想，一定是人类共同期盼的自我向好发展之梦，中国梦与各国民众之梦并不相悖，即便不同，也可以在共同发展中互相激励、互相帮助、互相成就。中国梦便是在国际传播中中国主动设置的议题，既有益于中国及中国人民实现中国梦，也惠及世界各国民众之梦。正如习近平总书记所言："中国梦是和平、发展、合作、共赢的梦，我们追求的是中国人民的福祉，也是各国人民共同的福祉。"②

中国梦和各国民众自己梦想的实现是要求世界各国保持开放性，坚持对外交流合作、文明互鉴，以共商共建共享为原则开展共赢式合作，方能实现共同发

---

① 推动文明交流互鉴 要有这样的态度［EB/OL］.［2019-05-15］. 环球网，https://china.huanqiu.com/article/9CaKrnKkvNG.

② 习近平著作选读(第一卷)［M］. 北京：人民出版社，2023：320.

展、共同繁荣，以共同实现向好发展的梦想。如前所述，文明交流互鉴的目的之一是实现世界各国民众的梦想，实现梦想的方法多种多样，例如通过形式与内容的杂糅，增进世界各国民众对彼此的了解。在媒体平台上，经常可以看到外国民众使用中国语言、中国叙述方式讲述中国故事，例如外国抖音小哥(抖音名称"无名在河南")讲河南方言，长期居住在中国，讲述中国故事，传播中国声音，在海内外引起较好的反响。芬兰大姐(抖音名称"芬兰卡姐")讲东北方言中国故事。美国大卫爷爷(抖音名称"大卫爷爷")教英语，讲述曾在中国任教的故事。巴基斯坦小哥(抖音名称"巴铁")与中国人结婚后在中国生活，并游遍中国，用汉语向中国和其他国家民众介绍中国名胜古迹。这些国外民众讲述中国故事，传播中国文化，展现中国发展现状，一是更加真实可信，二是具有独特的亲切感，取得了较好的传播效果。这是中国国际传播的典型案例，它合了"民族身份+非喘者民族语言+新媒体"等多元化的杂糅式传播元素，具有一定新颖性。

文明交流互鉴襄助民族文化融合与创作还体现在艺术创作上，这种形式既是一种传播形式的创新，也具有个人梦想与国族梦想的双重实现功能。近年来，在融媒体平台上出现较多具有中国风格的音乐，这些音乐是由国外艺术创作者创作的，比如雅尼创作的 *Nightingale* 融合了中国笛子的音乐元素，是典型的中国风音乐。日本陶笛大师宗次郎的《故乡的原风景》融合中国陶笛乐器，创作了独具风格的音乐作品。意大利作曲家 Giuseppe Verdi 的 *Là sui monti dell'Est* 是改编自中国民族音乐《茉莉花》。这些音乐乍听时的感觉是中国民族音乐，实际上仅仅是融入了中国民族音乐元素。可见很多中国民族元素对国外艺术创作产生了较大的影响。除此之外，还有很多中国歌曲在国外流行，以及中国音乐、体育、影视明星在国外取得了较高的成就，例如李小龙、成龙、李连杰等向国际传播了中国功夫。李小龙是第一位国际级的华人武打演员，他向全球推广了中国功夫，较早地向世界传播了中国传统文化，并得到了广泛的认可。成龙、李连杰是李小龙的后继者，皆深耕于电影，通过电影向世界传播中国功夫。另外，国际巨星李玟向国际传播了中国音乐以及中国文化，体现了民族自信和文化自信。这些艺术创作一是实现了个人的中国梦和其他国家民众自己的梦想，二是民族文化的交流融合，起到了民族文化走出去的作用。总而言之，它们是另外一种形式的中国梦与各国人民梦想的互相成就。

　　中国梦内涵较为丰富，它是中华民族伟大复兴的话语构建，是中国主动设置议题的表现，是向世界展现中国特色社会主义道路和中国式现代化的成就；也是向世界宣告中国共产党为什么能，中国特色社会主义为什么好，归根到底是马克思主义行，是中国化时代化的马克思主义行。中国梦就是建构一个强大的国家，目的是促进和平、发展、合作，对世界各方都有利，"中国对民族复兴的追求为世界带来机遇与和平，中国梦不会打碎其他国家的梦想，相反会帮助其他国家实现自己的梦想，不管它是美国梦、俄罗斯梦或是非洲梦"①。即是说，中国发展离不开世界各国，世界各国的发展也离不开中国，中国目前处于飞速上升阶段，也欢迎世界各国搭乘中国发展的东风，实现国富民强的梦想。归根结底，这是中国胸怀天下的价值观念的体现。显而易见，中国梦与其他各国民众自己的梦想是相辅相成的。

　　中华民族伟大复兴的中国梦既关系到每一位中国人民的幸福生活，也关系到国家发展大计。国富民强是一个组合词，国富必然民强，民强才能国富，缺少其一则不能称为真正的国富民强。因此，中国梦于国家和人民而言是双向的。在"一带一路"倡议建设中，我国提出"共同发展、共同繁荣"的理念。以共同体伦理为核心，开展国际交流活动，实际上向世界讲好人类命运共同体的故事。全世界民众联合起来共同发展，向一切破坏和平发展的势力说不，并付诸实际行动，向更美好的幸福生活迈进。这要求世界民众必须坚持文明交流互鉴原则，只有文明交流互鉴，才能理解各民族文化和价值观念，找到普适性的发展理念，共同发展，合作共赢，向好发展，中国人民实现中华民族伟大复兴的中国梦，其他国家民众实现自己民族或个人的梦想。

　　综上所述，中国社会经济发展正处于快速发展的上升期。自改革开放以来，中国政治、经济、军事、文化等取得的成就是举世瞩目的，一些西方国家逐渐改变了对中国的固有偏见，在看到中国的发展势头后，逐渐认同中国道路、中国理论、中国制度。中华民族伟大复兴的中国梦的离不开世界各国及其民众，世界各国及其民众的梦想也离不开中国，中国愿与各国一道，齐心协力，共同发展，共

---

　　①　刘立华，马俊杰. 中国梦与话语权的建构——一项基于语料库的新华社对外报道中国梦话语研究［J］. 天津外国语大学学报，2016（1）：32.

同繁荣。

2.6 以悠久中华文明史为切入口对外深刻阐释马克思主义中国化与中国传统文化之间的必然联系

如前所述，中华文明历史悠久，蕴藏着丰富的文化内涵。毛泽东思想、邓小平理论、江泽民"三个代表"重要思想、胡锦涛科学发展观以及习近平新时代中国特色社会主义思想皆是结合马克思主义对中华优秀传统文化的创造性转化和创新性发展，也即马克思主义中国化的成果。中国社会主义核心价值观是中国传统价值观的凝练和当代发展。可见，中华文明和中华优秀传统文化是马克思主义中国化的基础。

马克思主义中国化已经成为一个非常重要的学科方向，研究者众，研究成果丰硕，其内涵涉及面也较广。马克思主义中国化的内涵已基本形成共识，即"马克思主义基本原理同中国实际相结合、同中国文化相结合，走符合中国国情的道路，形成把马克思主义同中国实践、文化传统和时代特征结合起来的新理论，使起源于欧洲的马克思主义，变为扎根于中国的马克思主义"①。由此可见，马克思主义中国化与中国传统文化必然相勾连。

2.6.1 对外阐释好当代中国道路选择、理论选择和制度选择离不开中国优秀传统文化滋养

民族文化是国家发展的根基，没有文化的民族是没有前途的。国家发展靠的是民族文化的延续、承继与滋养，以及古为今用，以史镜鉴，方能不走弯路。面对当前世界百年未有之大变局，中华民族伟大复兴之路既有机遇，也有挑战。抓住机遇，迎接挑战的前提是对外阐释好当代中国道路、理论和制度的规则，获得认同或理解。中国道路、理论和制度皆是马克思主义中国化的成果，即马克思主义基本原理同中国具体实际和中华优秀传统文化相结合。

中国传统文化博大精深，儒家、法家、墨家、道家等诸子百家思想流传至

---

① 刘力波. 文化视域中的马克思主义中国化[D]. 陕西师范大学，2007.

今，涉及治国理政、日常礼仪，乃至为人处世。可见，中国先辈智慧之高远，而习近平新时代中国特色社会主义思想便是结合中国传统文化思想的一种延续。所谓中国道路即中国特色社会主义道路，是在中国共产党领导下，立足本国国情，逐步实现全体人民共同富裕，建设富强、民主、文明、和谐、美丽的社会主义现代化强国，实现中华民族伟大复兴之路。全体人民共同富裕是以人为本思想的体现。从另一个层面来讲，民富才能国富，民富是国家强大起来的基础，也是中华民族伟大复兴的前提，否则中国梦便无从谈起。国家要强大起来，还需要民主制度的完善，做好为人民服务工作。如今，我国已经建成社会主义强国以及和谐社会，当中国人民全面奔小康后，我们还要加强相关工作，以免返贫现象出现。中国传统文化中的家国思想的本质便是由个体组成的民族国家，中国特色社会主义道路必然是以中国传统文化为根基的。中华优秀传统文化代表了先进的文化。如果一个民族的文化不够先进，没有吸引力和感召力，文化软实力是不可能提升的，国际地位也不可能真正得到提升。国力包括政治、经济、科技、文化、军事等硬实力和软实力之和，硬实力的发展需要软实力的辅助，软实力的提升的需要硬实力的加持，二者相互促进才能提升世界话语权。

中国特色社会主义理论以马克思主义理论为基础。经过实践可知，马克思主义行，更符合中国发展实际。很多西方人认为中国选择马克思主义理论脱离了中国传统，所以在中国国际传播中我们还要讲好马克思主义为什么行。实际上，马克思主义与中国传统文化有着内在的契合性，且从未脱离中华优秀传统文化。从毛泽东思想、邓小平理论、"三个代表"重要思想、科学发展观以及习近平新时代中国特色社会主义思想，皆是与中国国情、中国实际、中华优秀传统文化相结合而诞生的新思想，也即发展中的马克思主义，或者说中国化的马克思主义。中华优秀传统文化是马克思主义中国化的文化根基。如前所述，中华文明根植于农耕文明，农耕社会家庭集体劳作，形成了以"家""国"为中心的集体主义价值观。这也是马克思主义之所以能够在中国落地生根的缘由之一。理论选择的前提是文化自信。文化自信源于文化的影响力、吸引力和感召力，这意味着文化在现实社会实践具有可行性。改革开放以来，中国经济飞速发展，取得辉煌成就，国力不断攀升，人民生活日益美好起来，可以说明中国理论选择的正确性，同时也是因为中华优秀传统文化的滋养。

"民为邦本"是治国理政的基础，从中也可以看出人人是平等的。脱离人民发展的制度是不可持续的，也是不人道的，更与中国传统伦理价值观念相悖。这一观念在中国对外交流中也可以看出。中国对外交流秉持开放性和包容性，从"天下为公"的理念便可以看出。因此，对外交流也秉持平等互惠的原则，认为民族并元优劣之分。改革开放以来，中国国力不断提升，2010 年，中国 GDP 超越日本，成为世界第二大经济体。中国军力实力也在不断提升，任人宰割的时代一去不复返。中华文化不断得到西方国家的认同，并与我国开展文化交流活动，如"中法文化之春"等。从 2004 年开始，国外高校陆续成立孔子学院，致力于中国语言文化交流与学习。过去中国文化不被认同是因为西方中心主义盛行，"东方"一直是被建构的东方、为西方而存在的西方，被动的建构者只有被拿捏的份儿。如今，西方中心主义势头并未衰减，但中国文化能够走出去，靠的是中国文化的感召力和吸引力，以及对外宣传的有效策略。可见，中国文化软实力也得不断得到提升。民族文化的重要性不言而喻，它是民族被共同想象的根基。

如前所述，坚持马克思主义在意识形态领域的指导地位是新时代中国国际传播创新发展的底色，那么，中华优秀传统文化是新时代中国国际传播创新发展的本色。以往中国国际传播往往以易于记忆或具有一定民族性的文化符号作为文化推介的中介，如京剧、武术等，如此推介容易给西方以脸谱化认知。更有甚者，如果我们在国际传播中不断传播落后、贫穷、混乱等一些负面信息，更易进入"自我东方化"的窠臼。中国部分第五代电影导演的作品在国际上获得不少大奖，但同时也被评论家诟病，助长了西方人口中的"东方化"，电影如此叙事也常被认为是一种"自我东方化"的表现。如果不建立一套完善新时代中国国际传播话语体系，那么西方所知晓的中国也仅仅存在于西方媒体或者研究中国的西方学者口中，那么中国永远只停留在被西方编码的境地。

2.6.2 中华优秀传统文化是马克思主义中国化不断丰富完善和发展的肥沃土壤

作为四大文明古国，中国是唯一一个文明史没有断裂的国度，古印度、古埃及、古巴比伦等文明皆已消亡。可见，中华文明和中华优秀传统文化具有可持续性，是适应社会发展需要的，这体现了中华文明的包容性和中国传统文化的强大感召力。或言之，中国传统文化具有一定的弹性，这是中国文化的内在特征。中华文明上下五千年，有着丰厚的历史底蕴和文化精神，文化内涵博大精深。基于中国传统文化的特征和适应社会发展的可行性，对外宣传工作者乃至每一位中国人，都有责任和义务向世界推介中国传统文化，阐释中国精神、中国价值以及中国智慧。

2.6.2.1　中华优秀传统文化是马克思主义中国化民族特色的源泉

从价值观上来看，中华文明根植于农耕文明，农耕文明的特征是家庭集体劳作，由此诞生了以集体主义为核心的价值观。这与根植于海洋文明的西方价值不啻天渊。从这一层面来看，中国价值与马克思主义有着先天的契合性，这于马克思主义在中国落地生根而言有着先天的优越性。诸多学者也从中国价值观等层面分析了中国传统文化和马克思主义存在诸多的一致性。因此，马克思主义中国化是中国特色社会主义建设的必行、可行之路。从根本上讲，马克思主义中国化的基础是中华优秀传统文化。马克思主义中国化是不断发展着的马克思主义，未来还要根据中国国情、中国实践不断发展下去，其依循的基础是中华优秀传统文化。中华优秀传统文化是中国人衣食住行、社交礼仪的经验智慧的汇集，是当代中国人不断学习、深刻领悟的宝典，一定意义上还是行动指南。抛却中华优秀传统文化的任何行为、决定都是忘本的、行之不远的，不符合中国实际，偏离中国国情，也将与中国道路渐行渐远。马克思主义中国化是马克思主义基本原理同中国实际、中国国情相结合，同时结合中华优秀传统文化的不断发展着的马克思主义。由中华优秀传统文化作为马克思主义中国化实践的源泉，以及理论阐述宝典，乃是马克思主义中国化的文化根基。

2.6.2.2　中华优秀传统文化是马克思主义中国化理论建构的源泉

民族是文化的民族，一个民族之所以被确定，是因为文化的共识性。文化共识则来自民族内部人与人、人与社会、人与自然的相处得来的经验总结，最后成为民族内部伦理以及群体内部日常行为规范。"天下为公、民为邦本、为政以德、革故鼎新、任人唯贤、天人合一、自强不息、厚德载物、讲信修睦、亲仁善邻等，是中国人民在长期生产生活中积累的宇宙观、天下观、社会观、道德观的重要体现，同科学社会主义价值观主张具有高度契合性。"①中国文化中的"以人为本"源于治国理政，如《尚书·五子之歌》提到"民为邦本"，中国特色社会主义要实现共同富裕，因此我们确立了"两个一百年"的奋斗目标。"两个一百年"的奋斗目标在党的十五大报告中提出，党的十八大报告再次强调，"第一个一百年，是到中国共产党成立100年时（2021年）全面建成小康社会；第二个一百年，是到新中国成立100年时（2049年）建成富强、民主、文明、和谐的社会主义现代化国家"。2021年，我国全面实现全民脱贫建成了小康社会，实现了共同富裕的目标。再看"天人合一"理念。如前所述，中华文明根植于农耕文化。农耕文化体现的是中国人与自然的相处经验。"天人合一"中"天"可以简单理解为自然，即人与自然应当是一种和谐关系。尊重自然，与自然相互依存。因此，习近平总书记提出了"生态兴则文明兴，生态衰则文明衰"思想，并指导我们"建设美丽中国，努力走向社会主义生态文明新时代"。② 2019年8月到10月，习近平总书记先后到甘肃兰州黄河岸边、河南郑州黄河岸边、山东东营黄河入海口视察，分别主持召开黄河流域生态保护和高质量发展座谈会，正式提出并深入推动黄河流域生态保护和高质量发展战略。2021年10月8日，中共中央、国务院印发了《黄河流域生态保护和高质量发展规划纲要》，黄河流域生态保护和高质量发展正式成为国家发展战略。"生态文明建设是关系中华民族永续发展的根本大计。"③

如前所述，"天人合一"理念源于中国人与自然相处的经验，是中国智慧，符合唯物辩证法，具有推广价值。特别是当今全球变暖等生态问题，更要提醒世界在追求经济发展和工业化发展之路时，不可一味地向自然索取。因为"绿水青山就是金山银山"。某种意义上人与自然是一体化，自然环境恶化必将影响人类生存。如果人类对自然过度索取，自然必将反噬人类，并且我们已经看到自然对人类的"报复行动"。从另一层面来看，生态文明建设最终惠及人类，实际上搞好生态文明建设依然是"民为邦本"的体现。正如习近平总书记所言："中华民族

① 习近平著作选读（第一卷）[M]. 北京：人民出版社，2023：15.

② 习近平. 论坚持人与自然和谐共生 [M]. 北京：中央文献出版社，2022：30.

③ 习近平. 论坚持人与自然和谐共生 [M]. 北京：中央文献出版社，2022：1.

向未来尊重自然、热爱自然，绵延五千多年的中华文明孕育着丰富的生态文化"。① 中华文明是新时代中国特色社会主义建设的思想宝库。总而言之，人与自然需要和谐相处。推而言之，不仅是人与自然需要和谐相处，人与社会、人与自我皆需要和谐，才能全面地更好地构建和谐社会。再如"讲信修睦""亲仁善邻"，中国外交以和为贵。儒家文化中的和合文化便是其中的源泉。从文化起源上看，家庭不和则不兴不旺，民族不和则不盛不强，只有以"和"的理念做好政治外交工作，乃至经济贸易、文化交流，才能达成人民的全面发展。即便是经商，中国人也讲求和气生财。当前，世界局部地区爆发了战争冲突，对城市基础设施的破坏、人民人身财产安全全无。战争冲突使国家人力、物力、财力的投入与损失巨大，甚至伤亡惨重，以人为本无从谈及。

因此，以和为贵、和平外交等是国际交流的主流趋势，由和平而建构的美好幸福生活也是各国民众所期待与向往的。总而言之，无论是从人的发展角度"民为邦本""天人合一"来看，还是建立美好幸福生活的"亲仁善邻"来看，中华优秀传统文化是马克思主义中国化的巨大宝库和思想源泉。从毛泽东思想、邓小平理论、江泽民"三个代表"重要思想、胡锦涛科学发展观以及习近平新时代中国特色社会主义思想，皆是中华优秀传统文化襄助马克思主义中国化阐释的思想成果。

2.6.2.3 中华优秀传统文化是马克思主义中国化持续阐述的源泉

众所周知，中国文化具有包容特性。包容是中国人在社会实践中得来的宝贵经验与智慧，一是能抵达"和"，只有"和"才能团结一致干大事；二是能交流借鉴为我所用，才能自我提升。马克思主义之所以在我国落地生根，一是时代需求、社会需求和道路需求，二是马克思主义与中国文化思想具有内在的契合性，三是中国的包容特性。包容并不意味着完全的拿来主义，而是"取其精华"，同时融入中国文化思想，本土化之后，才能加以运用与发展。如前所述，"民为邦本""天人合一""亲仁善邻"是中华优秀传统文化的重要代表，也是中国社会发展的实际，与科学社会主义价值观高度契合。马克思主义中国化的实践发展之路离

---

① 习近平. 论坚持人与自然和谐共生[M]. 北京：中央文献出版社，2022：1.

不开中华优秀传统文化，否则便会出现水土不服之症。

中华文化也在不断发展，但中华文化的内在本质是稳定的，它携带了民族基因，代表了民族特性，彰显了民族思维，中国人民的一言一行皆是中华文化的重要体现。中国社会主义道路必须融合中华文化，否则将与中国人民的内在需求和自身发展背道而驰。因此，中国社会主义道路必然是中国特色社会主义道路，这一"特色"除了中国国情、中国实际，还有中国文化。由此观之，马克思主义中国化阐述必须依循中华优秀传统文化，方能具有可持续性和可行性。

综上所述，从中国历史发展的角度来看，马克思主义中国化与中国传统文化之间存在必然的联系，中国传统文化是马克思主义中国化的民族特色、理论建构、持续阐述的源泉，马克思主义中国化是中国传统文化的时代化发展。当前，新时代中国国际传播不仅仅要让世界了解中国有哪些具体文化，更要了解中国文化内涵，以及中国文化促进世界发展的可行之处，国外民众才能深刻理解马克思主义中国化的理论基础。

2.7 从执政理念和政策主张角度全面展示中国共产党执政成就

新中国成立以来，中国共产党在政治、经济、文化、军事等各方面取得了巨大的成就。经过历代共产党人的不断努力精进、改革发展与开拓进取，中国共产党执政能力不断得到提升，执政成绩斐然。中国共产党是世界上最大的马克思主义执政党，立足中国实际，结合中国传统文化，不断深化与发展马克思主义理论，形成了独特的中国特色社会主义道路。作为中国特色社会主义事业的领导核心，中国共产党在执政能力建设上面对人口规模巨大、生态环境、共同富裕等现实问题，坚定不移高举中国特色社会主义伟大旗帜，坚持以人民为中心，推进经济高质量发展，实施科教兴国战略，强化现代化建设人才支撑，坚持依法治国，推进社会主义民主政治建设，维护国家安全和社会稳定，不断进行自我革命推进全面从严治党。在 2021 年，我国实现了全面脱贫致富，走出了成功的中国特色社会主义道路，正在实现中国式现代化。面对中国的崛起，以美国为首的西方国家不择手段攻讦我国，试图通过各种手段企图打压与遏制我国，阻碍我国发展。

我们同时也要看到另一现象，即中国崛起已经成为不争的事实，并且得到不少国家的认可和支持。如此，我国在国际传播中更要拓展传播渠道，加强国际传播力建设，发挥主观能动性，在国际传播中构建融通中外的新概念、新范畴、新表述，展示真实、立体、全面的中国。从宏观层面来看，国际传播主要有两个渠道，一是媒体渠道，二是外交渠道。因此，我们要用好这两个渠道对外讲好新中国成立以来中国共产党以人为本、执政为民所取得的辉煌成就。

2.7.1 利用媒体对外传播新中国成立以来中国共产党以人为本、执政为民所取得的辉煌成就

新中国成立以来，中国共产党执政为民，带领中国人民自力更生，奋发图强，从百废待兴的状态，走向新时代，逐渐成为屹立于世界之巅的最大最强的发展中国家。中国共产党成立以来逐渐形成了"以人民为中心"的执政理念。习近平总书记指出："人民是我们党执政的最大底气，是我们共和国的坚实根基，是我们强党兴国的根本所在。我们党来自于人民，为人民而生，因人民而兴，必须始终与人民心心相印、与人民同甘共苦、与人民团结奋斗。"①从中国共产党奋斗史来看，1944 年，毛泽东在张思德追悼会上提出了"为人民服务"，中国共产党是为人民谋利益的政党。1945 年，在《论联合政府》报告中，毛泽东强调"全心全意地为人民服务，一刻也不脱离群众；一切从人民的利益出发，而不是从个人或小集团的利益出发；向人民负责和向党的领导机关负责的一致性；这些就是我们的出发点"②。

党在建设中，不断将人民放在首位，并将"全心全意为人民服务"作为宗旨。党的七大把"全心全意为人民服务"作为党的根本宗旨载入党章。1949 年 10 月 1 日，新中国成立，毛泽东在天安门城楼宣布，"中国人民从此站起来了"，人民开始当家作主，中国共产党以人民为中心，致力于人民的幸福生活，开始社会主义建设。1978 年 12 月召开的党的十一届三中全会，标志着中国全面改革，实行对外开放；同时在农村开始农村家庭联产承包责任制，农村改革取得了胜利，并

① 习近平. 习近平谈治国理政(第三卷)[M]. 北京：外文出版社，2020：137.
② 毛泽东选集(第 3 卷)[M]. 北京：人民出版社，1991：1094-1095.

沿用至今。1992 年，中国经济体制改革，由计划经济逐步转向市场经济，即经济体制改革的目标是建立社会主义市场经济体制，私有制经济风生水起。2001年 12 月 11 日我国正式加入世界贸易组织，全面开展对外贸易活动。在 2010 年，中国超越日本成为世界第二大经济体、亚洲第一大经济体。2020 年抗击新冠病毒疫情时，习近平总书记提出"人民至上，生命至上"，"生命重于泰山。疫情就是命令，防控就是责任"。① 把人民的生命安危放在首位。2021 年，在中国共产党的坚强领导下，经过多年的脱贫攻坚工作，中国人民全面奔小康，实现了共同富裕。新时代我国社会主要矛盾已经转变为人民日益增长的美好生活需要和不平衡不充分的发展之间的矛盾。从历史发展脉络来看，中国共产党励精图治、执政为民，带领中国人民在经济发展、工业建设、生态文明建设、物质文明与精神文明等层面取得了辉煌成就。中国已是世界大国，但中国共产党取得的辉煌成就并不是一帆风顺的，国内面对经济发展与生态文明建设的不平衡问题，外部面对西方对中国崛起的围追堵截。新时代我们面对西方的无端攻讦要给予反击，并主动设置议题，利用好媒体，将传统媒体与新媒体结合，形成矩阵化传播，全面讲述中国共产党执政以来以人民为中心所取得的执政成就。

第一，利用传统媒体对外传播新中国成立以来中国共产党以人为本、执政为民所取得的辉煌成就。新中国成立以来，正式有组织地开展外宣工作是 1970 年代末，并随着媒介发展，外宣渠道逐步拓展，从报刊、广播到电视，再到互联网和媒介融合等。传统媒体对外传播新中国成立以来中国共产党以人为本、执政为民所取得的辉煌成就上扮演了重要的角色，成绩斐然。传统媒体是基础，主要包括新闻报刊、广播、电影、电视等。这些媒体当中又可以从对传播对象上分为对外传播媒体和对内传播媒体。特别是对外传播好新中国成立以来中国共产党以人为本、执政为民所取得的辉煌成就。例如新华社、中国新闻社、CRI（中国国际广播电台）、CGTV（中国国际电视台）、*China Daily*（《中国日报》）、《环球时报》《人民日报（海外版）》等，皆是外宣媒体，面向国外官方及国外民众讲述中国故事，传播中国声音。还有电视媒体。电视媒体内容广阔，既有电视新闻、文化综

---

① 中共中央党史和文献研究院. 习近平关于尊重和保障人权论述摘编［M］. 北京：中央文献出版社，2021：76.

艺节目，还有以讲述故事为主的纪录片、电视剧等。除了电视新闻、文化综艺节目、纪录片是由电视台策划直接播出的，还有电视剧，虽然涉及民间资本投资，但依然要在国家广播电视总局的审查备案后方可拍摄。那么利用电视媒体讲好中国共产党以民为本、执政为民所取得的辉煌成就的形式较为广泛，也具有组织性和高效性。这些外宣媒体都是国家主办并管理的，有组织、有目标地开展对外宣传工作。除此之外，还有电影媒体。电影媒体具有独特性，报刊、广播、电视皆有国家级媒体，电影只有国家审查机构，即中宣部电影局。那么，电影的对外传播不但有国家意志，还有民间意志，它和电视剧较为类似。例如部分主旋律电影便是以中国共产党执政为民为主题的，《我和我的祖国》《我和我的父辈》《我和我的家乡》《觉醒年代》《革命者》《建党伟业》《建军大业》《建国大业》《1921》《生死抉择》《上甘岭》《中国医生》《长津湖》等不胜枚举。这些主旋律电影大多是由官方策划拍摄的，既是对内讲好中国共产党执政为民的成绩，同时也向外讲好中国共产党执政为民的成绩，让国内外民众了解中国共产党执政为民以及中国共产党革命史。同时还有一些非官方制作的电影，但依然是官方审查通过后得以上映的。由是观之，电影媒体对外传播既有有组织、有意识的官方行为，也有无组织、无意识的民间行为。

第二，利用新媒体对外传播新中国成立以来中国共产党以人为本、执政为民所取得的辉煌成就。新媒体主要指以虚拟网络为传输的媒介形式，包括社交媒体、视频媒体、音频媒体，甚至是游戏媒体。因此，与以上有关的各种形式以及新技术的融合所生成的媒介形式皆为新媒体。例如 VR、人工智能等新技术介入，使得传播效果大大增加。新媒体是当今中国国际传播的主要渠道，它的形式更为广泛，不但涉及官方，还涉及民间。新媒体时代人人都拥有麦克风，都是传声筒，那么在内容传播上具有很多便利性，但同时也过于庞杂，难以管理。从传播渠道和传播形式上来看，新媒体的确是开拓了中国国际传播的新局面，特别是在讲述中国共产党以人为本、执政为民所取得的辉煌成就上有诸多便利性，它是对传统媒体传播形式和传播效果的补偿。近年来，新媒体技术不断迭代升级，AR（虚拟现实）、AI（人工智能）等技术不断介入，给新媒体传播注入了新的活力。VR 技术的介入，补偿了现实世界的难以企及性，形成了元宇宙世界建构，也即虚拟现实世界建构，它已经成为一种景观化、场景化传播方式，之所以称之为景观化传播，是因为中国它具有沉浸性，一定程度上缩短了人与现实的距离，虽然这种距离的缩短是一种假象，因为其无法完成全知觉系统的感知。但不可否认，它对现代传播具有里程碑式贡献。国内很多博物馆逐步建立了元宇宙系统，可以让游客、观众近距离深度体验民族文化，具有较强的沉浸性和传播效果。那么，中国对外传播中也可以利用 AR 等虚拟现实技术还原更加逼真的中国共产党执政为民的故事，即便国外民众不能达到中国，也能通过虚拟现实技术，进入元宇宙世界，身临其境地体验中国共产党革命故事，全方位真实了解中国发展现状。

第三，利用媒体融合对外传播新中国成立以来中国共产党以人为本、执政为民所取得的辉煌成就。媒介融合是 2012 年以来根据媒介发展趋势，提出的传统媒介与新媒体从内容到形式的全方位融合，避免了传统媒体被新媒体冲击可能走向消亡的境地。这意味着传统媒体借新媒体之东风，再次满血复活。媒介发展与迭代升级过程出现了两种看法，一是媒介替代论，二是媒介补偿论。所谓媒介替代论，即新媒体出现，旧媒介逐渐走向消亡，新媒体取代了旧媒介。在历史上的确存在过这种现象，当电视媒介出现时，广播媒介逐渐式微，几乎快要走向灭亡的窘境，当互联网出现时，传统媒体也一度一蹶不振，这出现了一种假设，即新的媒体出现时将会取代旧的媒体完成传播使命，但这种情况实际上并没有真正出现，不可否认的是，新的媒介出现的确对旧的媒介产生了巨大的冲击，但旧的媒体并非就坐以待毙，而是不断寻找新出路，谋求生机。媒介补偿论是得到大多数学者的认可的，新的媒介出现时的确会对旧的媒介产生冲击，但并不会取代旧的媒介，而是对旧的媒介传播的局限性进行补偿。例如广播补偿了报刊缺少的声音，电视补偿了广播缺少的视觉性，互联网补偿了所有传统媒介缺少的互动性、融合性。以此来看，媒介融合是时代发展趋势，也是传播发展趋势。它能够更全面、更有效地达成传播目的。新中国成立以来，中国共产党执政为民的诸多成就全世界是有目共睹的，但总会出现一些西方国家阻挡传播渠道导致国外民众对中国发展现状缺少了解而产生误解。此时，我们在对外传播中要充分利用媒介融合的优势，开展矩阵化传播，绕过西方对中国的围追堵截，利用官方媒体与民间自媒体两条渠道，全方位地讲述中国共产党执政为民的故事及其取得的伟大成就。特别是 2021 年中国全面奔小康，实现共同富裕，说明了中国共产党选择马克思主义理论、中国特色社会主义道路以及中国特色社会主义制度是非常正确的，这也说明了马克思主义为什么行，中国共产党为什么能。"中国共产党是为中国人民谋幸福、为中华民族谋复兴的党，也是为人民谋进步、为世界谋大同的党。"①

2.7.2 全方位宣介和传播中国共产党领导中国人民取得的辉煌成就

除了外宣媒体对外宣传、介绍中国共产党领导中国人民取得的辉煌成就外，还有政党外交和民间外交，政党外交定义较为清晰，民间外交形式较为多样，只要以非政党名义展开的对外交流活动皆是民间外交。民间外交不同于官方，主要指以政协、各民主党派、各社会团体、各企事业单位的名义同外国民间的偏重于经济、文化等交往活动②，即包括经贸合作、文化科技博览会、文体赛事等。这些形式大多是官方组织的，但有别于政党外交的外交活动，对于宣介中国共产党领导中国人民取得的辉煌成就具有组织性、便利性和高效性。由于民间外交形式多样，本书在阐述中将其亚类型并列于政党外交。

第一，政党外交传播中国共产党领导中国人民取得的辉煌成就。政党外交表面是国家间的政治交往，实际上在外交过程中是在陈述本国政见、立场、社会与经济发展现状等，以期获得理解、认同，或者是让对方了解。从这一层面来看，它也是一种常见的对外传播手段，因为在政党外交中要向对方阐明本国国家成就，这就包括执政党的执政理念、执政成果等。新中国成立初期，西方国家对中国进行封锁，与中国建立外交关系的只有苏联及其他社会主义国家。1971 年成功恢复联合国合法席位，成为五大常任理事国之一，在外交上取得了突破。党的十一届三中全会作出了改革开放的伟大决策，中国外交从此进入新阶段，西方国家及其他资本主义国家逐渐与中国建交，中国正式开展全面政党外交。十一届三中全会提出了"以经济建设为中心"的政治路线，党和国家工作中心转移到经济建设上来。"以经济建设为中心"的政治路线一方面发展国家经济，提升国家硬

---

① 中共中央宣传部. 习近平新时代中国特色社会主义思想学习纲要[M]. 北京：学习出版社、人民出版社，2023：303.

② 百度百科："人民外交"词条，https://baike.baidu.com/item/%E4%BA%BA%E6%B0%91%E5%A4%96%E4%BA%A4/22627294? fromtitle=%E6%B0%91%E9%97%B4%E5%A4%96%E4%BA%A4&fromid=3358939&fr=aladdin。

实力，另一方面是为了提升人民的生活水平，实现共同富裕。改革开放40多年来，中国在经济上取得的成就是巨大的，2010年，中国一跃成为世界第二大经济体，这说明中国经济建设取得了世界瞩目的成绩，同时人民的生活水平得到了巨大的提高，人民逐渐脱离了贫困，过上了小康生活。这与中国坚持和平发展的理念是分不开的。在中国政党外交中，我国几代领导人多次提及和平发展的理念，中国不称霸，也不想称霸，世界和平是中国人民乃至全人类梦寐以求的愿景。1979年，邓小平在白宫同卡特进行会谈时指出："我们的看法是，整个世界局势是不安宁的。如果要创造一个有利于和平、安全、稳定的世界，就应该认真对待国际局势。就中国来说，我们不希望打仗。我们的目标是实现四个现代化，这就需要有一个比较长的和平环境。"①习近平指出："中国走和平发展道路，其他国家也都要走和平发展道路，只有各国都走和平发展道路，各国才能共同发展，国与国才能和平相处。"②新中国成立以来，中国一贯坚持和平发展理念，中国共产党带领中国人民取得了巨大成就。这些政党外交在传播中国共产党领导中国人民取得的辉煌成就上皆取得了较好的效果。

第二，经贸合作传播中国共产党领导中国人民取得的辉煌成就。从本质上来讲，国际经济贸易合作能够反映一个国家的经济发展水平和工业化程度，实际上它从侧面反映了一个国家政党的执政水平。如果执政水平较低，各方面发展肯定相对落后，那么在国际经济贸易中往往进行的是低端贸易，也很难获得利益。十一届三中全会以后，中国全面改革开放，中国各个领域全面与世界各国开展贸易往来活动，从1994年开始，我国对外经济贸易持续顺差。这说明我国对外贸易处于有利位置，也有利于外汇储备，保障国家政治经济安全。如果一个国家的经济发展水平和工业化程度难以与世界其他国家媲美，那么经济交往必然一直处于弱势，那也无法达成对外传播国家发展成就的。广泛的国际经济贸易合作实际上从各方面传播了中国共产党执政为民的成就。2001年我国正式加入世界贸易组织（WTO），全方位对外开展贸易合作，争取更大的发展空间，提升人民生活水

---

① 从6个外交细节看邓小平如何讲述"中国故事"［EB/OL］.［2020-02-19］. 人民网，http://dangshi.people.com.cn/n1/2020/0219/c85037-31595084.html.

② 习近平. 论坚持推动构建人类命运共同体［M］. 北京：中央文献出版社，2018：3.

平和幸福度。除此之外，我国还主动建立了中国—东盟自贸区、上海经合组织、"一带一路"倡议、中国—中东欧国家合作、中国进出口商品交易会（The China Import and Export Fair，简称"广交会"）等。这些中国主动建立或主动参与的经济贸易合作较为便利地传播了新中国成立以来中国的发展成就，同时也提升了中国的国际地位和话语权。

第三，国际文化科技博览会传播中国共产党领导中国人民取得的辉煌成就。博览会样式众多，涉及文化、科技、工业、生活、艺术等各个领域，这些领域关乎人民生活的物质需求和精神需求。举办博览会既可以起到向国外"秀肌肉"的作用，又可以起到学习先进技术、理念，达成文明交流互鉴、经济贸易合作的作用。2010 年中国上海举办了第 41 届世界博览会，让世界了解了中国经济的腾飞、科技的发展、城市的美好、人民的幸福。近年来，中国科技发展水平多次取得突破性进展，例如航空航天、5G 技术等在世界科技发展中处于领先位置。中国北京国际科技产业博览会已经举办多届，科技博览会全方位向世界讲述了中国科技发展成就。人民生活也因此受益于科技，如 ChatGPT 在中国诞生，电子支付代替纸币支付，人工智能已经全面介入中国人民的生活，这些给中国人民生活带来了极大的便利性。这些施惠于人民的科技成就足以说明中国共产党具有较强的执政能力。除此之外，还有中国军事博览会、中国—中东欧国家博览会、2023 年（中国）亚欧商品贸易博览会、中国—南亚博览会（南博会）等。这些国际文化科技博览会都较全方位、高效地传播了中国共产党领导中国人民取得的辉煌成就。

第四，国际文体赛事及文体活动传播中国共产党领导中国人民取得的辉煌成就。中国真正开始举办国际性的文体赛事是 1990 年 9 月北京举办亚运会，由于当时的媒介技术并不发达，以及当时经济体制和国际形势，影响力并不大，但也说明中国的发展成就获得了国际认可。真正让中国获得国际性瞩目的国际文体赛事是 2008 年在北京举办的第 28 届夏季奥运会。2001 年 7 月 13 日，北京申奥成功意味着中国举办奥运会的能力获得了世界的肯定，其实这是变相宣传中国高速发展现状，以及中国共产党领导中国人民取得的辉煌成就。至此，中国开始各种奥运场馆的建设工作，例如鸟巢、水立方等，这些高大上的体育场馆不仅说明了中国经济发展水平，也代表了中国高超的建筑水平。2008 年 8 月 8 日北京奥运会开幕式举行，以张艺谋导演为首的开幕式团队给予世界各国一场视觉盛宴，开幕式中融入的科技、文化等内容让世界为之一振。而后让英国乃至其他即将举办奥运会的国家感到汗颜。同时全国各地为国外游客开启中国旅游做好了充足准备，让世界各国民众在举办奥运会期间全面了解中国共产党执政后中国社会经济、科技的腾飞，和中国人民的生活水平，感受真实可信的中国。北京奥运会的成功举办，加之全方位的人性化服务，让世界各国及其民众再一次刮目相看，中国在国际上的地位再一次获得提升。另外，中国的北京奥运会是少数在经济上有收益的奥运会。2022 年，第 24 届北京冬奥会顺利举办，在新冠疫情较为严重的情况下，如期举办，并获得巨大的成功，再一次向世界展示了中国政治、经济、文化等方面的快速发展。能够举办国际性文体赛事说明了一个国家在政治、经济、科技、文化、军事等方面取得了较大的成就；否则巨大的财力、物力、人力需求难以支撑一个国家举办举世瞩目的国际性体育赛事。举办国际文体赛事表面是文化与体育交流，实际上也是一种"秀肌肉"的表现，即利用举办国际文体赛事传播中国共产党领导中国人民取得的辉煌成就。除此之外，还有文体运动外交。1971 年我国邀请美国乒乓球队访华，实际上以乒乓球作为媒介开展的政党外交活动，并取得较好的效果，中美关系破冰。同时也让美国了解到了当时中国的发展现状，以及中国共产党执政为民所付出的努力以及取得的成就。后来还有排球外交，向世界展现了中国实力。

除了以上外交形式以外，还有学术交流、艺术交流活动。学术交流活动主要是以高校、研究机构等名义举办的国际性学术会议，会议一般聚集国内外学者，围绕某一论题展开交流，中西方学者的学术观点碰撞中，达成宣介和传播中国共产党领导中国人民取得的辉煌成就的目的。艺术交流活动主要是高校、艺术团队等对外开展艺术交流活动，比如中国京剧每年都会到西方演出，这是有先例的，京剧大师梅兰芳先生、程砚秋先生等都先后到美国、欧洲开展艺术交流活动。艺术交流不但能够传播中国文化，同时也较好地向世界展现了中国艺术水准，艺术水准与国家的综合国力以及人民的生活水平是相匹配的，这代表了中国人民所需求的与物质文明相协调的精神文明。

综上所述，中国共产党自执政以来，面对复杂的国际局势，既有机遇，也有挑战。中国共产党抓住机遇不断发展、迎接挑战，以提升自我的执政能力和解决国际复杂问题的能力。新中国成立以来，中国共产党的执政理念是以人民为中心，在国家发展上以经济建设为中心。经过历代领导人的努力，中国共产党励精图治、奋发图强，不断精进，结合中华优秀传统文化，探寻出了中国特色的社会主义。中国共产党始终坚持以马克思主义理论指导中国实践，走中国特色社会主义道路，建立中国特色社会主义制度，至今已经形成了较为完善的习近平新时代中国特色社会主义思想。中国共产党执政为民，以马克思主义为指导，在政治、经济、文化、科技、军事等领域取得了举世瞩目的成就，这进一步说明了中国化、时代化的马克思主义为什么行，中国共产党为什么能。新中国成立以来，中国的国际地位不断提高，国际话语权不断提升，离不开我国外宣媒体以及政党外交和民间外交对中国共产党领导中国人民取得的辉煌成就的宣传和推介。

3. 新时代中国国际传播的方式

传播，就其本意而言是对某种信息的编码和解码，而传播的目的毫无疑问是让特定的对象接受传播主体的某种意图并使这种意图获得传播对象的认可或服从。就此而言，对外传播是近代以来民族国家对外交往中推介自我、获取国际社会认可并由此而合理拥有国际话语资源的重要路径和载体。实际上，对外传播的历史悠久而绵长，它伴随人类文明的产生而产生。无论是东方早期中国文明，还是西方古希腊文明，对外传播在这些不同文明内部发挥着巨大的酵母作用，而且在不同文明融合发展中所发挥的筑路搭桥功能更是与人类其他交往手段所不可比拟。正如前文所述，中国共产党历来重视对外传播工作，在不同历史发展时期，由于使命和时代任务不同，党领导的对外传播内容、方式也在不断发生变化。但是，无论时代如何变迁，也不管中国共产党对外传播话语体系如何发生变化，一个不变的核心目的则是对外在求同存异基础上努力广泛交友、澄清谬误，全面阐释和立体呈现新中国成立 70 多年来，为什么是中国共产党而不是其他政治组织和派别能够带领中国人民不断取得社会主义建设和改革开放实践的一个又一个伟大胜利。中共十八大以来，以习近平同志为核心的党中央团结带领各族人民解决了许多以前想解决而没有解决的、事关改革开放能否向纵深方向发展的重大问题，取得了历史性的伟大成就，中国特色社会主义进入新时代。与此同时，人们在中国特色社会主义影响力日渐强大的感召下也不断地见证一些曾经在国际舆论场上不断喧嚣、鼓噪的"历史终结于资本主义文明论""中国崩溃论""社会主义失败论"等论调的终结、崩溃和失败。① 特别是近年来在面对美国咄咄逼人的战略

① 王永贵. 影响中国"和平崛起"的西方意识形态透视［J］. 毛泽东邓小平理论研究，2004（9）：44-48，12.

转换过程中强加于中国的种种莫须有污蔑之词以及采取的诸如发动贸易战等具体行动，中国必须在世界范围内采取适当的方式有理有力地以具有中国特色的话语体系在理论上和事实上予以澄清和驳斥。因此，如何科学、全面、系统地对外阐释中国发生的历史性变化以及科学社会主义为何能在古老中华大地上焕发勃勃生机并展示出强劲的发展潜力无疑是时代赋予的重大理论和现实问题。这种特有的阐释方式既不同于生硬的政治宣示，也不是毫无原则地一味迎合某种国际势力，更不是意识形态地输出和在国际上以某种方式驱使其他国家选边站队，而是泱泱东方大国重新走上人类文明舞台中央的一种历史必然；这种阐释方式注重以精练化、通俗化、多样化，将逐渐重新走向人类舞台中央的中国在崛起过程中凝聚而成的道路自信、制度自信、理论自信和文化自信呈现于世界；这种阐释方式尊重不同民族和国家的文化传统，不断满足他们多样化个性化的信息接受需求，体现新时代中国特色社会主义不断凝练而成的理论价值和实践魅力。

中国特色社会主义的对外传播方式不仅仅建立在具有观察世界大势独特的深邃眼光和睿智的政治智慧，更是建立在对马克思主义关于人类社会发展规律思想、关于始终坚守以人为本的人民本位立场、关于生产力和生产关系相辅相成思想、关于社会主义人民民主思想、关于新时代中国特色文化建设方向、关于国家治理现代化思想、关于人与自然和谐发展思想、关于世界历史发展思想、关于马克思主义执政党建设思想以及确保中华民族伟大巨轮始终沿着正确航向不断劈风斩浪健康前行思想等一系列事关国家和民族前途命运思想的精准理解和把握上。新时代马克思主义中国化国际传播思想立足上述主要内容，充分利用对外交往的各种场合以中国数千年优秀传统文化中"和合文化"①为基点采取各种不同方式从理论和实践中向全世界阐述中国共产党何以能改变近代以来中国受列强欺凌的状况，带领中国人民站起来、富起来，并且大步朝向强起来迈进的历史必然性，这是具有典型东方智慧的对外传播方式。它与近代以来西方大国崛起中以挑动冲突和发动战争等强制性手段实现对外传播目的的方式形成了鲜明的对比。回溯历史，如果说近代以来由西方主导的国际关系和民族国家之间围绕政治、经济等领

---

① 张立文. 中国传统文化与人类命运共同体的构建[J]. 中国人民大学学报，2019(3)：16-17.

域展开的博弈无不以军事和经济力量为代表的硬实力做后盾，那么以宗主国文化向殖民地的强制性输出和对殖民地土著文化的野蛮摧残则成为近代西方大国崛起中无可狡辩的事实。不仅如此，西方大国凭借雄厚的经济基础、技术力量和垄断的国际性媒体向其他第三世界国家进行"文化倾销"，则构成了自威斯特伐利亚条约以来400年间近代国际政治格局基于所谓"均势"原则而由西方大国主导的不断变迁过程中国际传播——或者简单地说，就是西方强国对外传播方式的重要特色。正是基于此种历史事实和现实表现，西方大国一直对以中国为代表的其他民族国家的崛起以小人之心度君子之腹，依然在世界范围内操纵占优势地位的传播媒体集团对包括中国在内的新兴大国大肆造谣中伤。这种造谣中伤体现在以下几个方面：一是在所谓人权、宗教、反恐及意识形态等领域以"双重标准"的方式对社会主义国家进行舆论攻击；二是对中国提出的诸如人类命运共同体和"一带一路"倡议等事关人类未来发展命运的方案进行围追堵截；三是对中国等新兴发展中国家为维护多极化世界秩序和刺激全球经济增长以及均衡地区发展所进行的努力竭力通过舆论以及其他方式进行抹黑。党带领中国人民从博大精深的中国优秀传统文化中汲取智慧和动力，以新时代中国特色社会主义发展的宏伟目标和中华民族重新崛起再次走向世界舞台中央的大趋势为支点，创造性地运用马克思主义立场、观点，不断开拓创新中国对外传播方式，形成了具有鲜明时代特征、浓厚中国特色的"习式对外传播方式"，赢得了国际社会的认可和赞同。

3.1　在海外发表署名文章或重要演讲对外呈现立体多元真实的中国

国家元首出访前在被访问对象国发表署名文章已经成为国际上较为普遍的做法，其最直接的传播效果就是在拉近与被访问对象国交流中的心理距离的同时，能够有效地避免被访问对象国或者其他第三方对出访领导人意思表达的断章取义。习近平总书记是新中国成立后第一个利用外出访问机会在被访问国主流媒体发表署名文章的中共最高领导人，这一方面充分体现了他对对外传播工作的高度重视，开辟了中国最高领导人与海外媒体接触交流的新路径；另一方面也鲜明地体现了他对外传播方式的创新。这种传播方式打破了国外受众对新中国成立以来最高领导人外交行动的固有僵化认识，有效拉近了与受访国民众的感情距离。不仅如此，习近平总书记出访前在受访国主流媒体发表文章突出体现了他对海外新闻媒体塑造中国形象的重视以及对新闻媒体传播规律的尊重，既是一种媒体公关，也是政治家与媒体良性互动的重要方式。客观地说，当今时代元首出访或者说元首外交已经成为主权国家或地区强化对外交流、对外主动进行议题设置、提升国际话语影响力以及构建具有鲜明时代特征的对外传播话语体系的重要手段。而受访国或地区及国际组织所辖主流媒体对到访领导人报道方式、内容和路径选择则在一定程度上反映了该国或地区及国际组织在政治上对到访领导人所代表国家或组织形象的认知和态度。习近平总书记顺应信息时代技术不断发展、受众媒介素养不断提升的潮流，充分利用受访国主流媒体的舆论引导功能全面客观阐释正在重新走向人类文明舞台中央的中国数千年连绵不断的优秀文化如何得以传承、中国共产党何以能够领导中国人民克服前进道路上一个又一个艰难险阻不断取得举世瞩目的伟大成就，以及正在重新崛起的中国为何选择和平崛起之路而不是西方国家崛起过程中战争之路。也即是说，习近平总书记利用在出访国主流媒体上发表署名文章的方式对外阐明世界上每个国家相互之间都是一个相互关联协作的统一体，这就需要世界各国共同努力推动建立相互尊重、公平正义、合作共赢的新型国际关系。习近平总书记海外署名文章中所展现出来的中国与世界各国相互关联协作的思想集中体现了对中国优秀传统文化的传承和弘扬。中华文化通常认为事物之间存在一种有机的关联，对这种思想最有代表性的阐释便是阴阳五行。① 所谓阴阳的本意是面日为阳，背日为阴。中国古代哲人以"面日"和"背日"两种现象揭示事物相互对立或消长的规律，以此为基础形成丰富的阴阳思想。而且阴阳思想不仅仅代表事物的此消彼长，它还代表事物的两方面在对立的同时，也可能是对等的。所谓五行说，是指宇宙和自然都是由金木水火土五种要素相生、相克、衍生变化所构成，五种要素之间相克相生，互为基础。伴随五种要素的相克相生，自然万物也循环不已。在由五行组成的关系网中，每种元素的存在都不是孤立的，而是以其他元素的存在来发生作用，进而对其他要素施加影响。阴阳五行说典型地反映了中华文化关联协作性思维。英国思想家李约瑟曾明

---

① 邢丽菊. 新时期中国外交思想的传统文化内涵[J]. 国际问题研究，2015(3)：98-100.

确指出，中国思想对网状关系充满偏好，是一种关联性思维（correlative thinking）。① 法国著名人类学家马赛尔·格兰尼特（Marcel Granet）也曾经说过，中国人思维的主要特征是习惯于将各种事物看成关联性存在。② 习近平总书记将关联性思想运用于海外署名文章中，突出了新时代中国走和平崛起的信心和决心，对于西方所谓的"中国威胁论"或"中国崩溃论"进行了有力驳斥。除此之外，通过在受访国主流媒体发表文章可以将严肃生硬的政治性话题利用受访国社会公众喜闻乐见的文学、艺术、体育、娱乐等方式表达出来，不仅能有效缓解政治人物与普通公众之间在政治性议题沟通方式方面所产生的紧张刻板态势，而且能够促进受访国公众理解两国之间在敏感性问题上为何求同存异以及如何求同存异。同时，习近平总书记在出访国主流媒体发表文章在很大程度上引导这些国家特别是意识形态不同国家主流媒体观察、分析当代中国的视角和方法，有利于不同意识形态国家特别是西方国家主流媒体改变他们长期以来从意识形态出发对中国和中国共产党所形成的思维固化现象，尽管这些西方媒体从不承认新闻传播事业具有阶级性和意识形态属性。

3.1.1 通过发表署名文章或重要演讲拉近普通受众全面了解中国的心理距离

对外传播的根本目的在于向世界展示民族国家自身形象，它既是跨文化传播的综合性呈现，也是开展系统性外交活动的重要组成部分。领导人出访外交作为对外传播活动的重要平台，不仅需要国家相关职能部门和媒体与其他国家相关机构和媒体的沟通协助，更需要领导人在适当的时间、地点，面对特定的受众开展一系列既有利于维护国家利益又能够有效打动普通受众的信息接受心理，同时还能展现领导人个人自身魅力的各种活动。这些活动包括在受访地与普通社会公众或社会名流进行面对面接触和交流、举办有特定受众聆听的演讲或餐叙、接受受访地媒体采访、在受访地媒体发表署名文章、与受访国政要一同举行记者招待会

---

① ［美］牟复礼. 中国思想之渊源［M］. 王立刚，译. 北京：北京大学出版社，2009：26.
② ［美］安乐哲. 和而不同：中西哲学的会通［M］. 温海明，译. 北京：北京大学出版社，2009：202.

等。简单地讲，领导人出访已经成为当今世界各个国家开展对外传播活动的重要手段。但是，这种对外传播活动的方式、内容以及效果却因领导人个人特质的不同而各异。在所有上述活动中，领导人与受访地媒体的直接互动一般最能引发国际社会聚焦，因为通过领导人自己与媒体一对一的思想交流最能直观反映出领导人本人对受访国感性的态度呈现，尽管出访活动内容与基调事先已经进行了议程设置，但也能在一定程度上体现两国之间在政治、经济、军事、文化等领域合作关系疏密的程度。在这样的情况下，在当地主流媒体发表署名文章或接受媒体采访作为领导人与受访国媒体直接互动重要一环，不仅能够展示领导人对到访国的了解程度，而且从一个侧面能够作为两国关系现状的晴雨表。长期以来，中国最高领导人出访活动一般作为党和国家的最高机密，在出访前很少与媒体进行接触。从这个意义上讲，习近平总书记出访前在当地主要媒体上发表署名文章开创了中国元首外交先河，他不仅向外界展现了一种开放自信、热情友好、文化底蕴深厚的东方大国、负责任社会主义大国形象，而且在很大程度上扭转了长久以来外界特别是西方媒体对中国外交方式所形成的刻板印象，使人感到新时代中国特色社会主义大国对外传播耳目一新。这些署名文章专门选择发表于当地或被享誉世界的"权威报纸"上，是出访前对国外媒体特别是西方媒体和社会公众"种种分析和猜测"的很好回应。从这个意义上，习近平总书记出访前发表署名文章开辟了新时代中国对外传播工作的新境界，开创了具有个人特色的公共外交方式。

很显然，出访前在当地主要媒体发表署名文章是一种典型的大众传播行为，它与其他传统对外传播中某种特定活动引发特定受众群体注意力不同的是，这种外交活动方式的受众对象涵盖受访国所有普通社会公众。透过对习近平总书记出访前在受访国主要媒体发表署名文章内容的分析可以看出，溯历史、话友谊、谈未来、谋合作、达双赢是这些文章最为集中的话题，而这些话题不仅在短时间内聚焦普通社会公众对习近平总书记到访的关注点，而且能够通过文章内容使得受访国民众对当代中国国情、历史文化、社会制度乃至有关习近平总书记个人情况有一个感性的直观认识，从而便于受访国普通社会公众从常识的层面理解两国之间关系的历史、现状和未来。从传播角度而言，受访国政治、经济、军事、文化等领域的社会精英阶层对习近平总书记可能并不陌生，但大多数普通民众对作为信息编码主体的习近平总书记应该算不上非常熟悉或了解，这样作为信息解码的一般社会公众通过署名文章的风格和内容对习近平总书记以及中国就形成了一种理解的基本框架。从这个意义上来讲，习近平总书记出访海外署名文章中有关中外历史交往佳话、现实合作的切实举措以及求同存异、面向未来的美好愿景，特别是文章中蕴含的和平发展、互利共赢、互学互鉴、开放包容、推动构建新型国际关系和构建人类命运共同体等理念等在无形中拉近了作为大国政治领导人与受访国普通社会公众之间认知的社会距离。从出访目的角度看，习近平总书记每篇署名文章无不是为出访的目的进行具体的议程设置，从而更好地聚焦普通社会公众对访问的关注点。这些文章充分展现了中国与世界经济合作、友好关系、中国梦与各国梦的宏伟蓝图，描绘出一幅中国与世界各国互动交往愿景的生动图像。总之，习近平总书记创新对外传播方式，以署名文章向外传递"友好、合作、共赢"的意愿，从正面聚焦了受访国民众中存在的对中国不必要的成见和误解，达到了释疑解惑、实现互利共赢的目的。

首先，消除信息编码主体与信息解码主体之间的"陌生感"是习近平总书记出访发表海外署名文章的突出特色。一般来说，当今国际关系中的双边关系仅仅依靠少数政治经济精英维系和发展是远远不够的，还需要依靠更加宽泛的由普通社会公众构成的"草根交往"来进一步深化和拓展。但是，如前所述，除了社会精英阶层对相关国际关系及本国与他国双边关系相对比较关注并有一定程度了解外，一般普通民众受限于工作性质、受教育程度以及观察分析问题角度等因素，对他国与本国之间的双边关系以及其他国际关系了解不多或掌握信息不够全面，很多普通民众对此干脆漠不关心。这就需要信息编码主体采取适当方法对受众进行有效信息传递和补充，而国家领导人利用出访机会在当地主要媒体发表署名文章无疑是一种很好的路径选择。其中的关键就在于，如何通过署名文章在较短时间内以及最大程度上缩短普通受众了解两国关系的感情距离。俗话说，爱美之心人皆有之。对于国家也是如此，任何一个国家，不管大小、不分肤色都有他们的国民引以为豪的"美"。这种美既有大自然馈赠的山川之美，也有这个国家人民靠自己勤劳的双手和智慧创造出来精神之美。也就是说，如何通过署名文章体现受访国美丽的自然风光和优秀文化传统及习俗，从而将自己转化为受访国受众文化意义上能够接受或认可的"自己人"，从而消弭领导人在职业上与普通社会公众间存在的"心理和社会距离"，是领导人外交中对外传播能否取得良好效果的关键因素。在此方面，习近平总书记出访前的海外署名文章做出了典范。主要体现在：

第一，在署名文章开篇，常用优美的语言和真诚的词汇盛赞受访国美丽的自然风景和热情好客的人民、悠久的历史文化传承和该国取得的巨大建设成就，以此表达对于受访国发自内心的尊重和赞赏，在激发受访国普通受众民族自豪感的同时，也迎来受访国民众来自世界东方大国和大国领袖的好感。2016 年 6 月 16 日，出访塞尔维亚之前，习近平在当地媒体《政治报》上发表的署名文章中说："《瓦尔特保卫萨拉热窝》《桥》等著名影片曾经激发无数中国人的爱国热情，《啊，朋友再见》这首歌曲至今仍然在中国传唱。"①由此可见，在叙述中国与受访国之间的传统友谊时，习近平总书记通过引用该国文学艺术作品，以此拉近与该国普通民众信息接受的心灵距离。除此之外，受访国美丽的大好河山也是习近平总书记署名文章中经常出现的。在 2020 年 1 月 16 日即将对缅甸联邦共和国进行国事访问的前夕，习近平在缅甸《缅甸之光》《镜报》《缅甸环球新光报》同时发表题为《续写千年胞波情谊的崭新篇章》的署名文章，指出："2009 年我到访过这片美丽的土地。缅甸优美宁静的风光、绚丽多彩的文化、勤劳淳朴的人民给我留下了深刻印象。"②

第二，在习近平总书记出访在海外发表署名文章或重要演讲中，有所侧重地回顾中国与受访国悠久的传统友谊和遇到困难时相互帮助的兄弟情义以及依山傍水的友邻关系等，在很大程度上激发起受访国受众对两国在新的历史时代构建互惠互利双边关系的美好憧憬，在事实上强化了一些受众对中国重新崛起过程中走和平之路的信任和认同。在 2020 年年初访问缅甸发表的署名文章中列出了有关两国人民引以为豪的历史交往细节，折射出水乳交融的友谊，无形中拉近了普通民众对继续巩固和发展两国关系的渴望，因为历史可以为未来提供借鉴。2018 年 11 月 17 日，习近平借访问文莱苏丹之际，在当地媒体《婆罗洲公报》《诗华日报》《联合日报》《星洲日报》上发表题为《携手谱写中国同文莱关系新华章》的文章："郑和率领船队两次途经文莱，给当地人民带来了和平与友谊，被文莱民间

---

① 习近平. 永远的朋友 真诚的伙伴[N]. 人民日报，2016-06-17.
② 习近平. 续写千年胞波情谊的崭新篇章[N]. 人民日报，2016-01-17.

亲切称作'郑和元帅'。斯里巴加湾市的'王兵总路'和浦公墓,中国南京市的渤泥国王墓,都见证了两国悠久的友好交往历史。"①

其次,发表署名文章和重要演讲在向受访国社会公众释放中国发展给对方带来的机遇,展示双方合作发展"红利"的同时,还描绘了未来潜在的巨大合作空间。习近平总书记在署名文章中,常不惜笔墨地阐述中国与受访国之间已有的双方友好合作关系、所走过的不平凡历程和双方合作所取得的巨大成就,并进一步展望未来所具有的潜在的巨大合作空间;同时用具体的数字和合作项目以及合作规划向受访国展示此次访问所蕴含的"大礼包"意义,以此表明中国在和平崛起发展过程中并非"自顾自"获利,而是让受访国一道搭载中国发展的"顺风车",共同分享中国发展"红利",以实际行动共建互利共赢的"人类命运共同体"。这种用"真金白银"实货呈现的对外传播方式,摆脱了僵硬乏味的纯粹政治宣示,有利于受访国社会精英和普通社会公众打破常规的国家利益冲突和狭隘意识形态藩篱的思维模式,很好地发挥了"情绪"引领的作用,从而达到了较好的对外传播效果。比如,德国作为欧盟政治经济文化发展的发动机,是欧盟中最大的经济体,也是中国第三大贸易伙伴。德国和法国、英国一起被称为欧盟的"三驾马车",中国和德国关系在一定程度上能够显示中欧关系现状。尽管中德两国社会制度和意识形态完全不同,但两国之间政治经济关系近年来一直显示出强劲的发展势头。从一定意义上说,中德关系的健康发展与两国间良好的经济关系密不可分,尽管德国精英阶层在对华政治关系上一直存有较大分歧。为了突出中德两国关系发展的主流,2017 年 7 月 4 日,在对德国进行国事访问之际,习近平总书记特意在德国主流媒体《法兰克福汇报》发表题为《为了一个更加美好的世界》的署名文章。文章通过一个个具体的数字向德国受众传递了双方合作所带来的巨大"红利",在一定程度上可以有效消解来自德国国内政治以及其他方面的杂音,从而巩固中德两国关系发展中经济合作所发挥的压舱石作用。法国作为欧盟另一个具有重要影响的大国,历来反对外部施加压力并主张建立一个开放性的世界,

① 刘芳源. 从习近平总书记署名文章中,感受山水相连、世代友好的情谊[EB/OL].[2020-0-17]. 中央纪委国家监委网站, http://www.ccdi.gov.cn/toutu/202001/t20200117_207969.html.

反对国际关系中的保守主义。鉴于此，2019 年 3 月，在出访法国前夕，习近平总书记在《费加罗报》上发表题为《在共同发展的道路上继续并肩前行》的署名文章，指出愿同法方继续旗帜鲜明反对保护主义。2018 年 11 月 27 日至 12 月 5 日，在访问西班牙和葡萄牙前夕，习近平总书记在两国媒体发表的署名文章中指出，中西将发挥义新欧铁路示范作用，努力实现中西、中欧间海陆空三位一体大联通。中葡签署共建"一带一路"合作谅解备忘录，将对欧洲产生积极示范效应。中西、中葡抓住共建"一带一路"历史性机遇，扩大贸易往来和双向投资，打造新的合作增长点。

即便是中国与受访国之间在诸如意识形态和领土边界等问题上存在一些分歧，习近平也通过署名文章列举出来的双方合作实际情况证明求同存异共谋发展为双方带来的利益远大于分歧和争执，以此提醒对方不要本末倒置，以至于让争执和分歧影响利益共享。比如，中国和印度作为两个当今世界上两个最大的发展中国家，既有悠久的友好交往历史，同时也因为领土边界问题而存在分歧和争端，两国社会制度和意识形态之间还存在巨大差异。但随着中国与印度这两个国家进入 21 世纪以来经济方面举世瞩目的发展，两国间的关系也必然会相应发生变化，而且这种变化必将对周边地区和世界都产生一定影响，有美国学者曾经撰文指出："部分观察家相信，中国和印度能够成为合作伙伴以抗衡美国的霸权。"①在这样的情况下，如何管控好分歧、共谋双方合作共赢无疑是一个重要的时代课题。因此，不失时机强调双方合作对各自甚至世界带来的巨大利益就显得尤为突出和重要。

3.1.2 将"硬性"传统官方外交与"柔性"公共外交有机呈现于海外署名文章和重要演讲中

一般来说，国家领导人出访前在受访国媒体发表署名文章或者接受媒体访问的内容由最高领导事先审定，而后这些内容由相关智囊机构负责文本工作的人员紧密结合出访具体任务打磨成符合外交规范的语言文本，最后呈现在世人面前的

---

① Mona Lisa D. Tucker. China and India: Friends or Foes? [J]. Air & Space Power Journal, 2003, Sep: 4.

基本上是一些八股式的笼统、刻板、干涩、乏味的文字游戏，除了精英阶层对这些文本琢磨推敲外，一般普通社会个体成员对之感兴趣者乏善可陈。这就要求，领导人本人在内容确定和文本拟定过程中能够充分将自己容易和普通民众引发心灵共鸣的思想充实进文本之中，从而体现自己与众不同的个人风格特征。正如前文所述，习近平总书记丰富的人生经历为他的从政生涯增添了五彩缤纷的光彩，人们从他作为党和国家主要领导人参加各种国务活动中所能体现出来的独特的个人魅力中可以感受出来。作为新中国成立后第一个外访前在受访国主要媒体发表署名文章的中国最高领导人，习近平总书记既展现出作为具有数千年文明历史的东方泱泱大国领袖的沉稳睿智，同时也体现出作为一个普通人的情感表露，从而在署名文章中能够将国事访问中事关国家形象和利益的宏伟叙事与个人对受访国的真情实感有机统一起来，让受访国受众切身感受到一个既伟大又平凡的大国领导人形象。实际上，就对外传播角度而言，国家最高领导人利用出访或参加其他重大国际活动之际在受访地发表署名文章或主旨演讲既是传统意义上标准的国家外交活动，同时也是一种典型的公共外交活动。毫无疑问，这些文章或演讲涉及内容毫无例外代表着该国政府对受访国具体态度、意见和政策指向，叙事方式不仅严谨，而且对相关问题和政策的回应一般点到为止，一般普通社会公众对这种宏大的叙事方式往往感觉乏味，而且认为与自己个人利益诉求关系不大。因此，在国事访问中发表的署名文章或演讲中如何做到事关国事的宏观叙事与普通个体社会成员的微观关注点有效结合起来，无疑是一个棘手的问题。很显然，与接受媒体采访等传统意义上的领导人出访外交活动安排不一样，发表署名文章的做法往往会带来独特的传播效果，而领导人的具体身份、个人风格、所处场合的差异毫无疑问会影响到文章风格的丰富多彩，也更加令受众有一种见字如面的感觉。其主要原因在于：相对于接受媒体联合采访，以领导人名义发表的署名文章内容更为直接地传达到受众面前，这意味着领导人的思想和战略决策意图不再经过媒体或记者的加工更为感性地表达出来。从这个意义上讲，领导人个人的想法或说法以及感情真实流露不会被媒体或记者断章取义。

一般来说，国家领导人外出访问都是综合各方面因素后集体考量的，这种考量有可能基于国与国之间某一个具体问题需要双方对世界表达出明确的态度，也可能是两个国家关系发展过程中出现了一个重要机遇期，还可能是为了出席与两国相关的或国际性的重大活动。而媒体作为信息采集和传播的重要载体，往往对这些事关重大的国事活动进行分析和猜测。在这样的情况下，出访领导人在受访国媒体发表署名文章无疑就是很好的回应。不仅如此，受访国受众通过署名文章能够感受到出访领导人开放的心胸。从外交活动方式而言，出访领导人在受访国媒体发表署名文章既凸显了政府外交的严肃性，同时也彰显了领导人作为普通社会成员在公共外交中发挥的巨大引领作用。与国与国"硬性"的官方标准外交形式相比，在受访国主要媒体上发表署名文章应该属于一种"柔性"的公共外交话语传播方式，它能体现出领导人个人通过这一方式对受访国民众的友好，进而起到辅助官方外交的作用。当然，出访领导人在受访国媒体撰文还要考虑多方面的因素，如前文提到的受访国历史文化传统、社会制度等。除此之外，还要综合考虑受访国大小、国家综合实力、经济发展水平、国民受教育程度、两国之间历史关系以及媒体意识形态取向、访问的主要目的和任务等。这就需要领导人考虑不仅在政府外交层面保证国事访问取得圆满成功基础上，如何更有效力地发挥个人独特的魅力从而使得领导人作为普通公民为代表的公共外交也显示出无与伦比的巨大作用。特别是对于中国而言，领导人外交尽管已经不是什么新鲜事物，但是出访前在受访国媒体发表署名文章则是近年来才逐渐进入公众视野。尤其是面对信息技术发展和国际局势百年不遇之变局以及中国特色社会主义取得巨大成就、中国逐渐由富起来走向强起来过程中出现的新情况，中国的一举一动可以说备受世人关注。中国领导人外访无一例外牵动世界运转的神经，特别是受访国更是将之作为关注的重中之重。如何改变长期以来外界对中国领导人出访外交形成的僵化思维和刻板印象无疑是中国外交工作和对外传播活动亟待创新发展的一个新课题。就此而言，习近平总书记出访发表署名文章无疑是一种创新。鉴于此，习近平在发表的署名文章和重要演讲中非常注意受访国一般社会成员日常生活中关注点与两国利益交汇点的密切结合。

首先，将普通受众津津乐道的日常生活所爱融入严谨官方外交活动中作为海外媒体发表署名文章和演讲的重要内容。习近平总书记在署名文章中"以小见大"，将自己所熟悉的受访国众所周知的生活中具有较高知名度的典型个体形象作为文章内容的一部分，从而凸显"硬性"官方外交中所散发出来的独具个人风格的"柔性"公共外交魅力。从这些署名文章发表的时机来看，一般是发表在习近平总书记出访前，通过文章提前让更多的受访国民众更好地认知习近平总书记的个人风格，从而在一定意义上形成受众与习近平总书记"面对面"相互沟通的场景，成为配合访问的重要内容。从政治传播角度观察，领导人利用出访前在受访国主要媒体发表署名文章不仅仅是官方外交的重大行动，同时也是一种典型的对外传播行为。这种传播行为既集纳了官方外交所需要的严谨，也释放了领导人集政治领袖和普通社会公众于一身的形象塑造，其根本目的在于通过这种传播行为一方面强化与受访国更广泛受众的直接对话、塑造该国在受访国民众中的形象认知，另一方面通过署名文章尽最大可能减少诸如接受媒体采访等传播行为中可能存在的由于信息被断章取义而引发的不必要的受访国甚至国际舆论的猜测和疑惑。不可否认，由于信息技术发展导致的多元媒体形态的不断出现以及各个国家社会公众自身受教育水平和媒介素养的不断提高，对外传播劝服对象的信息需求点和兴趣点也不断变得更加多元化和碎片化。特别是类似领导人出访这样传统意义上被普通社会公众视为神秘"高大上"的重大国际关系议题更容易被媒体、精英人士裹挟浓厚的意识形态色彩，其直接后果就是很容易导致普通受众对海量复杂信息的过滤和解码困难，在无形中消解传播主体期望的对外传播效果。在这样的情况下，如果领导人出访发表署名文章使用受访国一般民众喜闻乐见的文学艺术、体育娱乐以及日常生活中熟知的典型案例，不仅能够有效地将出访这样严肃的政治传播话题与大众传播中的流行话题相结合，而且能够在一定程度上降低普通社会公众对政治议题的冷漠，强化他们对访问的注意力。习近平总书记出访发表署名文章的一个显著特色就是有针对性地将不同受访国普通民众日常生活中熟悉话题作为文章内容的重要组成部分，以此成功将更多人注意力聚焦到平时让他们感觉与自己没有多少关系的国事中，从而在最大限度上达到了利用出访进行对外传播的效果。

2013 年 3 月 25 日，习近平总书记在坦桑尼亚尼雷尔国际会议中心发表题为《永远做可靠朋友和真诚伙伴》的重要演讲中深情提到中国电视剧《媳妇的美好时代》在坦桑尼亚热播，用这个故事来说明中非人民有着天然的亲近感，只要不断加强人民之间的交流，中非人民友谊就一定能根深叶茂。2014 年 7 月 4 日，习近平总书记在韩国国立首尔大学发表的题为《共创中韩合作未来同襄亚洲振兴繁荣》的演讲中说道："青年人最富有朝气和梦想，也最容易相互沟通和理解。《来自星星的你》等韩国电视剧，在中国引起了青年人的浓厚兴趣。只有精彩的青春才能留下精彩的回忆。"①2015 年 11 月 30 日，在对津巴布韦进行国事访问前夕，习近平总书记在该国主流媒体《先驱报》发表的《让中津友谊绽放出更绚丽的芳华》的文章中写道，中津友好也在两国人民心中生根发芽。2017 年 6 月 7 日，习近平在哈萨克斯坦媒体《哈萨克斯坦真理报》发表题为《为中哈关系插上梦想的翅膀》的署名文章，指出"哈萨克斯坦歌手迪马希在中国家喻户晓，《舌尖上的中国》《温州一家人》等中国优秀影视剧走进万千哈萨克斯坦民众家庭"②。

其次，以人文交流作为海外署名文章或演讲的重要内容是习近平海外署名文章的又一个突出特色。人之相知，贵在知心；国之交在于民相亲，民相亲在于心相通。一般来讲，政治性人物与普通社会公众的重要区别就在于前者不仅具有观察事物时的理性思考和宏伟视野，而且在一些涉及国家等重大事情上具有先天性地借助公共舆论工具制造意见氛围的优先权；而后者则是在某种程度上经常容易被意见领袖影响的"群氓"，亦即勒庞所谓的"乌合之众"，感性、冲动、偏执、随波逐流、缺乏主见是后者遇到重大事情时的典型表现。对于两种行事风格截然不同的群体来说，尽管在诸多方面经常呈现出难以完全相同的意见共振现象。但是，二者之间共同具有的"人性"特征则可以通过文学、艺术、生产实践等人文交流的方式缩短相互之间认识事物的差距。从某种意义上说，人之所以是万物之灵，就在于它有人文，有自己独特的精神文化。也即是说，以文学、艺术、宗教等为代表的人文精神体现出来的对人的尊严、价值、命运的关切、维护和追求形成了人类普遍的自我关怀。而对人类文明历史进程中遗传保留下来的各种在实践中创造出来的精神文化现象的高度珍视及弘扬，构成了形塑理想人格、不断推进人类价值和文明精神向前发展的重要支柱，这无疑跨越了政治性人物和普通民众由于职业特点而形成的认识鸿沟，并在二者的心灵共鸣中发挥桥梁纽带作用。就此而言，人文交流也是跨文化传播背景下激发不同文化历史传统人民相知相交的重要路径。人文交流的根本途径就在于从多领域、深层次、全方位来加强沟通和

---

① 习近平. 共创中韩合作未来 同襄亚洲振兴繁荣——在韩国国立首尔大学的演讲[EB/OL]. [2020-07-08]. 新华网, http://www.xinhuanet.com/world/2014-07/04/c_1111468087.htm.

② 习近平. 中哈关系插上梦想的翅膀[N]. 人民日报, 2017-06-08.

交流，努力做到文明交流互鉴并面向未来。在习近平出访发表署名文章中，无论是推动大国关系，还是加强同周边国家和发展中国家关系，人文交流是其中屡被提及的一个重要内容，而人文交流的最为核心的功能就是从根本上促进和激发民心相通。他将事关国家关系的宏大叙事和受访国人民的日常生活紧密联系起来，将普通民众由"旁观者"纳入传播议程，使其对于两国的友好关系感同身受。这种将政治家和普通民众二者截然不同的身份进行完美转换，并从二者转换中无缝衔接视角出发的传播内容在充分发挥政治领导人魅力外交的同时，平衡了传者和受者间的地位关系。受众在阅读文章时，感觉到面对的是与自己平等的讲述者，而不仅仅是代表国家意志的高高在上的领导人，这在无形中拉近了传者与受者之间的"交往距离"。可以说，习近平总书记海外署名文章庄重而不失激情，既有政治家的雄才大略又不失普通人的喜怒哀乐，这样的人格化传播不仅打动了千千万万受访国民众，而且也赢得了世界追随的目光。2018 年 11 月底至 12 月初对阿根廷和西班牙访问前夕，习近平在两国媒体发表署名文章中对中国与两国间人文交流推动两国关系发展进行了生动阐述。在阿根廷《号角报》发表的题为《开创中阿关系新时代》的文章中，习近平指出："阿根廷文学巨匠博尔赫斯在《漆手杖》等作品中多次提及庄周梦蝶、长城等中国元素，并且有一根心爱的中国漆手杖。"①习近平在西班牙《阿贝赛报》发表的题为《阔步迈进新时代，携手共创新辉煌》的文章说："越来越多的西班牙青年在马德里中国文化中心、孔子学院学习汉语，体验中华文化。雷林科等当代西班牙汉学家笔耕不辍，中国大量西班牙语工作者将西班牙语言文化之美传递到中国。"②

3.2 以个性化并富于亲和力的特有话语风格 对外讲述中国故事

当今世界民族国家在国际舞台上的国家形象呈现有多方面因素构成，除了传

---

① 习近平在阿根廷媒体发表署名文章［EB/OL］.［2018-11-29］. https：//www.thepaper. cn/newsDetail_forward_2681877.

② 习近平. 阔步迈进新时代，携手共创新辉煌［N］. 人民日报，2018-11-28.

统意义上以领土、人口、资源、经济、军事等为代表的"硬实力"之外，由民族精神、政治传统、文化影响等所构成的以国际话语权为代表的"软实力"以及应对国际局势变化和国际事务行动的"巧实力"①也成为展示国家形象重要手段。其中，对外传播是展现"软实力"和"巧实力"的重要平台载体以及表现形式。就信息流动实质而言，对外传播工作说到底是利用信息对受众进行说服，而说服的关键在于信息可信性的广度和深度以及如何将信息有效地传递给受众。在某种意义上来讲，信息可信性取决于信息编码主体对信息内容的取舍及加工。特别是对于具有政治性象征意义的信息，传播主体如何将干涩枯燥、刻板僵硬的带有明显意识形态价值取向的说教式信息内容转换为受众乐意接受并具有信服意愿的方式表达出来无疑是一项复杂的系统工程，它不仅涉及信息文本的"咬文嚼字"，而且还关涉到传播渠道、载体以及传播主体个人表达风格等一系列信息传递过程中不可忽视的重要细节。其中，传播者个人性格特点、语言表达方式、知识储备能力以及临场随机应变能力是决定能否引发受众关注并收到良好传播效果的关键因素。近年来，习近平在多个重要场合提出要采用公众喜闻乐见的方式对外讲述好中国故事，阐释好中国特色、传播好中国声音、展示好中国形象。应该说，对外讲述好中国故事、传播好中国声音，习近平不仅是积极倡导者，而且也是身体力行的实践者。2014 年 11 月，在中央外事工作会议上，习近平总书记提出，要提升我国软实力，讲好中国故事。每当外出访问或是参加重大国际性活动，无论是针对某个特殊群体发表重要演讲还是接受媒体采访或者与外国政要会谈、会见、参加工作宴会，习近平总书记总是不失时机地以富有个性化和亲和力的方式讲述了很多温暖人心的故事，并通过这些故事拉近中外受众的心理距离，将严肃生硬而又含蓄内敛的官方外交语言转化为沁人心脾的普通民众语言。他在各种不同的重大场合结合不同文化背景的受众特点，用他们容易接受和理解的语言，清晰地表达中国道路、制度、文化的来龙去脉和当代中国特色社会主义实践，开创了新时代中国特色对外传播工作新境界。国际话语权的核心在于国际政治行为主体能

---

① "巧实力"概念最早由美国学者苏珊·诺瑟于 2004 年在《外交》杂志上提出，其核心内涵在于强调综合运用硬实力和软实力来实现美国外交目标。从本质上说，"巧实力"虽然包括硬实力和软实力，但二者在决策实践中所占比重究竟如何则没有一个明确的界定，亦即：评判"巧实力"标准的主观性色彩较为明显。

否在国际舞台上发出声音、怎样发出声音，这就需要以国家为代表的国际关系行为主体不仅要做好自己的事情，还要将自己所做的事情在世界范围内清晰地阐释出来。对于新时代中国而言，既要做好中国的事情，同时还要向世界各国讲好中国做什么、为何做、怎么做。讲好中国故事不仅能够让世界更好地理解中国，反过来能够更好地推动中国做好自己的事情。紧紧围绕中华民族伟大复兴中国梦这个主线对外讲述中国故事，是习近平开展对外传播工作的重要方式。在对外传播中，如果没有恰当的讲述方法，就不可能获取不同文化背景和政治传统国际受众的共鸣，也不能赢得世界的理解。中国道路、中国制度、中国理论、中国智慧、中国文化、中国精神、中国价值、中国力量、中国奇迹等各个领域累积的经验、生动的社会实践都是构成中国故事的核心元素。可以说，这些好故事成千上万、层出不穷，好故事题材源源不断。既然中国共产党领导中国人民能够取得如此卓越的伟大成就，有什么理由不将这些成就向世界展示并为世界上其他国家寻找适合自己发展道路提供借鉴和启发？不可否认，讲好中国故事不是一时一事之功，也不是凭一时的心血来潮就能取得立竿见影的效果。它不仅需要激情、信心和耐心，更需要高超的传播技巧。将精彩的故事讲给普通听众，获得普通听众的认可和掌声是真实故事有效传播的基础。除此之外，讲好中国故事，关键在于解决好面对世界上不同文化传统、不同政治制度、不同教育背景的不同受众选择什么样的素材讲、利用什么方式讲、如何强化讲述效果等问题。原因很简单，并不是所有在中国发生或与中国有关的故事都能令世人瞩目，也不是每一种讲述方法都能够激发起所有不同受众倾听的兴趣。也就是说，只有真实了解中国在世界上的地位，才能正确面对不同受众选择不同讲述内容和方式。对此，著名语言学家、汉语拼音之父周有光先生说过："我们应当从世界来看国家，不应当从国家来看世界。这样能够扩大我们的视界，扩大我们的视野。"①

3.2.1 通过讲故事凸显大国领导人作为普通公众与事关国与国交往宏伟叙事的有机统一

中共十八大以来，习近平总书记多次强调在对外传播中要下大力气提高国际

---

① 吴澧. 周有光：应当从世界来看国家 [EB/OL]. [2014-02-2]. https://cul.qq.com/a/20140212/020831.htm.

传播能力并尽快构建中国特色国际话语体系，加快提升中国话语的国际影响力，让全世界都能听到中国故事，并能认可和赞同中国声音。而讲故事无疑是提升国际话语影响力的最佳手段，也是对外传播的最佳方式。就此而言，重点讲好 20 世纪 20 年代初以来中国共产党和中国的故事是不断增强和壮大中国软实力的最好途径。从某种意义上说，讲故事是古今中外成功政治家所具有的共同特点，政治家通过讲故事将复杂的政治性议题平民化，从而获取社会舆论对其政治理念和实践的认同和肯定。习近平总书记作为富有战略思维的政治家，在复杂多变的外交舞台上对外展示了高超的讲故事本领。他不仅在国内各种不同场合讲各种对人具有启发性的故事，而且在各种国际场合讲各种具有闪耀人类智慧光芒的故事；不仅讲述中华文明数千年来流传和现实中形成的各种故事，而且讲述其他国家和民族在漫长文明发展过程中形成的脍炙人口的故事；不仅在国内外各种会议中讲述各具特色的故事，而且在署名文章和演讲中讲述中外各种生动的故事；不仅讲述严肃庄重的政治性故事，而且讲述由一连串数字形成的经济故事；不仅讲述不同文明史中体现各种不同文明特色的文化故事，而且讲述发生在百姓日常生活中的故事。习近平所讲述的故事不仅让人感觉亲切自然，而且也让受众充分感觉故事中所散发出来的尊重和敬意。习近平讲故事的语言朴实清新，文字生动优美，内容深入浅出，道理明白易懂，充分表现了作为时代智者丰厚的理论学养和深厚的知识功底，体现了作为具有悠久历史大国、负责任社会主义大国领导人的宽阔胸襟和敏锐宽广的洞察力，展现了作为人民领袖的朴素情怀和务实作风。

在一定程度上说，讲故事、听故事是信息传播过程中打破信仰、职业等隔阂的催化剂。好的故事不仅能够有效地将历史与现实、现实与未来有机结合起来引发人们的共鸣，而且能够胜过任何干瘪苍白的纯理论说教。故事中既蕴含有深刻的哲理、深邃的文化和诱人的味道，同时也是抽象道理的生动呈现。伴随着中国特色社会主义事业不断取得更大成就，中国在远离人类文明中心 1000 多年后更加以坚实的步伐逐步走向世界舞台中央。在这样的情况下，世界需要更加全面地了解中国，中国也更有义务向世界表现自己，这就需要双方共同讲好中国故事。多年来，无论在地方工作时，还是主持中央工作后，习近平总书记利用一切可能机会对外传递中国声音。他不但高屋建瓴地倡导讲好中国故事，而且身体力行地担当"讲好中国故事第一人"，在各种场合讲不同文化背景、职业背景的受众听得懂、听得清、有共鸣、有实效的好故事，通过讲故事从实践上和理论上科学诠释了中国特色社会主义道路的历史必然。无论是同世界上最发达国家领导人进行瀛台夜叙，还是在近代资产阶级大革命发源地巴黎发表演讲，习近平总书记都以娓娓道来的方式让他的受众了解近代以来中国人民之所以选择中国共产党的领导、选择社会主义发展道路是因为封建帝制结束以后君主立宪制、总统制、半总统制在中国实践的失败。在与曾经是兄弟现在是邻居的蒙古国，他豪迈地对大家说："欢迎大家搭乘中国发展的列车，搭快车也好，搭便车也好，我们都欢迎，正所谓'独行快、众行远'。"①习近平总书记对外传播中妙趣横生讲好"中国故事"，展现的是国家"软实力"和"巧实力"，目的是让世界上更多的人通过中国故事了解当代真实、全面、立体的中国，从而使中国声音更好更快更响亮地传遍全世界，让世界对这个具有悠久历史东方大国的昨天、今天和明天有更深刻认知。利用普通社会公众喜闻乐见的通俗而朴实的"百姓话"讲述发生在普通人中的生动故事，既体现出具有深厚文化底蕴的泱泱大国领袖风范，又展现出亲民务实的百姓情怀是习近平总书记对外传播的显著特点。同时，习近平通过讲述中国人的日常生活，在潜移默化中提升了中国文化的软实力。

首先，从"小而巧"普通百姓视角讲述普通人的故事是习近平总书记践行国际传播的特有方式。以作为普通百姓"我"的身份将普通人的故事融入国与国关系叙事宏大场景中，从而缩小传者与受者由于各种因素造成的心理距离是习近平总书记对外传播效果能够深入人心的独特呈现。一般来讲，政治性人物自古以来在普通民众心中都是神秘而又深不可测的，这固然是由于职业性质决定了政治人物不可能像普通民众那样喜怒哀乐不形于色。更为重要的是，政治性人物与一般普通民众之间直接的信息沟通往往受多种因素影响。特别是领导人的性格特点、信息表达方式等在很大程度上直接影响到信息传播效果。分析习近平用讲故事方式进行对外传播方式可以发现，他在讲故事过程中善于用具有典型"习式风格"的语言寓道理的阐释于文学、艺术欣赏和生活发现之中，针对不同社会制度、不

---

① 习近平. 守望相助，共创中蒙关系发展新时代——在蒙古国国家大呼拉尔的演讲 [EB/OL]. [2014-08-22]. 新华网，http://www.xinhuanet.com/world/2014/08/22/c_1112195359. htm.

同文化背景、不同职业受众，采用他们乐于接受、易于认同的方式作为信息传递载体，以最大限度调动受众积极参与互动的方法有效地表达中国立场和态度，既向国际社会呈现面向世界的治理改革之道，又向世界广泛传播中国数千年优秀文化，同时全面阐释新时代中国特色社会主义核心价值观，使不同受众开悟、生智、促慧。习近平对外讲述中国故事时的一个显著特点就是常常把自己纳入普通社会成员中的一个"我"带入国与国之间关系的叙事宏大场景当中，通过讲述自己的日常生活中所思所想和个人喜好（尤其是读书、踢足球）、人生经历等，以小见大，增添真情实感。比如，他在访问美国和英国时都讲述过自己上山下乡在农村的经历。习近平用自己的生活体验讲述中国人民生活的巨大变迁，朴实而真情的语言，激荡着在场每一位宾客的心灵。事实上，正是以他为代表的无数普通中国人的故事，构成了中国特色社会主义建设实践故事的宏大叙事。理解了让世界读懂中国，了解一个客观、真实、立体、多元的中国，不仅是发展新时代中国特色社会主义的重要任务，更是新时代中国特色对外传播工作的光荣使命和重要职责。

习近平总书记善于将自己作为普通百姓的"我"对中外普通民众交往的了解融入国与国交往关系的宏大叙事场景中，从而将中国梦与世界梦连接在一起。在2014年6月5日中阿合作论坛第六届部长级会议开幕式上，习近平总书记讲了一个名叫穆罕奈德的普通阿拉伯青年在阿拉伯商人云集的义乌市开阿拉伯餐馆的故事，他说："一个普通阿拉伯青年人，把自己的人生梦想融入中国百姓追求幸福的中国梦中，执着奋斗，演绎了出彩人生，也诠释了中国梦和阿拉伯梦的完美结合。"①穆罕默德把富有特色、原汁原味的阿拉伯饮食文化带到为世界各地提供商品批发的义乌，也在义乌的繁荣兴旺中收获了事业的成功，最终同一个中国姑娘相知相爱、结为秦晋之好，把自己对幸福追求的根扎在中国。习近平总书记通过对一个普通人的观察，将日常生活中发生在平民中的小故事在重要而严肃的国家间交往中讲述出来，不仅拉近了与在场受众之间的心理距离，而且提升了受众信

---

① 习近平. 弘扬丝路精神，深化中阿合作——在中阿合作论坛第六届部长级会议开幕式上的讲话［EB/OL］.［2017-03-08］. 人民网，http://world. people. com. cn/n1/2017/0308/c411452-29132367.html.

息接受的认可度。小故事中往往蕴含着大道理，深入浅出地讲好发生在普通民众之间的小故事胜过一切抽象的大道理说教，实际上很多道理也体现在生动的小故事中。这些故事能够透视中外普通民众友谊深厚，也巧妙地向世界表明：中国梦，与世界人民的梦想是息息相通的。2014年7月4日，习近平总书记在韩国国立首尔大学发表演讲中说道："2008年，中国骨髓捐献志愿者张宝与韩国患者配型成功后遭遇了车祸，但他住院治疗康复后，继续为这位韩国患者捐献了骨髓。这位中国志愿者说'人生祸福难料，人家现在大难临头了，帮点忙真不算什么。'迄今为止，中国志愿者共进行跨国捐献骨髓156例，其中为韩国患者捐献骨髓45例，远远超过其他国家。"①除此之外，习近平总书记在对外传播中善于讲述中国改革开放实践中具有典型意义的普通百姓故事。从新时代中国特色社会主义建设火热的生动实践中选取有代表性、说服力的好故事，能够在对外传播中起到事半功倍的效果。这就需要传播者自觉把握时代脉搏、关注发展大势，以更加有思想、有温度、有品质的作品去"联接中外、沟通世界"。在对外传播中做到用具有鲜明中国特色的话语和理论阐释中国实践，而不是为了达到所谓"与国际接轨"的目的把在实践中形成发展的中国理论在现有西方理论中对号入座；同时还必须学会如何将丰富而生动的中国实践升华为中国理论，以此更加突出地展现中国思想、更加明确地提出中国主张，进而将中国梦与世界各国追求繁荣发展的梦想结合在一起。

其次，对受访国闻名遐迩思想家和文化名家名篇通过"平而实"语言的动情叙述，巧妙地引发受众对人类文明的思考。对外传播的关键在于如何深刻理解跨文化传播以及在何种情况下正确运用并发挥跨文化传播的功能。在国与国外交活动中，特别是对于处于客场的传播主体来讲，如果能够熟练把握对方文化传统、思维方式以及语言表达和肢体表达习惯，同时能够敏锐地将自身优秀文化传统与对方先进文化结合在一起，那么作为传播主体的跨文化传播就会受到意想不到的传播效果。习近平总书记不仅具有深厚的马克思主义理论素养，而且对中外政治、思想、历史、文学领域名家名篇和传统文化非常熟悉，他在青年时期养成的

---

① 习近平. 共创中韩合作未来 同襄亚洲振兴繁荣——在韩国国立首尔大学的演讲[EB/OL]. [2014-07-04]. 新华网，http://www.xinhuanet.com/world/2014/07/04/c_1111468087.htm.

文学爱好以及积累的传统文化功底在对受众传播中发挥了很好的启迪引导作用。无论是在国内还是国际很多对外场合，也无论是就对外传播工作发表讲话演讲还是作批示发表文章，他利用对所掌握的中外著名政治家、思想家、文学家名言名句洞察秋毫的理解，转化为普通受众易懂的语言以及形象而又深刻的比喻，充分体现了一个大国领导人平实而又真诚的风格，在对外传播中起到了高位引领作用。他在许多场合说过的新话语新概念，都非常新颖而且容易记忆，并且迅速成为普通民众脍炙人口的流行词汇。如：在接受俄罗斯媒体采访中脱口而出的"时间都去哪儿了"等更是成为人们进行哲学思索和大众文化普及的高频引用语。习近平总书记经常在会见、演讲、文章中对中外名家作品和传统文化中的名言警句更是信手拈来，这些引用贴切自然，没有任何矫揉造作之嫌，常常给人以精神上的愉悦和思想上的启发。同时，习近平总书记还是打比方的高手，他常常用生动而浅显易懂的语言表达深刻的道理，令人耳目一新。可以说，利用受访国历史上著名政治家、思想家、文学家、艺术家和历史学家传世之作中的不朽名句已经成为其对外传播实践中一道亮丽的风景线，这种话语风格对增进不同文化背景受众的信息接受心理发挥了巨大作用，所有这些都与习近平总书记对中外闻名遐迩名家名著的了解和传统文化的谙熟密不可分。2015年10月21日，访问英国期间，习近平总书记在伦敦金融城市长晚宴上发表的讲话中说："'生存还是毁灭，这是一个问题。'哈姆雷特的这句话，给我留下了极为深刻的印象。"[①]这句话立即引起了大家的注意，接着，他向在场嘉宾讲述了自己的青春经历。可以想象，习近平在这样的环境下手举着杯子，一边品尝朗姆酒，一边和受众拉家常一样娓娓道来，一个"铁汉柔情"的生动形象豁然呈现在人民面前。

习近平总书记在对外传播中通过对受访国某个具体个人故事的阐述毫无疑问抓住了信息传播的牛鼻子，这既与他渊博的知识积累有关，也与他深谙这些具体个人对加深两国友好关系所发挥的引领作用密不可分，其传播效果远超于长篇大论式理论说教。马克思曾经说过："理论只要说服人，就能掌握群众；而理论只

---

① 习近平. 共倡开放包容共促和平发展——在伦敦金融城市长晚宴上的演讲[EB/OL]. [2015-10-22]. 人民网，http://world.people.com.cn/n/2015/1022/c1002-27728729.html.

要彻底，就能说服人。所谓彻底，就是抓住事物的根本。"①就此而言，习近平总书记对外传播中用普通百姓视角讲述能够凸显两国人民友谊的故事，强化了两国民间在文化、精神方面的沟通，给人以亲近感。国与国之间交往最忌讳相互猜忌，猜忌是产生矛盾和冲突的重要原因。特别是通过讲述英雄人物在战争或困难时期对增进两国友谊所作出的伟大贡献向到访国表明"滴水之恩当涌泉相报"是中华民族数千年优良美德，不仅容易拉近与受众之间的心理距离，而且有利于对外传播当代中国"永远不会忘记朋友"的外交立场；不仅能够有效消除两国间不必要的误解，而且能够更加增进中国和受访国人民的感情。俄罗斯的库里申科在残酷的战争年代与中国人民并肩作战的故事就是因为习近平的演讲，又重新拂去了历史的尘埃，再次引起两国人民的瞩目。与此相似的情况还有，正是习近平总书记2014年3月28日访问德国并在柏林德国柯尔伯基金会发表的演讲重新勾起了人们对德国《拉贝日记》的回忆。应该说，利用历史名人和日常生活中人们熟知的津津乐道小故事传递中国与世界各国友谊，不仅能够增强两国政治互信，而且还能够使具有不同意识形态价值取向的人们共同建立对人类文明发展具有普遍的认可，突出展现了习近平总书记高超的对外传播技巧。实际上，"文明冲突论""历史终结论"之所以在国际舆论场上能够盛行一时，一方面是因为它们以所谓高深的理论演绎为逻辑，以一种先入为主的手段混淆一般普通受众的视听，另一方面也是因为普通受众受到信息渠道的限制，不能客观全面地对各种不同文明在现实中的真实呈现作出具有事实支撑力的判断。习近平总书记在对外传播中以善于讲故事、举实例、摆事实的讲道理方式在最大限度上引发受众同频共振、凝聚共识。俗话说，"事实胜于雄辩"，以有血有肉的故事和事例与受众产生共鸣，远胜于一切干涩、空洞的政治说教，很多晦涩难懂的大道理在事实面前变得不言自明、其意自见，而很多不符合实际的歪门邪教在一个个真实的事例面前不攻自破，这就是习近平总书记通过讲故事开展对外传播工作的无穷魅力。

3.2.2 "走亲戚"式的"友情传播"是习近平总书记践行国际传播的重要方式

正如前文所述，国之相交在于民相亲。从广泛意义上讲，领导人也属于普通

---

① 马克思恩格斯选集(第1卷)[M]. 北京：人民出版社，2012：9-10.

"民众"一员。如果国与国领导人之间建立一种正常的私人友谊，那么无疑也有助于增进两国间的政治互信和各领域的友好往来，这对于强化两国关系无疑能够发挥事半功倍的效果。领导人借助私人友谊开展对外传播活动能够不拘泥于形式，有时可以打破传统意义上一般的外交礼仪限制，通过"拉家常""叙友情"的方式拉近彼此间的距离，不仅能够深化领导人之间已有友谊，而且更有利于促进国与国之间各领域关系向着纵深方向发展。同时，这种由领导人友谊带动的对外传播活动也能受到其他国际关系行为主体的重视。友谊外交也是新中国对外交往的一个重要传统。但是，需要指出的是，改革开放前中国友谊外交不顾中国发展自身承受能力对外进行无偿援助在一定程度上使中国外交不堪重负。本书探讨的"友情传播"是在符合国家利益前提下国与国之间通过领导人之间良好私人关系达成双方或多方互利合作共赢的外交效果。"友情传播"能够创造跨文化传播佳话，它不仅能够体现领导人自身的人格魅力，还能展现领导人之间牢不可破的友谊。同时，也充分呈现作为领导人的"平民行为"，这种作为政治领导人"平民行为"的典型表现就是"正式会谈不过瘾，私下喝茶接着来"。私人友谊促进对外传播，这是"友情传播"最为核心的内容。在愉快轻松的氛围下，没有不能触及的话题，没有找不到合作的方法，寻求解决问题更加真诚自然。领导人每场外交活动都是跨文化传播的重要机会，举手投足都是对外传播，特别是领导人在一些非正式场合的个性化表现都会吸引双方受众甚至全世界的瞩目。当年邓小平访问美国，在休斯敦体育场戴上美式牛仔帽观看足球广为人们流传和称道。一个对于普通人来说非常普通的举动，一下子让许多此前对中国怀有偏见或对中国一无所知的美国人对中国产生好感。俗话说，亲戚越走越亲，朋友越走越近。对外传播的核心目的就是让受众能够重视和关注并从心理及感情上接受、认可来自传播主体发出的信息。习近平总书记以"走亲戚、交朋友"式的对外传播方式不仅能够深化中国与世界各国在各方面的友好合作关系，而且对推进新时代新型国际关系向着"友情交往"发展具有深刻的启发性意义。

不可否认，"友情传播"是建立在具有良好公共外交基础上的一种特殊对外传播形式，它的生存和发展环境需要国与国之间政治、经济、文化和军事等各领域具有一定程度的互信与合作，这是"友情"对外传播工作的成长基础。扎实的基础能够有效提升友情对外传播效果，反过来，友情对外传播又对包括公共外交在内的国与国之间关系发展发挥巨大的推动作用。实际上，公共外交内涵本来就超越于传统外交领域的政府外交，重点在于以政府为代表的机构对其他国家舆论场的开放，其核心关切在于信息、意见和观点态度的沟通。从本质上说，以公共外交为导向的对外传播是一种面向国外受众、以跨文化传播为主要方式，对外阐明本国国情和本国政策为主要内容的国际传播行为。它对以政府外交为核心的国家对外传播行动形成相辅相成的辅助关系。开展以公共外交为核心内容的对外传播主体包括政府对外工作的相关职能机构，但更多的是非政府组织，如：民间团体、高等学校、研究机构、新闻媒体、宗教组织和政治、经济、文化、艺术、体育等各领域具有重要影响的社会活动人士，他们可以借助各自领域和国际交往舞台，面对国外包括政府机构在内的非政府组织、普通社会公众，从不同的视角对外呈现具有符合本国利益的价值观以及对外政策趋向。具体来讲，以公共外交活动为导向的对外传播活动重点强调一个国家以非政府为主体对另一个国家的普通受众展开以塑造良好国家形象为目的的对外交流和传播活动，其所使用的手段包括政治手段、经济手段、军事手段、文化和艺术手段等，它与以纯粹文化交往为主的对外传播活动的主要区别在于后者仅仅运用各种文化手段推进其对外传播活动的实施，但是二者的目的都是相同的，即都是在其他国家塑造自身国家的良好形象，以获取国外舆论理解和支持，从而服务于本国外交政策。就此而言，习近平总书记开创的以公共外交为核心目标的"友情传播"模式不仅顺应了公共外交以信息技术为代表的新的发展趋势，而且在实践上开辟了新时代中国对外传播的新路子。实事求是地讲，改革开放40多年，中国虽然在许多领域做出了前无古人的巨大成就，国家综合实力和国际地位也得到了极大增强和提升，但是，中国的发展也面临着诸如周边外交问题、世界能源危机问题、气候变暖问题以及新型流行性疾病传播等许多事关自身和全人类未来发展的重大问题，这些问题单单依靠传统政府外交是不容易解决的。通过与国外领导人建立起密切的工作关系和较好的私人友谊，有些问题在协商解决过程中不仅能够获取外国普通民众的理解和支持，而且还能有效避免由于不能够充分沟通而导致的生硬解决问题局面的出现。同时，习近平总书记独具特色的个人魅力和工作能力也得到其他一些外国领导人的认可和赞赏，这些在无形之中又促进了"友情传播"的开展。

　　首先，通过与外国政要建立起来的友谊进行"友情传播"成为新时代国际传播活动的重要内容。在对外传播中，领导人之间通过建立良好私人关系进行"友情传播"所体现出来的不仅仅像普通人那样拉近了彼此的心理和感情距离，而且也从一个侧面突出反映了两国关系的融洽和睦，它不仅有利于深化两国之间各领域交流合作，而且也强力助推了国与国之间政府外交向着纵深方向发展。从某种意义上来说，领导人之间利用私人友谊进行"友情传播"对处理国与国之间关系总体上呈现出利大于弊的特点，特别是在涉及谈判以及协议生成过程中有时会发挥四两拨千斤的关键性作用。如：从 2018 年起发生在中美两国之间的贸易谈判中，因为对协议相关内容文本措辞的争执，数次出现了谈判陷于僵局甚至破裂的危险局面，每当这种紧要关头，特朗普总会以不同的方式向外界展示他与习近平主席之间有着良好的工作关系，而每当这种良好关系被媒体报道出来，谈判就立刻会在极短时间内峰回路转、柳暗花明。再比如：美国前总统小布什就善于利用个人交情推动外交政策目标的实现。2001 年，时任美国总统小布什邀请俄罗斯总统普京到布什私人农场克劳福德做客，这是布什第一次邀请外国领导人到克劳福德。在那次访问中，普京应邀和牛仔厨师一起大战厨艺，并和爵士乐队一同演出。就是经过这次农庄会晤，两个世界上曾经"剑拔弩张"的国际关系行为体在短时间内迅速承诺要把两国各自拥有的核弹头削减三分之二。但这并不是说，领导人只要对私人感情投入了，就一定能够产生符合本国利益预期的效果。尽管如此，美国前总统罗纳德·里根和英国前首相撒切尔夫人之间非同一般的私人友谊表明，两国领导人之间的深厚友谊，能在很大程度上促进两国在多个领域有效的合作，这为处于 20 世纪 80 年代疲弱的英美"特殊关系"注入新的活力，同时也为以后两国关系发展产生了深远影响。此后，两人一直保持着非凡的友谊关系。当然，在国际关系交往中还有一个现象值得玩味，那就是尽管国家间在处理共同问题上存在着很多的分歧，但这对领导人之间的私人友谊似乎影响不大，而且这种私人友谊在一定条件下有可能推动两国关系向前发展。与此相关的一个很好例证就是：1989 年春夏之交，在北京发生严重政治风波之后，尽管以美国为首的西方国家对中国展开了所谓严厉的"制裁"，但这并没有影响到当时中国最高领导人邓小平与时任美国总统布什之间频率仍然不减的个人书信往来，而正是这种私人间的书信飞传使得两位领导人得以保持心照不宣，进而为两个国家在很大程度上遏制对对方的敌意发挥了重大作用，最终阻止了两国关系的进一步恶化。但也有一些例子表明，领导人之间的私人友谊对于解决国家间的利益分歧似乎没有多大帮助。如：英国前首相布莱尔与美国前总统小布什之间可谓私交甚好，但在当时伊拉克战争的战术、后萨达姆时代联合国的作用以及如何处理伊朗不断增加的核武威胁方面两国存在的较大分歧也是尽人皆知。上述这些例子说明，尽管领导人之间的私人友谊在一定程度上有助于国际政治行为主体之间问题的解决（或是在某种程度上阻碍分歧的进一步扩大）、关系的改善或强化等，但国家利益在国际交往中始终是最优先的目标，所以很多时候即便是休闲式感情外交也无法避免分歧与冲突。

不管怎么说，只要不是以一种狭隘而片面或极端的观点观察问题，作为国家利益和国家形象重要代言人的领导人如果能够在感情上与他国领导人建立起一种平等而且有尊严的良好的工作关系及私人友谊，那么这种基于感情的私人友谊总体上就会有借助于两国间各领域的交流，甚至有利于两国在涉及一些重大国际问题上协调一致立场。这种领导人之间的感情和普通人一样需要依靠经常性走动和来往进行维系和深化，正所谓"朋友越走越近"，这也是作为国家做好对外传播工作最便捷最有效的渠道。2013 年 3 月，习近平就任国家主席后首访俄罗斯和普京总统见面时仅用一句话就拉近了两人彼此间的心理距离："我觉得，我和您的性格很相似。"①2014 年 2 月，习近平作为中国第一位出席海外大型体育运动会的最高领导人，与普京见面时的一句普通家常话"邻居办喜事我专程来贺喜"让普京总统倍感亲切。紧接着，普京总统高兴地对参加媒体采访会的记者们谈起了2013 年参与亚太经合组织非正式会议时与习近平主席一道庆祝自己生日的情景："上次我过生日的时候，我们一起喝了点伏特加，还像大学生一样，就着三明治。"②2013 年 9 月，在圣彼得堡举行二十国集团峰会之际，普京会见的第一位外国领导人就是习近平，并说："你我个人和我们的同事定期保持着各个层面和场合的交往。两国关系飞速发展，我非常高兴在这里见到你，欢迎。"③普京以这种

---

① 杜勇. 大国关系中的领导人"私交"［EB/OL］.［2014-06-14］. 大河网, http://newpaper.dahe.cn/hnsb/html/2014-06/14/content_1093138.htm? div = -1.

② 杜勇. 大国关系中的领导人"私交"［EB/OL］.［2014-06-14］. 大河网, http://newpaper.dahe.cn/hnsb/html/2014-06/14/content_1093138.htm? div = -1.

③ 杜勇. 大国关系中的领导人"私交"［EB/OL］.［2014-06-14］. 大河网, http://newpaper.dahe.cn/hnsb/html/2014-06/14/content_1093138.htm? div = -1.

特殊方式再次向外界表达出中俄关系的特殊性。实际上，习近平和普京之间友谊早已被有关媒体进行了详细解读，认为二人之间存在着许多相似之处：都是20世纪50年代出生，都有法律专业的教育背景，都对体育运动具有浓厚的兴趣，熟悉并热爱对方民族文化，都以作风干练务实而为人称道。更重要的是，在这些意气相投的背后，更有两个国家为寻求各自美好生活的伟大梦想。不仅中俄关系对两国甚至世界发展至关重要，中美关系同样如此。作为当今世界瞩目的最为重要的双边关系，中美两国领导人的每次互动毫无疑问都会吸引全世界的关注。近年来，习近平与奥巴马甚至特朗普这个所谓的"政治素人"均建立了较为良好的工作关系，尽管特朗普性格上呈现出"重利轻义"的显著特征。可以说，不管是从"庄园会晤"到"瀛台夜话"，还是从"白宫秋叙"到"西湖漫步"，无不显示两国元首为持续发展健康良好中美关系所倾注的心血和汗水。中美两国元首决定构建不冲突不对抗、相互尊重、合作共赢的新型大国关系，成为中美关系的"定海神针"，为世界和平与稳定注入强心剂。2019年10月在赴印度出席中印领导人第二次非正式会晤中，莫迪总理在谈到与习近平友谊时感慨地说："进入21世纪，世界和平和人类进步离不开印中合作。我十分珍视同习近平主席的友谊，愿同你继续保持这种友谊和富有成效的战略沟通，携手共创印中关系美好未来。我期待着再次访华同你会晤。"①总之，不管是为邻居捧场还是专程赴俄罗斯参加索契冬奥会开幕式，还是与莫迪总理在历史文化遗产名城金奈共商两国"龙象共舞"，习近平总书记每到一处总是通过浓浓的友情对外传播当代中国对外政策理念以及自古以来中国"友善天下、美美与共"优良传统，使世界真切感受到中国对外所释放出来的邻里之亲、朋友之义。可以说，利用与外国领导人的友谊对外开展"友情传播"已经成为新时代对外传播的重要方式，而且这种不拘形式的"友情外交"也已经成为大国外交的重要组成部分，创造了许多佳话。

其次，"走亲戚""交朋友"成为新时代国际传播的重要方式。中国有句俗话，"亲戚越走越亲、朋友越走越近"。这也是新时代马克思主义中国化国际传播思想不可分割的一个重要理念。利用"串门走亲戚"式的访问开展对外传播工作犹

---

① 陈赞，李忠发，吕传忠. 习近平同印度总理莫迪在金奈继续举行会晤［EB/OL］.［2019-10-12］. 求是网，http://www.qstheory.cn/yaowen/2019/10/12/c_1125097282.htm.

如春风扑面，不仅让人耳目一新，而且在一定程度上能够吹散国与国之间不必要的猜忌和揣测，为国际关系中不同行为主体交往提供可以借鉴的新模式，同时也开启了中国对外传播以及同周边国家友善和睦的外交新常态，更重要的是能够为中国国内建设发展带来和平稳定的周边环境。习近平总书记开创的"走亲戚、交朋友"式对外传播充分体现了一种立足当下、谋长计远的传播战略和智慧定力。"像走亲戚一样常来常往""不忘旧朋友、结交新朋友"看似普通，没有传统政府传播中的那种"高大上"式长篇大论，但实则体现了新时代中国领导人开阔的历史和世界视野以及顺势而为的外交大智慧。这种与邻为善、以邻为伴、共筑和睦、共谋双赢的对外传播理念是对新中国成立以来和平共处五项原则与韬光养晦对外传播话语体系的延续、丰富与拓展，而且在外交上也保障了中国诸多具体外交政策的针对性和连续性。同时，这种新型的对外传播方式能够积淀丰富的人脉资源和多元的传播渠道，从而为不断探索更高层次、更广范围的国际交流与合作打下坚实的舆论基础。另外，习近平总书记这种笃实仁厚的对外传播方式体现了中国"和合"优秀文化传统内核，为个别见利忘义之国提供了理性思考人类命运共同体的空间，扫除了诸多邻国对所谓"国强必霸"论调的担忧，同时也强力回击了一些西方政客和媒体及学者各种毫无底线的"中国威胁论"。不仅如此，"走亲戚、交朋友"式对外传播方式充分体现了中国奉行"亲、诚、惠、荣"①周边外交理念的初心和行动。与一般传统意义上注重套路充满意识形态色彩的对外宣传不同，利用"走亲戚、交朋友"开展对外传播能够让国与国之间的交往更真诚、更上心，双方之间在涉及各国核心利益和未来发展诉求方面更会像普通亲戚朋友那样开诚布公、坦诚相待。俗话说，君子之交淡如水，国与国之间也是如此。特别是对于周边邻国，要想世代友好、和睦共处就必须"亲"字当头，双方交流心怀坦荡、抛弃各种不必要的戒备，不讲究交往中虚幻的繁文缛节，以诚相交，这样才能真正做到平等对话，互惠互利。"走亲戚、交朋友"式对外传播不是漫无目的的"闲扯乱谈"，其目的是要在双方"掏心窝子"基础上平等磋商事关两国发

---

① 亲诚惠容［EB/OL］.［2017-09-06］.中国共产党新闻网，http://theory.people.com.cn/n1/2017/0906/c413700-29519658.html.

展前途命运的长远战略和具体行动举措，进而达成互惠互利的实质性合作。这是在互相包容基础之上的求同存异，共谋发展。因而，"走亲戚、交朋友"在对外传播中不仅是形式，更是当代中国"亲、诚、惠、容"外交理念内核的呈现。除此之外，"走亲戚、交朋友"式对外传播充分呈现了新时代中国特色社会主义建设向着实现中华民族伟大复兴中国梦方向从容不迫坚实迈进的国力自信。这种从容自信不仅体现了国际社会对构建人类命运共同体理念、"一带一路"倡议等事关人类文明整体发展的中国智慧、中国方案认同和支持，而且也从一个侧面反映了改革开放 40 多年中国包括经济、军事以及国际话语权等综合国力的提升。更重要的是，这种"走亲戚、交朋友"式对外传播集中呈现了中国人凝结在血脉里的和平发展内在基因，更体现出自我不断强大的同时不仅不会恃强凌弱，反而更加积极向世界敞开怀抱，并以大国气度和胸怀接纳更多朋友，拓展更宽广、更友好的朋友圈，以期达到实现"讲信修睦、协和万邦"的优良美德。

习近平总书记在对外传播中用岁月把友情酿成香醇美酒。这其中蕴含的浓浓人情味和世界情不仅让外界感受到来自东方大国悠久历史文化绽放出绚丽时代之花所散发出来的芳香，而且也让世界切身体验到正在崛起的大国的领导人的淳朴和真诚。2020 年 1 月，习近平总书记访问缅甸。这是中国元首时隔 19 年后再度访缅，对中缅关系发展具有承前启后、继往开来的重大特殊意义。国际媒体对于此次访问给予高度关注。他们指出，此次访问是对两国连续千年紧密"胞波"情谊的再次认可，预示着中缅关系将进入新时代。半岛电视台网站报道援引政治分析师 Hla Kyaw Zaw 的话指出，此次访问将推动中缅经贸关系迈上新的台阶。报道称，为迎接习近平到访，缅甸首都内比都道路两旁随处可见并排飘扬的中国和缅甸国旗，马路边巨额横幅上用中缅双语写着"中缅胞波友谊万古长青"。市政工作人员将道路打扫得干干净净，并在两旁摆上鲜花。内比都的很多酒店大堂也悬挂上了欢迎习近平访问的标志。缅甸《十一新闻》2020 年 1 月 17 日的报道分析称，习近平在文章中表示期待与缅甸续写"胞波"情谊，体现了他对中缅在新时期兄弟关系的重视。2018 年 12 月 12 日，在为厄瓜多尔总统莫雷诺举行的欢迎仪式上，习近平亲自将坐在轮椅上的莫雷诺总统推到阅兵台上。这些细微的动作无不体现出习近平对待朋友的真情。

3.3　利用俗文俚语对外讲述中国故事

俗文俚语是普通百姓在生产斗争和其他各种日常生活经验或生活感悟中形成的既通俗易懂又具有鲜明"草根"色彩的词语，它是平民百姓创作并在社会上广为流传和较为定型化的给人以丰富艺术想象力和深刻思想内涵的语句。俗文俚语言简意赅，生动形象，反映了平民百姓的智慧，具有哲理性、经验性、训诫性和讽喻性等特征。俗文俚语的形成和其他词汇的变形、换义以及用隐喻、明喻、民间词源、语音改变、语义扩大、缩小语义、截短法、缩略词、褒义化、贬义化、转喻、提喻、夸张、外来语、为防禁忌而使用委婉说法等相差不大，不像标准语言那样具有严谨的语法限定和语义规范。一般来说，标准语言或称为书面语就像是陆地，而由普通百姓创造的俗文俚语为代表的日常口语则是汪洋大海。毛泽东在《反对党八股》中指出："第一，要向人民群众学习语言。人民的语汇是很丰富的，生动活泼的，表现实际生活的。"①毛泽东还说过："语言这东西，不是随便可以学好的，非下苦功不可。"②这里的"下苦功"，指的就是向人民群众学习、向实践学习，而关起门来啃语文书，或收看几季《汉字听写大会》《中国成语大会》则不一定就能把语言说得生动形象。平时要做一个语文学习的有心人，自觉关注发生在普通百姓中的语文现象。老舍说"从生活中找语言，语言就有了根"③，留心普通百姓的日常谈吐，浏览各类民间语汇工具书，有助于说话写文章"把根留住"。领导干部讲话作报告，不妨从丰富而鲜活的民间语文中吸取养分。话语生动活泼，老百姓才喜闻乐见。连篇累牍的官腔、套话，不被催眠也难。每一种俗文俚语从产生到发展都有其自身深刻的时代和文化背景，它们经过漫长时间磨砺，其语义或时过境迁，或本意改变，或转化为标准语言而继续适用于某些飞地。有些俚语会随着时代变迁和生活环境变化引进新概念，有些则提供新的表达方式，新颖、辛辣甚至耸人听闻，最有效的俚语往往一语概括所指之物、用物之

①　毛泽东选集(第3卷)[M].北京：人民出版社，1991：835.
②　毛泽东选集(第3卷)[M].北京：人民出版社，1991：836.
③　老舍.我是怎样学语言的[J].解放军文艺，1951(1).

人及其社会背景。如讽刺自我膨胀者，"屁股上画眉毛——装大脸孔。"讥讽自招其辱者，"抱着木炭亲嘴——碰一鼻子灰"。嘲笑瞎折腾者，"上屋搬下屋，起码蚀担谷。"刻画顾此失彼者，"光屁股系围裙——顾前不顾后"。诸如此类，可谓斑斓。"街谈巷议，皆有可采。"不仅在素材上，也在言说方式上。就此而言，俗文俚语接地气。应该说，俗文俚语已经成为政治家、幽默大师、文化学者及其他从业人员必需的工具，如果俗文俚语运用得当，不仅可以使语言别开生面、推陈出新，而且在一定情况下还能使人如醍醐灌顶、发人深省，而语言学家及其他社会科学工作者适当使用俗文俚语可以深化风俗习惯为代表的文化研究。俗文俚语作为语言的一种，能够深刻反映人的思想以及与这种思想相符合的主观意图。曾经在陕西梁家河有过七年"知青岁月"和在基层多个岗位历练过的习近平总书记，善于在国内讲话、国外演讲、发表文章中借用俗文俚语，老百姓喜闻乐见，入耳入心。这些俗文俚语包括歇后语、谚语在内，多含生活的原汁原味和草根情趣。正是习近平总书记有过长期基层工作经历，与普通百姓密切联系，才使得他的从政生涯中充满了浓浓的"草根味"，充分体现了他对国情民意的了解。

中共十八大以来，习近平总书记在许多对外重大场合使用俗文俚语表情达意，这些语言风格鲜明、内涵深刻。无论是国内还是国外受众，都能从这些俗文俚语中感受到习近平说真话说实话的独特魅力，为国内外社会各界喜闻乐见。俗文俚语如果运用得当，其所产生的巨大社会功能不逊色于千军万马。习近平作为党和国家最高领导人在讲话或文章中曾经使用过诸如"打老虎，拍苍蝇"[1]"把权力关进制度的笼子"[2]等俗文俚语，其中蕴含鲜明的问题意识和解决问题的坚定决心，不仅让中国人妇孺皆知，极大地坚定了全国人民反腐倡廉的意志，而且也使得外国人心领神会，对中国吏治治理充满信心。"敢啃硬骨头，敢于涉险滩"[3]，"没有比人

---

① 徐京跃，周英峰. 习近平在十八届中央纪委二次全会上发表重要讲话［EB/OL］.［2013-01-22］. 中国共产党新闻网，http://cpc.people.com.cn/n/2013/0122/c64094-20289660-3.html.

② 习近平. 把权力关进制度的笼子里［EB/OL］.［2015-01-26］. 中国共产党新闻网，http://theory.people.com.cn/n/2015/0126/c392503-26453095.html.

③ 习近平系列重要讲话读本：敢于啃硬骨头 敢于涉险滩——关于全面深化改革［N］.人民日报，2014-07-09.

更高的山，没有比脚更长的路"①。习近平总书记的"习式语言"已经成为人们津津乐道的经典语录。通过使用俗文俚语，看似平实的语言实则蕴含着透彻、直指人心的大智慧。每个人由于其生活经历、观察事物视野、受教育程度和时代背景各不相同，所以话语表达方式和风格以及驾驭话语能力也都各不相同。习近平总书记在国内、国外对外传播重大场合常用打比方、讲故事的方式阐述深刻的道理，用大白话、大实话等俗文俚语来释疑解惑，用中外优秀文化传统元素来提纲挈领、纵横捭阖的语言风格，受到世界范围内不同职业特点的受众"点赞"。这些讲话和文章用普通民众脍炙人口的语言不仅吸引受众的注意力，而且引发受众的深入思考，无疑抓住了问题和事物的本质，体现了理论严谨性与灵活性的有机统一，从而能够产生震撼人心的语言力量。这种力量一是体现在习近平作为高超领导艺术的战略家、政治家和思想家具有敢于直面问题和困难的勇气，二是这种力量集中反映了习近平总书记治国理政的科学理念。更为重要的是，运用俗文俚语反映了习近平总书记对中国独特的优秀文化传统、中华民族数千年历史命运和新时代中国特色社会主义基本国情了然于心，使干部群众对坚持中国特色社会主义的道路自信、理论自信、制度自信和文化自信更有了底气。同时，"习式语言"所展现的力量还体现在习近平总书记宽阔的世界视野上。对语言高超的使用和驾驭艺术，不可能靠天赋而拥有，必须经过刻苦的学习和长期的积累才能获得。习近平总书记高超的语言驾驭艺术是向人民群众的学习中获得的。习近平总书记有上山下乡当知青的经历，曾长期与农村百姓一起摸爬滚打，也有参军入伍、到地方当基层干部等丰富经历，能与普通百姓打成一片，谙熟百姓表达方式。所以他能用俗文俚语，群众理解的大白话来表达他的治国理念等深刻思想。同时，习近平总书记对俗文俚语的熟练运用也体现了他对汉语母语的熟练掌握。在他讲话中，生动形象的比喻，在互动交流中以拉家常的形式娓娓道来，讲话或文章中铿锵简洁的句式、有声有色的排比手法等体现了他熟练地掌握了祖国语言的各种不同表达方式，如用打老虎拍苍蝇比喻反腐，用"踏石留印，抓铁有痕"

---

① 习近平. 深化改革开放　共创美好亚太——在亚太经合组织工商领导人峰会上的演讲 [EB/OL]. [2014-06-14]. 新华网，http://www.xinhuanet.com/politics/2013-10/08/c_125490697. htm.

表达抓工作的狠劲等。应该说，习近平总书记善于运用俗文俚语的语言风格，为传统意义上僵硬沉闷的官方话语体系带来了一股沁人心脾的新风，这种语言风格刷新和再造了官方话语体系，讲故事、举实例、摆事实、拉家常等不仅使被表述的对象生动形象，而且充满了独特的语言魅力。习近平在对外传播中不仅使用中国俗文俚语，而且善于运用国外谚语和名言警句，以此独具特色地展示中外语言中具有的共同内涵。例如：习近平提到过："老挝人常说'一根柴棍烧不成旺火，一根木棍围不成篱笆'，中国人讲'众志成城''众人拾柴火焰高'""阿拉伯谚语说'独行快，众行远'，中国人常讲'朋友多了路好走'"①"津巴布韦有句谚语叫做'一根柴火煮不熟萨杂'，中国人也常说'众人拾柴火焰高'"。②通过这些俗文俚语中包含的政治内涵进行融通中外的谚语组合，从而为外国受众准确理解谚语中折射的政治内涵创造了语境，在增进文化"融通"的同时增进了国外受众对于中华文化和中国人民的亲近感。

3.3.1 用俗文俚语对外传播中国特色社会主义道路自信、理论自信、制度自信、文化自信

在对外传播中，利用俗文俚语对外讲述中国特色社会主义道路自信、理论自信、制度自信、文化自信是一个重要内容。众所周知，中国特色社会主义是自1840年鸦片战争以来无数仁人志士不惜牺牲宝贵生命经过其他各种途径探索中国发展道路失败后必然的历史选择，而且经过40多年改革开放的发展，中国在各个领域都取得了近代以来任何时期都无可比拟的巨大成就。正是这种发展的实践，使中国人民深刻感受到，中国特色社会主义道路、制度、理论和文化是实现国家富强、人民幸福的中华民族伟大复兴中国梦的必经之路。就此而言，坚定不移走中国特色社会主义道路、完善中国特色社会主义制度、不断创新马克思主义中国化理论和丰富中国特色社会主义文化内容既是中国人民在近代以来中国发展实践中得出的结论，也是对中国未来发展方向的坚定承诺。这个结论和承诺经过历史和实践的检验是真理，这个真理不是靠谁主观想象出来的，而是经过实践检

---

① 习近平. 携手打造中老具有战略意义的命运共同体[N]. 人民日报, 2017-11-14.
② 习近平. 让中津友谊绽放出更加绚丽的芳华[N]. 人民日报, 2015-11-30.

验出来的，只有实践才是检验真理的唯一标准。毛泽东曾经在《新民主主义论》中明确指出："真理只有一个，而究竟谁发现了真理，不依靠主观的夸张，而依靠客观的实践。只有千百万人民的革命实践，才是检验真理的尺度。"①因此，新时代中国对外传播的一个主要任务就是要利用一切手段在一切场合对外讲清楚、说明白为什么中国特色社会主义道路而不是其他什么道路是中国人民的必然选择。习近平总书记在这方面率先垂范，作出了榜样。2013 年 3 月 23 日，习近平在莫斯科国际关系学院发表的重要演讲中说："鞋子合不合脚，自己穿了才知道。"②这句俗语本是反映普通百姓在实际生活中根据经验总结出来的关于鞋子与脚匹配的问题。所有正常人都知道，如果鞋子偏大，穿上不仅晃荡，鞋子容易掉，而且走起路来很不方便；如果鞋子偏小，不仅穿起来很困难，而且即便穿进去脚也会挤得很难受，让人产生疼痛难忍感觉，甚至磨出血泡，无法正常行走。所以说，鞋与脚是否匹配非常重要，而鞋子合不合脚，仅靠观察不能准确得出一双鞋子是否适合某个人穿，只有穿鞋子的人自己最清楚是否合适，也才最有资格评论走路是否舒服的发言权。习近平总书记在国际交往的场合下引用这句俚语，就是要让世界知道，中国特色社会主义道路不是中国人民一时心血来潮、一时冲动选择的结果，而是中国人民在漫长历史实践和探索中得出的适合中国国情的发展道路。中国人民自己做出的选择、中国自身走出来的道路，这是中国人民亲身体验和实践的结果，只有中国人民才能切身知道这条道路是否适合自己。"鞋子合不合脚，自己穿了才知道。"这句人人都能听懂的朴实话语内涵深刻的意蕴，它揭示了一个国家选择什么样的道路、实行什么样的制度，与这种道路、制度相应的理论和文化以及这种道路、制度、理论、文化合不合适，只有这个国家的人民才最有发言权的深刻道理。首先，各国由于国土面积、人口多少、历史文化传统、风俗习惯、意识形态价值取向各不相同，发展道路选择不可能相同。其次，由于文明的多样性，世界各国发展道路不可能是单一的。虽然人类文明多样，但是没有优劣之分，任何文明都有其生存和发展的内在逻辑性。无论任何国家和民

①　毛泽东选集(第 2 卷)[M]. 北京：人民出版社，1991：642.

②　习近平. 顺应时代前进潮流　促进世界和平发展——在莫斯科国际关系学院的演讲[EB/OL]. [2018-06-14]. 中央政府门户网站，http://www.gov.cn/ldhd/2013-03/24/content_2360829.htm.

族，只要选择与自己基本国情和文化传统相符合的道路就是最好的道路。就此来说，发展道路不可能有放之四海而皆准的统一模式和标准。就像每个人适合穿的鞋子和衣服不一样，适用于一个国家的社会制度和发展道路，不一定适用于另一个国家。再次，衡量一种社会制度和发展道路是否适合某个国家，只有这个国家的人民最有发言权。因为发展道路必然表现为经济的增长水平，人民政治权利的获得，生态权益的保障，民生的改善等具体指标。对老百姓来说，更直观的反映就是生活水平和文化教育水平的高低和进步与否。所以，只有实行这种制度和选择这种发展道路的国家人民才具有发言权。

新中国成立 70 多年来，特别是实行改革开放后，中国共产党带领中国人民克服艰难险阻探索走出一条适合中国国情的发展道路，人民的获得感、幸福感、安全感更加充实、有保障、可持续。中国特色社会主义道路怎么样，只有亲身体验的中国人民心里才最清楚，正适应了"鞋子合不合脚，只有穿了才合适"。但是，中国对自身发展道路的高度自信绝不意味着故步自封、停步不前。中国要想实现国强民富的中国梦就必须继续深化改革，朝着完善和发展中国特色社会主义制度、推进国家治理体系和治理能力现代化，为促进中国又好又快发展奠定更好制度基础的总目标不懈努力。自信与清醒是一对矛盾统一体。只有坚信自己的道路选择，才能做到"不畏浮云遮望眼"，清楚找到改革的突破口；只有保持十足的清醒，才能"乱云飞渡仍从容"，在革弊更新的过程中强化自信。鉴于此，习近平在对外传播中不失时机地利用俗文俚语向世界表明中国特色社会主义发展道路中有信心有决心面对和解决前进中的各种困难和问题。2014 年 4 月 1 日，在比利时布鲁日欧洲学院发表的演讲中谈到中国改革开放时，习近平使用了施耐庵所著《水浒传》中的"明知山有虎，偏向虎山行"。小说原本叙述武松在回家探望哥哥的路上，来到一家小店喝了点酒，可是喝醉了。武松刚准备动身前往景阳冈，店小二连忙追上前去告诉其山上有老虎出没，最好还是和同伴一起前往，但是武松不听，说："就是有虎，我也不怕！"说完就走了。习近平在演讲中使用这句俚语，形象地描述了中国作为正在发生深刻变革的国家，中国特色社会主义道路中还面临着许多意想不到的困难和问题，这些需要解决的问题都是难啃的硬骨头，这个时候需要"明知山有虎，偏向虎山行"的勇气，不断把改革推向前进。实际上，1992 年在福建工作时，习近平就直白地表达了自己坚定的改革意志："邓小平同志说，改革开放胆子要大一些，敢于试验，不能像小脚女人一样。看准了的，就大胆地试，大胆地闯。没有一点闯的精神，没有一点'冒'的精神，没有一股气呀，劲呀，就走不出一条好路，走不出一条新路，就干不出新的事业。"①新的历史时代开启新的历史征程，新征程上不可避免地会遇到这样那样的新问题、新矛盾、新斗争。改革开放向着深度和广度不断发展绝非易事，任何贪图享受、消极懈怠、回避矛盾的思想和行为不仅是错误的，而且必将遭到历史的唾弃。正所谓中流击水、不进则退。对具体矛盾和问题抓落实，就必须有明知山有虎、偏向虎上行的狠劲和韧劲，敢于直面矛盾，敢于对问题和矛盾较真碰硬。在实现中华民族伟大复兴中国梦的关键时期，中国有必要向全世界阐释中国正在走的路是"一条好路""一条新路"，要在人类文明不断发展的征程中"干出新的事业"，而要在这个时期规划中国改革开放的新航程，让改革向着啃硬骨头的纵深方向发展，就需要一个新的设计师。毫无疑问，习近平已经担起了历史的重任，他的勇于担当的气魄、务实肯干的作用，奠定了他作为全面深化改革"顶层设计师"的坚实基础。

3.3.2 利用俗文俚语对外阐述构建人类命运共同体思想

人类命运共同思想已经成为新时代马克思主义中国化国际传播思想和习近平新时代中国特色社会主义思想的重要组成部分，它充分体现了中国梦与世界梦息息相通。自 2013 年习近平在俄罗斯莫斯科国际关系学院演讲中提出这个事关"建设一个什么样的世界、如何建设这个世界"的重要论述以来，构建人类命运共同体理念已经在世界范围内得到了广泛认同和赞赏。纵观人类文明发展整个历史，作为生物体的人类社会自古至今所有文明谱系的发展呈现出了鲜明的多样化、多元化、多维度的特点，每种文明都具有自我完善、不断更新的共性。当前，由于信息技术推动，人类生活的地球已经变成了一个"村"，在这个"村"里生活着文化背景迥异、历史传承各异、宗教信仰不同的居民，无论他们身处发达国家、发展中国家或欠发达国家，毫无疑问都必须相依相偎在地球这个"村"里。但是，由于狭隘的民族主义和自我中心主义、零和博弈的竞争性思维和竞争性文化、国

---

① 习近平. 摆脱贫困[M]. 福州：福建人民出版社，1992：77.

际关系中"唯我独尊"霸权主义等现象的存在，诱发了很多具有高度复杂性、危险性和不确定性的全球治理性问题。这些问题包括贸易保护主义、世界经济增长乏力、发达国家与发展中国家之间存在的发展鸿沟、环境日益恶化问题、气候日趋变暖、意识形态对立、强权政治和难民危机以及恐怖主义和全球性传染性疾病威胁等。这些全球性治理难题的存在是未来人类文明整体发展必须面对和解决的急迫性问题。构建人类命运共同体思想改变了国际关系领域几百年来由西方主导的"弱肉强食"的生存法则，揭示了共建共享的新国际政治伦理准则。共同体是人类社会区别于其他生物体进行生活、交往和发展的基本组织形式。马克思曾经指出，"人的本质是人的真正的共同体"①。鉴于此，习近平总书记在联合国日内瓦总部演讲时明确指出："当今世界充满不确定性，人们对未来既寄予期待又感到困惑。世界怎么了、我们怎么办？"②这一提问，无疑包含着对全球性治理焦虑的重大关切。构建人类命运共同体思想就是要打破单边主义、倡导多边主义，不搞"只此一家、别无分店"式封闭排他的小圈子，它超越了近代以来国际秩序构建中"选边站队"的陈旧思维和狭隘视野，打破了既往国际秩序中以意识形态为标准的"中心—边缘"框架，有利于不同国际关系行为体互联互通、互信互助和共建共享。构建人类命运共同体能够有效推动世界各种不同力量围绕人类文明整体发展这个核心各施所长、各尽所能，以灵活多样的双边合作、多边合作等方式充分发挥各自优势和潜能，这也是构建人类命运共同体的历史使命和必然。中共十八大以来，习近平总书记在多个国内和国外重要场合强调"构建人类命运共同体"，并身体力行不断推动构建人类命运共同体由理想向实践的实际转化取得巨大成效，这不但有利于国际关系行为体建立和加强互通互联、互助互利的友好伙伴合作关系，引导全球治理体系的不断改革创新，而且为反对单边主义、霸权主义、强权政治，促进世界沿着和平与稳定方向发展，实现全球共同发展繁荣贡献了中国智慧、中国方案、中国力量。尽管如此，在世界上大多数国家和国际组织对构建人类命运共同体思想表达认可和赞同的同时，世界上也有以美国为代表的

---

① 马克思恩格斯全集(第3卷)[M]. 北京：人民出版社，2002：394.

② 习近平. 共同构建人类命运共同体——在联合国日内瓦总部的演讲[EB/OL]. [2018-06-14]. 人民网，http://cpc.people.com.cn/n1/2017/0119/c64094-29034230.html.

极个别国家对这一具有普惠全人类价值的思想仍抱有质疑或主观恶意曲解的现象。这表明，对构建人类命运共同体思想的传播绝非靠一日之功就能取得立竿见影的成效，它需要在更广泛的国际活动和场合中利用更加多样灵活便捷的方式和更具有感染力、说服力语言对世界范围内更多不同文化背景、不同职业和宗教信仰、不同层次的受众从理论、实践以及未来等不同角度普及这种对人类文明未来发展具有启示性的认知和理解，从而在世界更大范围内甚至全世界形成对促进人类整体共同进步发展的共识，以此推动世界各国在处理人类未来发展面临的共同问题时能够相向而行，采取协调一致的举措，而不是以零和博弈的思维将各自的行动局限在狭隘的民族主义和单边主义层面。就此而言，中国作为拥有数千年连绵不断优秀文化基因的东方大国，在面临世界百年未有之大变局的关键时刻，有责任和义务将自己对人类文明发展曾经作出的贡献以及由此而形成的经验和对人类整体未来发展的理性思考及与此相关的行动方案向全世界进行科学全面的阐释。

世界那么大，问题那么多，国际社会期待听到中国声音、看到中国方案。对此，习近平总书记作出了表率。其中，利用俗文俚语对外全面科学准确地阐述构建人类命运共同体思想内涵无疑是习近平又一种具有开创性的当代中国对外传播方式。2016 年 1 月 19 日，在对埃及出访前，习近平在《金字塔报》发表题为《让中阿友谊如尼罗河水奔涌向前》的署名文章，文章指出："阿拉伯谚语说'独行快，众行远'，中国人常讲'朋友多了路好走'。这用来形容中阿双方结伴前行、风雨同行再恰当不过了。"[1]"独行快，众行远"是一句阿拉伯谚语。这句谚语大意是说，一个人单独行动，不受其他人的牵制和影响，也就不会有负担与羁绊，走得就会很快；许多人一起走，由于每个人不同的身体情况，走路自然有快有慢，整体速度肯定会受到影响，但是大家可以共同合作、互相帮助、彼此支撑，共同克服困难，因而会走得更长远。这句话运用在国际关系中同样再恰当不过：国与国之间只有团结起来，守望相助、同舟共济、加强合作，才能共同应对全人类面临的风险和挑战。俗话说："众人拾柴火焰高，三家四靠糟了糕。"在世界各国共处"地球村"这个大环境下，如果单单依靠自己觅独食，是走不远的。只有把人

---

① 习近平. 让中阿友谊如尼罗河水奔涌向前[N]. 人民日报，2016-01-20.

类作为一个命运共同体,各国相互合作,共建共享,建立和平环境才能实现合作共赢的国际关系。习近平总书记使用"独行快,众行远"这句俚语简明扼要地为世界提供了中国应对全人类发展难题的解决方案,既体现了中国对外交往中一贯的交朋友思想,同时也是伙伴外交在实践中的有力表现。正如习近平总书记所说,"朋友多了好走路"①。中国广交朋友的外交传统实践不仅有利于中国对外拓展交往活动空间,而且有利于解决全球性问题,有利于维护和推动世界持续和平与发展。在人类文明漫长发展史上,世界人民的命运从未像今天这样休戚与共、密不可分。例如,中国倡导的"一带一路"倡议不仅在合作伙伴开始开花结果,而且为促进全球领域的国际合作搭建了重要平台,促使全人类共同着力解决全球性问题。2015 年 3 月 28 日,在博鳌亚洲论坛 2015 年年会上发表的主旨演讲中,习近平指出:"迈向共同体,必须坚持合作共赢、共同发展。"②习近平在讲话中引用世界上四个不同地区的俚语比喻人类命运共同体合作共享。从本质上说,人类命运共同体既包括国与国的命运共同体,也包括区域内的命运共同体,无论是区域内还是全世界范围内的共同体,整个人类命运息息相关,这是一种超越了民族国家意识和意识形态对立的崭新"全球观",表达了具有"美美与共"优秀思想传承的中国追求和平发展的强烈愿望,体现了中国与世界各国合作共赢的理念,也是中国在复杂多变世界局势中为推动人类文明共同进步提交的具体方略。"人类命运共同体",不是虚幻的空洞语言表达,而是体现于以共建共享为核心的新型国际关系构建上。习近平的论述向世界表达了构建人类命运共同体思想蕴涵于中国一贯坚持的正确义利观。中国一直向世界宣示并以实际行动向世界表明:中国的发展绝不以牺牲别国利益为代价,中国绝不将自己的繁荣建立在劫掠别国资源的基础上、绝不会重蹈西方国家崛起过程中"国强必霸"的覆辙。当今世界,经济全球化已经使全球各国之间形成了你中有我、我中有你的利益交融共同体。就此来说,构建人类命运共同体为生活在这个"地球村"的所有人提供了可能。经济全球化已经在客观上宣告贸易保护主义不受世界欢迎,全球经济已经成为无

---

① 习近平. 谋求持久发展 共筑亚太梦想——在亚太经合组织工商领导人峰会开幕式上的演讲 [EB/OL]. [2014-11-14]. 新华网, http://cpc. people. com. cn/n/2014/1110/c64094-26001014.html.

② 习近平. 论坚持推动构建人类命运共同体[M]. 北京:中央文献出版社,2018:207.

法割裂的整体。从这个意义上说，构建人类命运共同体正是为了更好地找到全人类利益共同点，以便全世界各国都能共享美好未来。

3.3.3 利用俗文俚语对外讲述全球治理中国创新方案

从广义角度讲，治理是指充分发挥个人和制度、公共和私营机构力量管理属于他们公共事务的各种方法的总和。治理是一个动态的持续过程。其中，冲突或多元化的利益相互之间能够调适并采取一致性行动是治理的本质要求，它将正式或非正式的制度安排有机结合在一起。全球治理则致力于寻求顺应世界多极化发展趋势而对全球公共事务进行共同管理的方式。全球治理包括以下两个相互联系、不可分割的维度：一是全球治理的实质不以正式的政府权威为基础，而以全球性治理体制机制为基础；二是全球治理强调行为主体的多元化和多样性，这种多元化和多样性体现在由不同层次的行为体和行动构成的复杂结构。习近平指出，要提高中国参与全球治理的能力，着力增强治理规则的制定能力、议程设置能力、舆论传播能力和统筹协调能力。放眼当前世界，全球性的互联互通已经加快了人、财、物以及信息在全世界范围内流动速度。没有任何国家可以置身于这种快速流通之外，将自己封闭在一个狭隘的时空里，而且面对世界范围内面临的全球性问题，也没有任何一个国家可以独善其身。与此同时，世界各国在环环相扣、一荣俱荣、一损俱损的发展态势中也面临着各类矛盾错综复杂、相互交织的态势。伴随着世界各国互联互通和相互依存，许多传统国际关系中未曾出现过的新问题、新矛盾和新挑战日益增多。在这样的情况下，越来越多的国家深刻认识到，人类社会共同面临的一系列新挑战和新问题仅仅靠一个国家的努力不仅不可能得到解决，而且还会严重影响到世界各国对实现未来美好愿望的努力。鉴于此，不同国家在不断追求各自国家治理体系现代化过程中，必须兼顾其他国家和全球利益，共同推进全球治理体系不断改革和创新。不仅如此，全球加速发展的互联互通也在重新界定传统国际关系形成的权利、责任和利益等概念。在保证各国主权根本原则不受影响前提下，世界各国享有的权、责、利日益呈现相互影响、相互联系的典型特征，关联权利、关联责任、关联利益现象越来越多地成为国际关系领域的常态。传统国际关系中的零和博弈、以邻为壑、非赢即输、强权打压、排他结盟等陈旧思维和规则早已成为时代发展的障碍，严重阻碍互联互通时代新型国际关系的构建和发展。信息化时代，不仅世界各国相互依存更加密切、利益共生更加广泛，国际关系格局和运行方式也在发生根本性改变。国际关系领域的诸多新变化导致国际治理体系不相适应的地方层出不穷，国际社会对改革和创新全球治理体系的呼声一浪高过一浪。世界范围内越来越多的有识之士敏锐观察到全球治理必须顺应时代发展潮流的大趋势，主张应该打破意识形态分歧和零和博弈、赢者通吃的陈旧思维，加快推进全球治理创新进程。面对人类文明未来究竟向何种方向发展的关键时刻，习近平以战略家的思维、政治家的气魄、思想家的睿智，高屋建瓴地提出共商共建共享的全球治理观，倡导世界各国在努力实现自身美好愿景的同时扩大共同利益、合力应对各种问题和挑战、共同维护世界和平、促进世界共同发展。这一崭新全球治理观成为引导全球治理体系变革和建设的先进理念。

如何才能建设一种更加公正合理的全球治理体系以适应不断互联互通的世界发展？是在既有治理体系的基础上创新完善，还是一切从头做起？对此，习近平在很多重要场合就全球治理体制机制的调整改革对外进行全面阐述。2015年9月22日，习近平在接受《华尔街日报》书面采访时明确指出，对全球治理体制机制进行相应的调整改革并不是推倒重来，也不是另起炉灶，而是创新完善。"推倒重来"是一句非常朴实的大众语言，它的意思是指对事物的原有格局全部打破、不留漏洞，重新打造新的局面。"另起炉灶"是成语，意思是放弃原来的格局、原来的事物，再单独重新建起另外一种格局。"穷则变，变则通"则说明无论任何事物只要发展到了极点，就必然会发生变化，只有不断发生变化，才会使事物的发展不受阻塞，事物才能不断永续发展。这说明在面临不断发展的局面时，必须要改变现状，进行变革和革命。习近平在采访中引用这几句话表明中国在应对全球治理创新中的鲜明态度，并为建设性地创新完善全球治理体系指明了原则和方向。在全球治理语境下，"推倒重来"指对由西方主导的现行全球治理理念和体系从根本上推翻和打破，建立符合自身利益诉求的新体系；"另起炉灶"则是指在现有西方主导的全球治理体系之外，重新建立起一套与现有体系完全不同、具有竞争性的治理体系。现有全球治理体系，如世界银行、国际货币基金组织、二十国集团、联合国气候变化协商机制等大多数国际性和区域性组织都是由美国为代表的西方国家建立并主导的。它们一方面构成了那个时代国际社会应对全球各种挑战的基础性体系；另一方面，伴随着时代发展，这些体系在全球化进程中也显示出了诸多的弊端和不适应，特别是难以确保发展中国家在全球发展中的利益。在此背景下，中国致力于全球治理体系的变革朝着如何更好维护和保证发展中国家利益以及怎样提高发展中国家代表性和发言权方向努力。近年来，中国为改善和创新全球治理体系进行了创新性探索：提出"一带一路"倡议，发起成立上海合作组织、亚洲基础设施投资银行等新兴多边治理机制，积极参与制定海洋、互联网、核安全、反腐败、气候变化等新兴领域的治理规则。中国对推动全球治理体系改革不是"推倒重来"，也不是"另起炉灶"，而是根据全球化发展的新趋势与时俱进地创新完善现有治理体系，不是与现有西方国家搞对抗和颠覆，不是刻意剥夺西方国家在全球治理中的话语权。

2013 年 10 月 7 日，习近平在亚太经合组织第二十一次领导人非正式会议上关于全球经济形势和多边贸易体制的发言中指出："我们要秉持茂物目标精神，坚持开放的区域主义，不能'各家自扫门前雪，莫管他人瓦上霜'。"①建立公正、合理、共享的全球经济治理体系是创新完善全球治理体系的一个重要内容，也是全球治理体系改革中最难推动、阻力最大的一个方面。"各家自扫门前雪，莫管他人瓦上霜"出自明代张凤翼所作戏曲《灌园记》，鲁迅在《南腔北调集》中对这句话做过精辟剖析：这乃是"教人要奉公，纳税，输捐，安分，不可怠慢，不可不平，尤其是不要管闲事"②。与"各家自扫门前雪，莫管他人瓦上霜"相反的还有一句话——"一个好汉三个帮"，其倡导的恰恰是互帮互助的精神。习近平这段讲话点明了全球治理体系改革创新的核心精神和关键所在。近年来，由于世界经济持续低迷、地区局势动荡不安，贸易保护主义、民族主义和孤立主义等"逆全球化"潮流抬头，严重阻碍了世界上大多数国家寻求世界经济健康稳定发展、探索创新的积极性主动性，使全球治理陷入更加困难的境地。事实证明，那种以邻为壑的自私自利想法与做法根本无助于解决世界经济不景气和全球治理困境等问题。世界各国只有携手共进，才能有效应对日益增多的区域性风险和全球性挑战。全球化新进程、新发展需要世界各国树立"一个好汉三个帮"的互助精神。

---

① 习近平. 习近平外交演讲集(第一卷)[M]. 北京：中央文献出版社，2022：78.
② 洛文(鲁迅笔名)：《申报月刊》(第二卷第七号)，1933 年 7 月 15 日。

习近平生动形象地将"各家自扫门前雪，莫管他人瓦上霜"与"一个好汉三个帮"作对比，并用于指导全球治理体系创新和全球伙伴关系网络构建，顺应了全球化发展大趋势，为新时代中国特色对外传播指明了方向。在这次会议上，习近平还用另外一句俗语"人无远虑，必有近忧"说明推动世界经济体改革创新的必要性和紧迫性。"人无远虑，必有近忧"是汉语中的俗语，出自《论语·卫灵公》。意思是指人如果没有长远的打算，那么近期的事情就会多有忧虑。或者说，人如果没有长远的谋划，就会有即将到来的忧患。习近平在这里使用这句话毫无疑问是提醒世界各国，不管改革创新面临多大困难和挑战，也无论改革会付出多大代价，必须坚定不移推进全球经济治理体系改革创新，要以大无畏精神勇敢面对改革创新中出现的各种困难和险境。只有这样，世界各国才能联起手来一起推进全球治理体系改革创新出实效，也唯有如此，才能真正解决全人类在剧烈时代变化大潮中面临的共同问题。

3.3.4　用俗文俚语对外讲述中外交往的故事

作为世界最早的文明之一，中国自古以来就有悠久的对外交往历史。春秋战国时期，中华大地上周天子治下的各诸侯国相互之间的来往交流为以后华夏帝国与世界的交往打下了坚实基础。自秦汉以后，中国真正进入与世界的交流，特别是当时对西域诸国有了更多的感性认知。秦汉时期，为了击败匈奴，中国与西域诸国建立了密切联系。也正是因为这个原因，中国打开了往西交流的大门，当时最远可以交往到欧洲。隋唐盛世进一步开创了中国对外交往的新纪元，众多金发碧眼的异域商户、医生等落脚到大唐都城长安。不仅如此，此时的中国与东西方诸国也建立了密切的交往关系，其中唐玄奘西天取经、鉴真东渡日本等在中外交往史上留下了不朽的佳话。到了明朝，郑和下西洋至今人尽皆知。然而自郑和以后，中国的对外交往却戛然而止。清朝的闭关锁国直接导致鸦片战争中被坚船利炮打开国门的屈辱，尽管这一时期有一些稀疏的西方人以传教名义能够深入中国腹地。自鸦片战争至20世纪40年代末的100年间，中国对外交往史就是一部中华民族被西方列强凌辱的屈辱史。新中国成立后，中国对外交往不断开拓创新、攻坚克难，走过了波澜壮阔、惊心动魄的光辉历程，形成了一系列具有中国特色的对外交往原则和优良传统，极大地增强了民族自尊心和自信心。70多年来，在中国共产党领导下，中国对外交往与时俱进、成就辉煌，不断丰富发展具有中国特色的对外交往理论；70 多年来，中国的对外交往经历了曲折发展的艰辛历程，伴随着党和国家中心工作的不断变化以及国际国内形势的发展，中国对外交往的理念和实践也处于不断调整变化中。中共十八大以来，习近平总书记直面瞬息万变、错综复杂的国际形势，紧紧围绕实现中华民族伟大复兴中国梦总体奋斗目标，不断创新新时代中国特色对外交往理念，不断在实践中创新对外交往方式，深入参与全球治理体系改革和建设，坚定不移维护国家核心利益、捍卫国家主权。其中，打造以合作共赢为核心的新型国家关系和构建人类命运共同体成为新时代中国对外交往的重要内容。近些年来，中国对外交往体现出为改革完善全球治理体系、推动建立更加公正合理的国际秩序而努力讲好中国故事、贡献中国智慧、提出中国方案的鲜明特征。中国从全球治理的参与者逐渐转变成改革创新的倡导者和引领者，全球治理逐渐走进新时代。新时代中国对外交往高度重视"中国梦"与"世界梦"相互融通、相互促进，积极探索人类面临全球性问题解决之道，坚定致力于政治解决国际和地区热点问题。从习近平对外交往实践可以发现，构建人类命运共同体、对外呈现中国"四个大国"形象、欢迎各国人民搭乘中国发展的"顺风车"等无不体现他在延续中国悠久文化历史传统和长期经过实践检验的政策取向的同时，也在披肝沥胆开创着当代中国特色对外交往的新时代。现代国家包括社会制度、意识形态、宗教信仰、文化背景等互不相同国家之间对外交往活动的一个重要前提就是首先在感情上增进互信，在感情互信基础上开展国与国之间全面关系的交流合作。习近平善于利用不同方式增进中国与世界上其他国家和地区及国际性组织的友好交往。其中，利用俗文俚语阐述中国与其他国家和国际性组织深化交往历程以及中国愿为世界梦作贡献是新时代对外传播活动的一种重要方式。

2012 年 2 月 15 日，时任中国国家副主席习近平对美国进行正式访问。在美国友好团体举行欢迎午宴上发表的讲话中以饮水不忘掘井人缅怀当年以非凡政治眼光和卓越政治智慧打开中美友好合作大门的两国老一辈领导人。其中的"饮水不忘掘井人"指的是人应该懂得知恩图报。也即是说，当人们在享受某些成果的时候，不能忘记是谁创造了这些成果。习近平在这里引用人所尽知的俚语一方面表达了中美关系发展经历了艰难曲折过程，另一方面也告诉中美两国朋友们，无论是未来道路如何充满荆棘，中美两国友好合作是人心所向、势不可挡的。这也是缅怀和纪念为中美两国关系正常发展付出过艰辛努力的政治家和朋友们的最好方式。在这次讲话之前的2月14日，习近平在出席时任美国副总统拜登及国务卿希拉里举行的欢迎午宴时发表的一段致辞中提到"摸着石头过河""逢山开道，遇水搭桥""敢问路在何方，路在脚下"等人们耳熟能详、脍炙人口的俗语。其中，"摸着石头过河"这富有民间智慧的歇后语后来出现在中共党内正式文件中，尤其是邓小平在关于改革开放问题的讲话中使用后，成为形容中国改革开放的标志性语言，含有大胆探索、稳妥前进的意义。"逢山开道，遇水搭桥"出自元代纪君祥所著楔子《赵氏孤儿》："旁边转过一个壮士，一臂扶轮，一手策马，逢山开路，救出赵盾去了。"

"逢山开路，遇水架桥"按其字面意思指遇到高山阻拦就要开辟路径，遇到江河阻拦就要架桥通过，寓意不管环境如何变幻莫测、未来如何充满未知数，应该有一种兵来将挡、水来土掩、随机应变、创新突破的气势。习近平在一个非常严谨的外交活动场合以平时无话而又寓意深远的语言形容中美关系，既明白易懂又引发人们深思。和合文化是中华人文精神的核心和精髓，"家和万事兴"体现了中国优秀传统文化中的和谐与融合关系。2013年10月7日，习近平在亚太经合组织工商领导人峰会上的演讲中引用这句俗语，向世人展示了中国人民愿和世界人民一道向着和谐幸福的未来共同奋斗的美好愿望。家和则家庭兴、家族兴、家国兴、万事兴。"没有比人更高的山，没有比脚更长的路"出自中国当代诗人汪国真的现代诗《山高路远》。诗歌蕴含的意思是：不管路有多长，只要坚持走下去，就一定会走到目的地；不管多高的山，只要人登上去了，它就在人的脚下。因此，无论前进道路上遇到多少困难，只要坚持就一定会取得胜利。这就是告诉人们，不管做什么事情，都要重视内因和基本功的修炼。同时，应该相信路是人走出来的，不要被迷茫的前途所吓倒。也就是说，在奋进者眼中，没有攀登不了的高山，人生之路再长，追求者的脚步都能把它丈量出来。习近平在这里引用这句话旨在向世界表达中国全面深化改革，为世界经济增添中国新动力的信心和决心。2013年6月5日，习近平在墨西哥参议院发表的演讲中用"路遥知马力，日久见人心"形容中拉关系发展。元代无名氏所作《争报恩》第一折有："则愿得姐姐长命富贵，若有些儿好歹，我少不得报答姐姐之恩，可不道路遥知马力，日久见人心。"字面意思是指只有遥远的路途，才可以检验马的力气有多大；只有经过长时间的交往经历才能知道一个人的善恶好歹。这句俗语比喻经过长时间的考验才能看出人心的好坏、友情的真假。习近平此处引用该俚语意在表达中国和拉美国家的交往应该能够经得起时间的检验，这是一种开放的、包容的和双赢的友好合作关系，双方彼此互信、共谋发展，这种关系越是经过长时间的历练越能历久弥香。从地理距离角度来讲，拉丁美洲是与中国相距最远的一块大陆。尽管贝利、马拉多纳在中国球迷中曾经掀起过一波又一波的追星大潮，而且卡斯特罗、格瓦拉、查韦斯等也在中国精英阶层中耳熟能详。但是，中国与拉美国家的民间交往和交流沟通还远远不够。近代以来很长一段时间，拉美国家作为美国的后院，其外交行动大多视美国态度而定。习近平在这里明确表达了中国愿与拉美国家发展持久友好合作关系，而不仅仅是着眼于当下，双方可以通过多层面的交流沟通，建立起互助、互信、互帮的机制，真正做到为人民福祉而共商共建共享，这也是"路遥知马力，日久见人心"的真切内涵之所在。

中国和非洲友好交往源远流长。近代以来，中非之间有着相近的历史境遇，在争取民族解放运动斗争中始终互相支持、互相同情，结下了深厚友谊。也正是非洲朋友的帮助，中国才恢复了在联合国的合法席位，毛泽东对此曾经诙谐地说，重返联合国，我们是被非洲黑人兄弟抬进去的。自20世纪50年代以来，中非友好合作关系经历了岁月的考验，不断得到巩固和发展。中国与非洲国家交往从来不以"利"计，非洲国家在涉及中国国家核心利益的重大国际场合从来都是给予中国强有力的支持。因此，中非关系是一种真正意义上的相互理解、相互支持的新型国际关系。正是中非关系的这种特殊性，在世界外交史上书写了无与伦比的佳话。习近平作为国家主席第一次访问非洲，也是他在第六次踏上非洲大陆时发表了感人至深的肺腑之言。在这次演讲中，习近平借用非洲谚语"河有源泉水才深"比喻中非源远流长的友谊，目的就是向世界表明，中非关系的发展绝非一日之功，更不是别人恩赐的，而是双方风雨同舟、患难与共，一步一个脚印踏踏实实走出来的。20世纪五六十年代，毛泽东、周恩来等新中国第一代领导人和非洲老一辈政治家共同开启了中非关系新纪元。从那时起，中非人民在反殖反帝，争取民族独立和解放的斗争中，在发展振兴的道路上，相互支持、真诚合作，结下了同呼吸、共命运、心连心的兄弟情谊。"①其中的"河有源泉水才深"，意思是有源泉不断补充的河流水才会深。这句非洲谚语和中国古语"问渠那得清如许？为有源头活水来"有着异曲同工之妙，都强调事物发展中源泉和动力的重要性。也正是在这次演讲中，习近平总书记提出了中国在发展中非关系要坚持"四讲"：对待非洲朋友，讲一个"真"字；开展对非合作，讲一个"实"字；加强中非友好，讲一个"亲"字；解决中非合作中的问题，讲一个"诚"字。② 习近平总书记关于对非关系的"四讲"生动诠释了中非特殊关系的本质特征，那就是：真诚友好、相互尊重、平等互利、共同发展。

3.4　引经据典对外阐释中国国际交往中的义利观

援引古今中外优秀诗作、从丰富的古典诗文宝库中寻找中外交流合作经验给养，是习近平总书记在对外传播中讲述中国故事方式的又一个重要特征。真正的文化名家、行家里手在与人交往中往往能够借用诗文典籍旁征博引，做到古为今用、洋为中用，令人信服，从传播效果上达到文以载道、文以释道、文以传道的说服目的。在重大对外场合引用中外古典诗词、文学轶事或著名作家作品已经成为新时代对外传播方式的常态。习近平总书记广博的阅读视野和深厚的古典诗文修养，使得他在每一个对外活动场合都留下了令人回味的中外文学交往佳话。在对外传播中，领导人一言一行都具有极强的示范和引领作用，特别是领导人渊博的学识、宽广的视野、干练的作风都能显示出与普通人不同的特殊魅力。从领导人在境外开展对外活动的环境来说，由于参与活动的受众基本上都是精英人士，他们受教育水平高、专业能力强，所以这个时候对外传播效果和传播影响力，尤其是其中蕴含的文化孕育能力就不同于一般意义上的对外传播。纵观世界文明发

---

① 习近平. 永远做可靠朋友和真诚伙伴——在坦桑尼亚尼雷尔国际会议中心的演讲 [EB/OL]. [2012-03-05]. 中国政府网，http://www.gov.cn/ldhd/2013-03/25/content_2362201. htm.

② 习近平. 永远做可靠朋友和真诚伙伴——在坦桑尼亚尼雷尔国际会议中心的演讲 [EB/OL]. [2012-03-05]. 中国政府网，http://www.gov.cn/ldhd/2013-03/25/content_2362201. htm.

展史，以文学为代表的人类经典性精神产品在跨文化、跨地域、跨语言的文化交流中往往能够成为提升人类整体文明的重要推动力量，其所产生的巨大精神力量毫无疑问泽被全人类。习近平在对外交往活动期间利用会见、发表演讲、接受采访、发表署名文章等与东道主或客人谈诗论道体现了他自身深厚的人文底蕴和自然流露中所具有的丰富精神生活。这种谈笑有鸿儒的精彩画面，既勾画了他自己对古今中外古典诗词名著的熟稔，同时也向人们展示了他从中享受阅读、获得人生哲理启迪的心路历程，更充分表达了他对文学与生活和人类文明的理解与思考。正因为如此，习近平总书记在各种对外传播活动中充满人文底蕴和人格魅力的出彩表现，才一次又一次赢得了不同文化背景受众的由衷赞叹，达到了对外交往中保持沟通、增进友谊、深化合作、互利共赢的多重目的。从更深层次来讲，利用诗文和经典作品开展对外传播活动不仅能够有效推动国与国之间形成文化、文学交流的良性互动局面，从国家层面为中国优秀传统文化的海外传播营造良好氛围，更重要的是，这种传播方式能够增进两国人民在精神层面的互信与互爱，从而在两国更广泛的领域和层次开展交流与合作。这对于在世界范围内精心培育与塑造一个具有悠久文明、谦恭包容、与人良善，从而引领人类文明未来发展的中国国际形象具有重要的现实意义。特别需要指出的是，习近平在出国访问或参加重大国际事务活动时，不仅以中国优秀古典诗文中的名言警句来比喻或阐释新时代中国特色对外交往原则以及世界各国合作共建对人类未来发展具有的启发性意义，而且在演讲或会见中常常提及受访国美好历史传承及名家名篇，而且也经常根据受访国家与中国既有文化交往史，专门提及中国作家作品在该国被译介和传播的情况。有人可能认为，这是一种外交场合的雅致寒暄，意在体现对受访国的尊重。但是，从长期的对外传播效果看，习近平作为中国最高领导人，在举世瞩目的重大外交场合，有针对性地利用中外古典诗词作品为出访增光添彩，这对于增进中国同世界各国的文化认同感、缩短两国各阶层之间交往存在的心理距离，都有着非同寻常的影响力和冲击力。鉴于此，习近平在众多国际交往中提倡要重视文化和文明交流借鉴，这不仅作为认识与指导中国与世界其他国家人文交往关系的基本准则，而且要在工作的实践中既要肯定国与国之间不同文明各有其存在和发展的独特意义与价值，也要对外明确展示中国文学自身所具有独特的体系性、传承性，并从中外交流中寻求到双边、多边甚至整个人类文明审美价值、审美理想的契合点。习近平对外活动中引用中外优秀古典诗词不仅对外讲述中外人民友好故事，而且利用这些诗词名篇中所蕴含的深刻道理启发人们珍惜中外交往中的历史情感，这对于促进中国与世界各国在更广泛领域的共建合作、共享共赢具有非常重要的启发性意义。

3.4.1 引用典籍对外阐释中国道路选择以及中国梦与世界梦的关系

向世界阐释好、讲述好中国梦是新时代对外传播思想的核心内容，它和构建人类命运共同体一样成为习近平新时代中国特色社会主义思想的重要组成部分。实现中华民族伟大复兴中国梦是构建人类命运共同体的前提，它与世界各国人民追求各自美好幸福生活的梦想是相通的。中国梦的最大特点就是把国家利益、民族利益和个人利益连为一体。不仅如此，中国梦还涉及整个人类未来的发展。因此，对外阐释中国梦以及中国梦与世界梦之间的关系是新时代中国特色对外传播的关键。习近平总书记率先垂范，在各种对外场合深刻阐释中国梦为什么是近代以来中国人孜孜以求的夙愿和中国梦的科学内涵以及中国梦与世界梦之间的关系。对外阐述好中国梦必须讲清楚中国近代以来的历史遭遇，这是让外界理解和认同中国梦的钥匙。同时，还要对外说明白中国梦与中国普通百姓之间的关系，其中包括中国梦与所有海外华人之间的关系。针对个别西方国家对中国梦的质疑甚至污名化的造谣中伤，习近平总书记利用重大对外交往活动以无可辩驳的事实予以有力的驳斥。2013 年 5 月，他在接受特立尼达和多巴哥、哥斯达黎加、墨西哥等拉美三国媒体联合书面采访时回答道："实现中国梦给世界带来的是和平，不是动荡；是机遇，不是威胁。"①中国梦与世界梦的关系一直是外界所关注的重点内容之一，如何对外清晰地阐释好二者之间的关系无疑是对外传播好的又一个重要举措。

对中国道路、中国梦内涵和外延从纯粹理论演绎归纳角度进行阐释仅仅是众多对外传播方式的一种，如何通过人们喜闻乐见方式循循善诱地对外讲清楚为什么西方政治制度和发展不适合中国、中国梦为何与世界梦相辅相成无疑成为对外

---

① 刘东凯，侯丽军，张艺. 国家主席习近平接受拉美三国媒体联合书面采访[EB/OL].[2013-05-31]. 中国政府网，http://www.gov.cn/ldhd/2013-05/31/content_2416330.htm.

传播中不容忽视的关键性问题。对此，习近平总书记利用中外古典诗词及名家名篇中所蕴含的深刻思想比喻当今国际关系交往应该遵循的原则应该说是一种重大的方法论创新。2014 年 4 月 1 日，在比利时布鲁日欧洲学院发表的演讲中，他以"橘生淮南则为橘，生于淮北则为枳"形容中国的发展不能照搬别国政治制度和道路。"橘生淮南则为橘，生于淮北则为枳"出自战国末期无名氏创作的一篇散文《晏子使楚》，现在常用来比喻同样一件事物，由于环境的不同，其结果可能有很大的差异。鉴于此，对不同的事物要因地制宜，不能盲目照搬复制。同时，也说明环境对人的影响是很大的。习近平总书记在这里引用这一典故，正是一个形象化的比喻。为什么中国不能全盘照搬其他国家的政治制度和发展模式？现代意义上的各民族国家在文明发展进程中分别经历了不同历史进程，这些不同历史进程又受到各自生存环境、风俗习惯和宗教信仰传统等各种因素的制约，因而各国发展道路选择不可能完全一致。在这样的情况下，各国究竟选择什么样发展道路完全由本国国情决定，适合各国国情的制度即是最好的制度。就此而言，中国特色社会主义道路既是历史的选择，也是人民的选择。中国梦的实现离不开走中国特色社会主义道路，而中国梦不是孤立的，它与世界各国追求各自幸福生活的梦想是有机统一的。中国梦的实现离不开世界各国的支持和健康良性的国际环境，同时中国梦的实现也为世界各国实现自己的梦想提供了平台和帮助。2014 年 3 月 27 日，习近平总书记在巴黎庆祝中法建交 50 周年发表的讲话中指出："万物并育而不相害，道并行而不相悖。"①宇宙和大自然的法则中，包容精神与和合之道随处可见，中国古人用"万物并育而不相害，道并行而不相悖"②加以概括。这句话出自《礼记·中庸》，周恩来总理在 1954 年的日内瓦会议中曾引用过这句经典，被评论者认为"这是国与国共处之道，也是人与人相处之道"。当下，中国提出实现中华民族伟大复兴的中国梦，世界各国也都有自己的梦，如美国梦、法国梦、非洲梦等。中国梦与其他国家的梦不是相互排斥的零和游戏，而是"万物并育而不相害，道并行而不相悖"的和谐之梦。与这句话意境相似的还有

---

① 习近平. 在中法建交 50 周年纪念大会上的讲话［EB/OL］.［2014-06-28］. 新华网，http://www.xinhuanet.com//politics/2014-03/28/c_119982956_3.htm，2014-3-28.

② 《礼记·中庸》。

毛泽东的"环球同此凉热"。在中法建交 50 周年纪念大会上的讲话中，习近平引用此句古语指出，中国梦是法国的机遇，法国梦也是中国的机遇。中国梦作为一条精神纽带，既连接历史与未来，也联通中国和世界。

3.4.2 引用典籍名句阐释中国"和平共处"外交方针和文明交流互鉴

文化是最能体现世界文明交流本质的现象，不同文化不仅呈现出各民族特有的生活方式和精神价值取向，更能够展现人类文明的多样性以及各种文明交流互鉴的强大生命力。人类文明发展史有力证明了任何文明的延续发展都离不开与其他文明的交往融合，现有已知的很多文明因为各种自然或人为的因素不能与外界交流而断绝。正如前文所述，中国自古以来就有与世界各国友好交往的传统，这些交往在将中华文明不断向世界各地传播的同时，也大量吸收了外来文化中的合理营养，成为中华文明生生不息、永续发展的助推剂。诗文作为文化的重要组成部分，是人们历史的、现实的生活状况的艺术性凝练，它是促进不同文化背景人们相互交流的重要载体和媒介。诗歌作为人类崇尚真善美、鞭笞假丑恶的"世界语言"，能够集中体现人性中对美好事物的共同寻觅。诗歌中所体现的那种脱俗的民族人文精神与高雅的艺术审美情趣都非常值得不同文化背景的人们学习和传承。人类文明发展中重要的旨趣就是对高贵与高雅的追求。一个人无论其贫富贵贱，之所以能够区别于其他动物的根本价值取向，就应该是不断从低级走向高级，在善辨真伪、善恶、美丑中做到唾弃丑恶而崇尚美好，鄙视卑劣而歌唱高尚；否定庸俗而倡导儒雅。但是，人们通过何种途径培养与完善这种脱俗与高雅的人文精神？正如《论语·泰伯》所言，孔子对完美人格培养需要经过的不同阶段曾经做过精练而出色的描述：首先兴于诗，其次立于礼，再次成于乐。而在诗、礼、乐这三个不同阶段中，最为基本且容易做到的就是诗歌的学习与教育。正是因为如此，《礼记·经解》中还记录了孔子的另外一句话："入其国，其教可知也。其为人也温柔敦厚，诗教也。"这句话的意思是：不论走到哪一个地方，只要看一看这个地方老百姓的精神状态，便可以知道这个地方有没有进行过文明的教化。如果一个地方的人们待人接物言辞温和，行为忠实厚道，那就说明"诗歌"在这个地方得到过很好的传授。孔子的话告诉人们，诗不仅能够教化人、培育人，而且最重要的是能够陶冶人的情操、净化人的气质，提升人的精神境界，从而使人格臻于完善。不仅孔子曾经教导人们诗歌能够培育人高雅性情，而且后世很多文化名家就诗歌与人的雅趣养成之间的关系发表过振聋发聩的真知灼见。林语堂先生就有关诗歌在中华文明中发挥的根本性教化功能在他家喻户晓的《吾国吾民》这本书中进行了专门的阐释："诗歌教会了中国人一种生活观念，通过谚语和诗卷深切地渗入社会，给予他们一种悲天悯人的意识，使他们对大自然寄予无限的深情，并用一种艺术的眼光来看待人生。"①习近平总书记具有深厚的文学素养，他对中华传统文化了如指掌，对国外一些名家佳作也烂熟于心，特别是他善于在对外传播中将经典诗词"古为今用"已是尽人皆知，他总是利用各种外交场合特别是每次出国访问，将最能体现两国关系发展的诗词佳句动情吟诵并以此为两国关系发展注入强心剂。中华文明在两千多年的发展中兼容并包地吸收了世界上其他国家和民族的优秀文化滋养，留下了许多与世界上其他文明友好往来、交流互鉴的佳话。习近平总书记对这些交流了然于心，不仅在对外传播中利用各种方式强化这种交流，而且善于利用诗词典故在更大范围内巩固并发展交流的成效。在国际关系中以诗文经典开展对外传播不仅传播了文化，更重要的是通过文化载体增进民心相通、文明交流互鉴；不仅能有效避免生硬的"党八股"式政治性语言在大众传播过程中引发的"逆反"心理，更重要的是让受众从诗文经典表达的美好画卷中开启对未来美好前景的憧憬。

2016 年 11 月 21 日，习近平总书记出访秘鲁之际，在秘鲁国会发表重要演讲时引用了唐朝诗人张九龄《送韦城李少府》中的一句"相知无远近，万里尚为邻"，以此形容两国关系的亲密不因地理上的距离而疏远。2013 年 6 月 5 日，他在访问墨西哥参议院时发表题为《促进共同发展 共创美好未来》的演讲，并引用庄子的话说："水之积也不厚，则其负大舟也无力。"②这句话出自庄子的《逍遥游》，原文是："且夫水之积也不厚，则其负大舟也无力。覆杯水于坳堂之上，则芥为之舟；置杯焉则胶，水浅而舟大也。风之积也不厚，则其负大翼也无力。故九万

---

① 林语堂. 吾国吾民. 诗歌[M]. 长沙：湖南文艺出版社，2012：265.

② 习近平. 促进共同发展 共创美好未来[EB/OL]. [2013-06-05]. 中国共产党新闻网，http://cpc.people.com.cn/n/2013/0606/c64094-21761957.html.

里，则风斯在下矣，而后乃今培风；背负青天，而莫之夭阏者，而后乃今将图南。"庄子是战国时期著名的思想家、文学家和哲学家，道家学派开创性的代表人物，其哲学思想体系与老子思想体系并称为老庄哲学。《逍遥游》集中体现了庄子哲学思想的重要篇章，在生动的比喻中，从而阐述对精神世界绝对自由的追求。庄子这段话中提到水，意思是说如果水不够深的话，那么就拖不起大船，大船也行驶不了。这和荀子《劝学篇》中"故不积跬步，无以至千里；不积小流，无以成江海"异曲同工，其中都包含着深刻的量变和质变关系，说明任何事情的变化都需要积累。如果把一杯水倒在地上的一个小坑洼里，将一根小草放在水面上，漂在水面上的小草也能像船一样而行；如果把杯子放在小水坑中，杯子就会沉下去，因为水太浅不能承受杯子的重量。同样是一杯水，当不同的物体出现在同样水的体积和深度时，水的承载力就会呈现出不同效果。一杯水蕴含着物理学中表面张力和浮力的科学道理。庄子以水与舟的关系比喻万事万物相互依存、相互依赖，都受一定主客观条件制约。习近平在这里对庄子这句话的引用，是基于其所蕴含的强烈的辩证法思想。中国和美洲之间虽然远隔万里，但千山万水挡不住中国和墨西哥之间的心灵交融。因为《庄子》被翻译成西班牙文而在墨西哥流传，所以习近平在这里引用庄子的话对墨西哥人民来说并不陌生，他把中墨之间的友好合作比喻为一个"大舟"，而中墨友谊就是负载这个"大舟"的浩瀚海洋。在新的历史时期，中墨战略伙伴关系提升为全面战略伙伴关系，双方合作交流领域不断得到扩大和强化，只要两国相互尊重，平等相待，真诚合作，中墨友好这艘大船就一定会乘风破浪驶向更加美好的明天。2013 年 10 月，习近平在出席亚太经合组织第二十一次领导人非正式会议之际先后访问印度尼西亚和马来西亚。在此期间，他在印度尼西亚国会发表题为《携手建设中国——东盟命运共同体》的演讲，指出："'海纳百川，有容乃大。'在漫长历史进程中，中国和东盟国家人民创造了丰富多彩、享誉世界的辉煌文明。这里是充满多样性的区域，各种文明在相互影响中融合演进，为中国和东盟国家人民相互学习、相互借鉴、相互促进提供了重要文化基础。"①这里的"海纳百川"最早出自晋代袁宏的《三国名臣序

---

① 习近平. 携手建设中国—东盟命运共同体——在印度尼西亚国会的演讲[EB/OL].
[2013-10-03]. 中国政府网，http://www.gov.cn/ldhd/2013-10/03/content_2500118.htm.

赞》："形器不存，方寸海纳。"李周翰对此作注："方寸之心，如海之纳百川也，其言包含广也。""有容乃大"则出自《尚书·君陈》："尔无忿疾于顽。无求备于一夫。必有忍，其乃有济。有容，德乃大。"清朝主张禁止鸦片的民族英雄林则徐在一副自勉联中写道："海纳百川，有容乃大；壁立千仞，无欲则刚。"寓意做人要有像大海能容纳无数江河水一样的胸襟宽广，以容纳和融合来形成超常大气。习近平在演讲中引用这句话来表达中国和东盟国家人民相互学习、相互借鉴，不断促进各领域深化合作与发展的信念。"海纳百川，有容乃大"不仅可以形容做人，治国也应该这样，特别是现代国际关系中国与国的交往更应该如此。新中国外交一贯主张"求同存异"的原则。习近平演讲中提出的"海纳百川，有容乃大"正是在新的国际形势下对"求同存异"精神的弘扬，也是对"中国威胁论"的有力驳斥。实际上，中国与东盟国家的交往历史悠久，双方交流合作有着良好的地域优势和文化基础。特别是 2002 年中国与东盟各国达成的全面经济合作框架协议，使得中国与东盟的关系进入新的发展阶段。正是在这次演讲中，习近平还提出："我们要积极借鉴其他地区发展经验，欢迎域外国家为本地区发展稳定发挥建设性作用。同时，域外国家也应该尊重本地区的多样性，多做有利于本地区发展稳定的事情。"①很显然，这句话意有所指，那就是警告以美国为代表的域外国家近年来不遗余力挑拨分化中国和同盟国家关系行为要有所收敛。美国等域外国家之所以挑拨中国和东盟国家之间的关系就是因为他们不希望看到中国日渐增强的综合国力以及在国际事务中发挥越来越大的作用，认为中国的重新崛起是对世界的威胁。与中国周边国家发展合作共享、共同繁荣一直是中国对外交往的重要方针，而要实现这一有利于双方共赢的局面，就必须要有像大海吸纳百川之水那样的胸襟，在共同推进不同文明互尊互鉴中真正做到"有容乃大"，"容"意味着乐见多样性区域中不同文明的存在。长久以来，中国—东盟命运共同体和东盟共同体、东亚共同体命运与共、打断骨头连着筋，这就需要各方在未来的发展中发挥自身优势，实现多元共生、包容共享。只有这样，才能共同造福于本地区人民和世界各国人民。

---

① 习近平. 携手建设中国—东盟命运共同体——在印度尼西亚国会的演讲 [EB/OL].[2013-10-03]. 中国政府网，http://www.gov.cn/ldhd/2013/10/03/content_2500118.htm.

3.4.3 利用古籍经典作品阐释中国对外交往中的义利观

义利观反映的是一种经济伦理思维。所谓义，是指某种特定的道德原则和伦理规范，在中国传统道德哲学中常常将"道"与"义"合在一起称为"道义"，这是中国古代儒家哲学中至高无上的思想内核。所谓利，指的是物质利益。社会交往和商品活动中对待"义""利"的态度就形成了"义利观"。关于义利观，中国古代圣贤多有阐释。例如孔子曾经说过："君子喻于义，小人喻于利。"①孟子也曾说：不义之利"不苟得"。② 应该说，在中华民族优秀美德中，是否具有正确的义利观是判断一个人道德品质的重要标准，同时也是中国自古以来对经商活动的终极追求。同样，当代社会中的义利观通常也体现于商业中对"义"和"利"孰轻孰重的价值判断中。正确的义利观，通常重义轻利，倡导经济活动中社会价值；而错误的义利观，具体表现为商业活动中拜金主义甚至无视道德和践踏诚信等现象。国际关系中的国与国交往也与日常的人与人交往以及商业交往一样不能唯利是图，而应该秉持义先于利。将正确利益观作为国际交往的原则不仅顺应了新时代中国与世界关系发展的大趋势，而且回答了新兴崛起大国如何处理与现有世界强国之间关系的问题。自1648年威斯特伐利亚条约以来近400年时间，从西方大国崛起中形成的"国家利益之上""国家之间只有永恒的利益，没有永恒的朋友"似乎已经成为近代国际关系交往的铁律。实事求是地说，随着中国综合国力的不断提高，当代中国与外部世界的关系也正在发生着前所未有的新变化，世界各国对中国发展的态度并非完全一致，其中有期待、有疑惑、有抹黑、有遏制。作为当今世界第二大经济体和世界经济繁荣的重要引擎，中国的一举一动备受世人瞩目，世界期待中国在国际事务中承担更多责任、发挥更大作用、提供更多全球性公共产品，为全球治理作出更大贡献。对中国来讲，作为负责任的全球性大国，世界越是关注中国，中国就越需要在国际交往中"计利当计天下利"，为应对全球性问题和挑战贡献中国方案。因此，坚持正确义利观必须义、利结合。《易》曰：

---

① 《论语·里仁》。

② 《孟子·告子上》。

"利者，义之和也。"①《墨子》也认为"义，利也"②，义就是利，义利合一。中国对外交往中正确处理"义"与"利"的关系，就要坚持合作互利思维，把自身发展目标与世界发展大势联系起来，把中国梦同世界梦和各国共同利益结合起来。首先，中国坚持维护国家主权安全相统一的同时，主张国家不分贫富大小一律平等，共同构建人类命运共同体。在与世界各国相互尊重、平等合作、互利共赢的基础上，尊重他国核心利益诉求和重大关切，以求同存异代替打击异己，以包容互鉴代替以邻为壑，以共同进步代替损人利己，在全球范围内已形成全球伙伴关系网络。中国的发展不会以牺牲别国利益为代价，但中国也绝不会拿核心利益做交往，谁也不要指望中国会吞下损害主权、安全和发展利益的苦果。其次，中国坚持谋求自身发展目标与世界各国合作共赢相统一，积极推动"一带一路"倡议。在与世界各国特别是发展中国家交往中会根据自身发展情况，适当免除最不发达国家债务；不以任何附加政治条件作为对外援助的前提，用实际行动强化对受援国基础设施建设的支持。中国自古以来主张"授人以鱼，不如授人以渔"。中国鼓励世界各国搭乘中国发展的顺风车，也希望世界各国能从中国的发展中获得实实在在的利益。再次，中国对外交往坚持正确的义利观展现了新时代大国的责任担当。"义"作为汉语常用字最初见于商代甲骨文，字形像一种锯齿状长柄兵器，这种兵器是用在各种仪典上的礼器，后来用于比喻礼仪、威仪，并引申指品德的根本、伦理的原则。清代段玉裁《说文解字注》讲，"義"，己之威仪也，而"威"则是一个人内在气质中表现出来的令人敬畏的气魄；而"仪"主要指法律制度。

当代国际关系中，坚持正确义利观意思就是要旗帜鲜明地建立公平、正义、合理、诚信的国际新秩序。讲正义就要坚决摒弃"二战"以后形成的冷战思维和强权政治，通过对话、协商而不是对抗、武力威胁解决国际问题；反对干涉别国内政，应该根据事情本身非曲直而非自身的利益决定自己的根本立场。应该发挥联合国和区域性组织在解决国际和地区热点问题中的作用，提倡以文明交流互鉴超越文明歧视和对立、文明包容共存超越文明优越。讲信义就是在走和平发展道路过程中主张各国平等互信、言而有信，在国际事务中遵守承诺，反对双重标

---

① 《易传·乾文言》。
② 《墨子·经说下》。

准，不厚此薄彼，致力于维护国际关系公平正义，构建人类持久和平、普遍安全、共同繁荣、开放包容、清洁美丽的命运共同体。习近平总书记不仅利用多种对外交往场合身体力行向国际社会表明正确的义利观是中国自古以来优秀文化内涵的重要内容，而且正确义利观已经成为习近平总书记关于新时代中国特色社会主义对外传播重要思想理念之一，这种理念开辟了新时代中国化马克思主义国际关系中对外交往理论的新境界。那么，究竟怎样理解当代国际交往中正确义利观的本质内涵？正确义利观是指国际关系行为主体在国际交往活动中不分国家大小和经济、社会、文化等发展先后以及政治制度与意识形态等差异坚持义字当先、义利相兼。正确义利观是解决当代人类社会面临共同问题以及对国家主权原则尊重、维护和完善拓展的重要基石，体现了马克思主义国际关系理论中对外交往的基本原则。强调国与国交往中先要尊重各民族国家主权、独立和领土完整是马克思主义国际关系理论的首要原则。马克思、恩格斯在毕生的革命活动中始终将欧洲和亚洲的民族解放运动作为关注的重点，并采取各种方式声援这些民族解放运动，强烈谴责西方世界对这些民族的奴役和压迫。针对帝国主义利用坚船利炮对殖民地人民大肆压榨以及对他们民族权利、主权的剥夺，恩格斯进行了义正词严的无情揭露和批判。他明确指出，"一个大民族，只要还没有民族独立，历史地看，就甚至不能比较严肃地讨论任何内政问题"，"排除民族压迫是一切健康和自由的发展的基本条件"，"民族独立是一切国际合作的基础"。① 在国际交往中，秉持正确义利观就要强调国家不分大小和贫富，在国际活动中要尊重彼此核心利益和重大关切，要反对在国际交往中为了极端和狭隘的民族利益而对弱小国家进行政治和武装恐吓威胁以及经济控制和掠夺，推动构建相互尊重、公平合理、合作共赢的新型国际关系。习近平总书记创造性地将正确义利观贯穿中国对外交往理论和实践中，在对外交往中彰显中国国家利益观的精髓。中共十九大通过的《中国共产党章程》明确提出，"在国际事务中，坚持正确义利观，维护我国的独立和主权，反对霸权主义和强权政治，维护世界和平，促进人类进步，推动构建人类命运共同体，推动建设持久和平、共同繁荣的和谐世界"。在国际交往中坚持正确义利观充分体现中国坚持走和平发展道路、尊重他国主权和核心利益，在

---

① 马克思恩格斯全集(第35卷)[M].北京：人民出版社，1995：260-261.

平等互利原则基础上广交朋友的坚定意志和决心。先义后利、重义轻利、讲信义、扬正义、重道义是中华民族几千年来一以贯之的行为准则和道德规范。孔子强调"君子义以为上"(《论语·阳货》);墨子提出"义,利也"(《墨子·经上》);孟子主张"生,亦我所欲也,义,亦我所欲也;二者不可得兼,舍生而取义者也"(《孟子·告子上》)。这些观点都集中凸显了以义为先、注重义利平衡的辩证统一思想。习近平总书记提出国际交往中坚持正确义利观,不仅体现了维护国际和平与发展的大局,而且把中国实现中华民族伟大复兴中国梦的实践同世界的和平与发展密切联结在一起。习近平总书记指出:"中国人是讲爱国主义的,同时我们也是具有国际视野和国际胸怀的。"①正确义利观是新时代中国特色对外传播理论的创新,体现了习近平新时代中国特色社会主义外交思想的基本内涵和大国外交的基本价值取向——义利兼顾,以义统利,同襄合作,互利共赢。

2014年7月4日,习近平总书记在韩国国立首尔大学发表题为《共创中韩合作未来,同襄亚洲振兴繁荣》的演讲,指出:"倡导合作发展理念,在国际关系中践行正确义利观。'国不以利为利,以义为利也。'在国际合作中,我们要注重利,更要注重义。中华民族历来主张'君子义以为质',强调'不义而富且贵,于我如浮云'。去年,朴槿惠总统访华期间,在中韩商务合作论坛演讲时用汉语说'先做朋友,再做生意',生动反映了对义利关系的正确认识,深刻诠释了以义为先、先义后利的重要思想观念。"②其中的"不义而富且贵,于我如浮云"出自孔子《述而》:"饭疏食,饮水,曲肱而枕之,乐亦在其中矣。不义而富且贵,于我如浮云。"孔子以此自述其志。其本意是,吃粗茶淡饭,喝甘冽冷水,即使枕着胳膊睡觉,也感觉乐在其中。如果用不义的手段谋取富贵,对我来说犹如天上飘过的浮云。这句话表明,以不义手段攫取财富的做法不可追求、不可推崇,它从一个方面阐释了儒家"重义轻利"的价值取向。吃饭、喝水,睡觉,是人类最基本的生理需求,如果在没有任何人身限制的情况下能够吃饱喝足睡好,无疑也是一

---

① 中共中央文献研究室. 习近平关于实现中华民族伟大复兴的中国梦论述摘编[M]. 北京:中央文献出版社,2013:37.

② 习近平. 共创中韩合作未来,同襄亚洲振兴繁荣[N]. 人民日报,2014-07-05.

种人生的享受，这也是人最基本的生理享受，其他一切欲望实现的快乐都建立在这种快乐的基础之上。中国有一句俗话："家有黄金万两不过一日三餐。"一个人再富有也不过一天吃三顿饭，不可能每天不停歇地吃，位高权重和巨额财富生不带来死不带去，只能用来服务于社会和普通民众；否则，自己就必然异化为权力和财富的奴隶。作为一个普通人，富贵之心乃人之常情，但君子爱财应该取之有道，如果不择手段去获取它，结果只可能有两种：一种是心灵上的不安无时无刻不伴随自己，另一种就是最终身陷囹圄之中。无论是哪种情况，人都不可能再有自由自在、无忧无虑的精神享受了，只会令人随时寝食难安，人生何谈乐趣之有？因此，挖空心思用各种不义手段而攫取的富贵，最终仍然会风吹云散，不但不能给人带来身心的健康快乐，还会给自己和家人带来无穷的忧虑和悲哀。当然，儒家也并非完全摒弃"利"，而是主张"富而可求也，虽执鞭之士，吾亦为之"（《论语·述而》）。习近平总书记在这里引用这句话强调中国自古以来就是以正确义利观指导与世界的交往，反对在国际关系中"你少我多，损人利己、一家通吃"的行为。用古代圣贤关于自我约束的道德标准——"义利"的价值取向比喻国际交往中的行为立场，精准形象地阐释了中国国际交往中坚持互利共赢、反对唯利是图、倚强凌弱的原则立场。众所周知，近代以来，由西方主导建立的以"只有永恒的利益，没有永远的朋友""强权即真理""利益至上"为理念的国际交往原则对世界上占绝对多数的发展中国家肆意打压欺凌，特别是那种粗暴干涉别国内政、为了一己之私而不惜牺牲国际大义的行为严重阻碍了广大第三世界国家的进步发展。习近平总书记用"不义而富且贵，于我如浮云"就是旗帜鲜明地表明中国主张建立新型"以义为先，义利兼顾、互利共赢"①国际交往原则的态度，开创了国际关系中国与国交往的新篇章。新中国承继了中华民族自古以来没有对外侵略扩张的历史基因，历来重视和照顾周边国家、其他第三世界国家的利益诉求，不以大欺小、不恃强凌弱。不仅如此，新时代的中国对外交往更加重视国际道义和责任的担当。2016年1月21日，在阿拉伯国家联盟总部发表的重要演讲中，习近平总书记引用孟子的话："立天下之正位，行天下之大道"形容编织互

---

① 冯峰. 义利相兼，以义为先［EB/OL］.［2018-09-04］. 人民网，http://theory.people.com.cn/n1/2018/0904/c40531-30270065.html.

利共赢的合作伙伴网络。"①其中，"立天下之正位，行天下之大道"出自《孟子·滕文公下》："居天下之广居，立天下之正位，行天下之大道。得志，与民由之；不得志，独行其道。富贵不能淫，贫贱不能移，威武不能屈，此之谓大丈夫。"这段话集中体现了孟子心目中的"大丈夫"形象。特别是"立天下之正位，行天下之大道"具体呈现出"大丈夫"就是居住在天下最广大的居所里，站立在天下最正大的位置上，行走在天下最广阔的道路上的大写的"人"。也就是说，评判"大丈夫"的标准不是财富和权势，而是对社会道义和民族精神的担当。这样的"大丈夫"形象正是中国几千年来优秀文化传统给予当代中国人行走于世界各国之间的原则和立场。习近平总书记在此引用这句话表明了中国对中东复杂事务的态度和原则，强调中国对中东具体政策举措出发点在于中东人民的根本利益和事情本身的是非曲直。中国从没有在境外寻找代理人的传统，而是对任何全球性和地区性的争端采取劝和促谈，在全世界范围内编织互利合作共赢的伙伴网络，绝不会为了一己之私搞势力范围。提出"一带一路"倡议、构建人类命运共同体等就是这种为了全人类发展的道义和责任担当的最好明证。就此而言，除了中东地区之外，中国在全球范围内很多问题上充分体现了重道义、守承诺、负责任的大国担当。其中，对国际和平坚定不移地维护和争取，在国际交往中不分国家大小一律平等相待并且为广大发展中国家积极创造条件，鼓励他们搭乘中国发展快车的风格就是弘扬国际道义的具体表现。

3.5 运用互联网思维对外阐述中国立场是习近平总书记践行国际传播的重要方式

自 20 世纪 60 年代末开始进行互联网技术研制到互联网在人类社会生活中的广泛应用不过短短 30 年时间。当下，互联网作为信息技术发展的最重要成果，正在深刻地改变着人类的思维模式和行为方式。这种改变不仅体现在人类社会生活的各个角落和个体的生活习惯中，而且还突出体现在国际关系的各个领域和层

---

① 习近平. 共创中阿关系的美好未来［EB/OL］.［2016-01-21］. 新华网，http://www.xinhuanet.com//world/2016-01/22/c_1117855467.html.

次。互联网使得全人类进入互联互通的"地球村"时代，它在给人们提供便利而优质生活的同时，也在事实上扩展着人类的时间、空间概念和距离。鉴于此，互联网时代世界各国之间的交往随着信息技术发展而发生了何种变化，这些变化对于构建以共商、共建、共赢的新型国际关系又将产生何种影响都是新时代中国特色对外传播工作的重要内容。习近平总书记敏锐地观察到信息技术对国际关系领域所形成的前所未有的重大影响，将互联网思维作为治国理政的重要理念，以互联网思维思考并着眼于新型国际关系构建和全球治理体系改革创新，在重要国际交往场合对外阐述互联网对国际关系民主化和世界各国维护主权独立、安全和自身发展利益的意义，赢得了国际社会认可和赞赏。作为中央网络安全和信息化领导小组组长，习近平在关注互联网对国际关系变化形成的不同于传统信息流动带来影响过程中，不失时机地利用各种重大国际交往场合呼吁国际社会充分利用信息技术发展成果不断深化各种不同文明的交流互鉴，鼓励世界各国运用互联网思维对待和处理全球面临的共同问题，同时也提醒世界各国互联网绝非法外之地，任何国家都不能借助互联网互联融通功能肆意干涉别国内政、损害他国利益，互联网并非意味着一个国家可以随意践踏他国主权。不仅如此，习近平高屋建瓴地提出世界各国在构建高效互联网体系、强力助力各国实现自身美好生活梦想和保障本国互联网主权安全的同时，还应该充分利用互联网空间创造性地开展合作互助的对外交往活动，依靠不断强化互联网思维促进经济全球化和文化的交流融通，以实现全人类建设互联互通、和谐共建、互助共赢的美好世界愿景。所谓互联网思维是指伴随着信息技术的发展，人们在观察、思考和解决问题过程中充分运用互联网信息技术关于互联互通的优势如：大数据、云计算等，以平等、开放、包容心态科学对待事物发展的思维模式。这是互联网技术发展和应用实践在思想上的主观反映，这种主观反映经过沉积而内化而成为人们思考和解决问题的认识方式或思维结构。互联网思维具有与传统思维模式显著不同的特征，主要体现在：

首先，高度重视信息技术创新和发展是互联网思维显著特性，凡是具有互联网思维的人无不关注以互联网为代表的信息技术创新发展和升级换代。就此而言，重视互联网技术发展就初步具备了形成互联网思维的条件。换句话说，是否重点关注互联网技术发展，可以被看作是否具备互联网思维的第一个标志。之所以将重视互联网技术发展放在首位，就是因为只有重视互联网技术发展才可能形成互联网思维，从而改变人们对互联网技术发展的不求甚解的模糊态度。只有深刻认识到互联网技术对现实生活发生的革命性变革，努力发掘互联网技术发挥作用内在逻辑，充分阐释互联网技术产生各种效益的根本特点，互联网思维才有可能真正被确立下来。新时代中国特色对外传播工作确立互联网思维，既要看到互联网给人们带来的海量信息流动和便捷的信息传播渠道，还要看到互联网在给人们带来信息互联互通的同时也会对各个国家的信息主权安全形成潜在的威胁，更应该在国际交往中大力倡导互联网在实现各个国家追求幸福美好生活梦想和构建人类命运共同体过程中所发挥的文明交流互鉴的独特功能。

其次，将互联网技术深入运用于社会生活中的各个领域是互联网思维的第二个特征。无论是对于社会个体成员或组织机构，互联网思维的确立与互联网技术在其日常生活中的实际应用密不可分。只有对互联网应用的切身体验，才能真正感受互联网如何改变日常生活以及伴随着这种改变带来了何种便利和益处。从经济领域视角看，越来越多的人使用互联网，围绕互联网不断强化服务、扩大规模，才会让互联网经济显示出传统经济形态不可比拟的优势。比如，互联网文化产品被相关文化领域从业人员创造出来以后，服务于互联网文化产业消费者与生产者在这个过程中又通过互联网而相互适应，消费者适应生产者所创造的互联网商品，同时也在消费的过程中给予生产者更多产品性能、作用和消费者运用感受等的反馈。这为强化生产者和消费者的互联网思维提供了重要相互参照价值。自从互联网大规模地应用于社会生活以来，几乎对所有已知传统行业和传统的管理模式都受到巨大冲击，如：打车软件的出现冲击着传统出租车行业、传统的餐饮行业受到外卖的巨大冲击、互联网金融所体现出来的方便快捷无疑逐渐吞噬着传统的金融业务、移动互联网资讯冲击着传统的电视和纸质媒体等。当然，互联网应用当中本身存在着诸多问题如假冒伪劣、侵犯隐私、信息垄断、过分广告等。总之，互联网思维是人类思维发展模式与时俱进的产物，它将形象思维、逻辑思维、创新思维以及与之密切相关的各种思维方式有机联系在一起，并直接决定着人的思想理念。互联网思维在国际关系领域的直接体现就是对全球化理念和现象的强力支撑，它以前所有未有的革命性变革考验着人们对传统民族、国家、国际交往理念的重新审视。客观上讲，互联网所有的互联互通、方便快捷的特点在促进全球化发展过程中发挥着独特的功能，为人们强化全球化理念提供了现实的技术基础，也促进了世界各国在互联互通的便利条件下实现信息更好的合作交流和市场的共建共享。互联网思维强调"民主""开放""参与"，强调"我思献人人、人人助我思"①。就此而言，互联网的发展离不开大家的广泛参与，而互联网规则也需要大家共同制定，互相尊重。2014 年 11 月，习近平致信在中国乌镇召开的首届世界互联网大会。习近平的贺词强调"互联互通共享共治"，其所倡导的价值观、安全观等也是"互联网思维"的典型体现。与此同时，伴随互联网发展而形成的网络文化能够借助技术的力量模糊民族和阶级的差异，这在一定程度上弱化了人们的国家和民族意识，而且也相应地会冲击建立在民族—国家意识基础上的爱国主义思想和文化归属感。

3.5.1 运用互联网思维积极开展对外文化交流

习近平指出："现在人类已经进入互联网时代这样一个历史阶段，这是一个世界潮流，而且这个互联网时代对人类的生活、生产、生产力的发展都具有很大的进步推动作用。"②其中，互联网运用最直接的成果就是加剧全球化发展。可以说，刚过去的 50 年是互联网功能和作用发生急剧变化的时间段，它由最初在电信领域的应用发展到现在人们可以通过互联网在任何时间、任何地方实现聊天、购买，在极大地方便人们生活的同时，更是以瞬息万变的速度加速全球化进程，没有人能够抛弃和拒绝。全球化进程自欧洲航海探险运动以来已经走过了数百年历程，当前正在信息技术推动下以前所未有的速度加速发展。文化作为全球化进程中重要领域，在互联网快速发展的今天也正在以全新的方式在全球范围内交流与融通。借助于互联网，人们可以足不出户随时欣赏到世界各国的地域风情、历史传统和民族特色，也就是说，互联网以一种春风润物的方式，逐渐扩大了不同历史传统背景的国家民众之间的文化交流、增进了他们的相互了解，扩大了世界各国之间交往的民意基础。互联网技术使得人类全球意识普遍崛起，从而产生了

---

① 学习小组. 习近平的 6 个"互联网思维"［EB/OL］.［2014-11-21］. 人民网，http://yuqing.people.com.cn/n/2014/1121/c210107-26068049.html.

② 卢舒倩. 在腾讯公司"让民族互联网产业走向世界"［EB/OL］.［2012-12-12］. 凤凰网，http://news. ifeng. com/mainland/special/xijinpingshenzhen/content-3/detail _ 2012 _ 12/13/20121354_0.shtml.

事实意义上的"地球村"，将人类命运紧紧连接在一起。世界上不同的国家和民族，在长时间历史积淀中形成了各具不同形态、内涵各异的文化以及与这些文化相伴而生的不同的生活方式，这是全球文化多样性的重要组成部分。应该说，互联网在推动世界各国不同文化交流的实践中，具有其他许多传播手段没有的优势，比如：传播的即时性、海量性以及包括音视频在内的传播形态的多元性，赋予了全球多元文化交流互动、融合互鉴的新动能。相对于文化作为人们生活习惯和生活方式以及价值追求的体现，互联网已经远远超越了纯粹技术应用的范畴，它已经成为一种文化形态而呈现在人们的日常生活中。特别是近年来，随着新的信息技术因共用层出不穷，互联网形态在不停变化着全世界的交流合作也越来越多，互联网在促进各国不同文化的发展和文化公平方面发挥的作用越来越凸显出来。网络空间不断给文化交流带来新机遇。人们在传播自身原有文化的同时也应该放眼全世界，与不同文化进行面对面交流。在互联网上传播自己国家文化、积极发声的同时，还应该积极传播分享世界各地不同的文化，通过不同文化交流使这个世界变得更加美好。

但是，互联网中不同文化交流应该提倡包容、互鉴，这种包容互鉴绝非意味着文化可以同质化。其原因很明显，文化具有显著的价值观导向和意识形态取向。毫无疑问，近代以来对民族国家而言，文化自信是支撑一个国家和民族软实力的重要基础，它对于民族国家的发展而言是一种更坚韧、更持久、更厚重的力量。当代的"文化入侵"具有主观性、自发性和目的性，更多地表现为经济水平相对发达国家特别是以美国为代表的西方所谓"优势文化"对其他民族文化的有意识的渗透、某种意义上的强制输出以及发展中国家用户对本国文化兴趣及自信的缺失。同时，发达国家向发展中国家输出的文化中既包括优质文化也包括低俗文化，这对于经济发展水平较为落后、相对缺乏文化自信的民族、国家而言产生的影响是深远的，它不仅能够动摇本国民族文化的根基，而且也有可能导致本国民族文化与外来文化产生激烈的冲突，无论哪种情况都将对国际关系、民族关系产生负面影响。由此可见，在互联网技术极大增强各国、各民族不同文化交流的同时，更应该提倡文化自信。鉴于此，互联网导致文化交流中出现的转向面临的一个不可回避的问题就是，不同历史文化传统和政治制度的国家在互联网背景下如何对文化转向设置符合各国自身利益的价值尺度和标准，亦即怎样正确引导互联网意义上文化交流中的自觉意识。也即是说，在互联网文化交流中，人们如何寻找出一个国家相关管理机构认可而且用户接受的文化转向自觉的标准和边界，并且在能够符合技术发展内生规律和满足市场实际需求方面取得平衡应该成为一个认真思考并着力解决的现实和理论问题。对于任何民族国家来说，都有确保互联网文化交流中本民族文化传统能够不受其他外来文化主观强制或随意改变的权利，即通过互联网文化交流中保证各国文化多样性不被所谓具有"优越性"文化以各种形式或手段同质化，从而尽可能地减少或者避免互联网文化交流中由于文化的转向而产生的负面影响和消极后果，有效地保障文化行为主体特别是包括未成年人网络用户的合法权益。对于中国而言，一个日益强大的、自信的、重新走向世界文明舞台中央的东方社会主义国家，也需要充分利用信息技术和互联网传播优势，不断拓展与提升自身与世界各国的跨文化沟通能力和交往能力。这首先要求中国故事的讲述者在对外传播中要通过诸如大数据调查、深度访谈、交往互动等多种方式了解国内外受众的信息接受特点，针对不同国家和地区受众习惯"精准化"进行内容和形式的"定制化"传播；另外也要充分动员国内外各种传播手段和载体，特别是活跃在各行各业与中国长期交往、了解中国的著名专家或其他知华懂华爱华的"中国通"，邀请他们讲述新时代发展变化中的中国故事，把对外传播和跨文化传播中存在的语言和文化障碍化解在内容丰富多彩、形式多种多样的日常来往中。随着全球化的不断发展和深化，不同国家和民族、不同历史传统和宗教信仰的文化交流在互联网传播助力下更加频繁。世界各国在秉持共建共享发展理念基础上，应该不断拓展文化交流，在更多领域、更深层次上相互吸收借鉴世界各地优秀文化的精华和精髓，从而使之不断发展成为丰富自身文化的新鲜血液。在互联网时代，让世界更好地了解中国，让中国更好地走向世界，这既是中国对互联网的态度，也是中国对世界的承诺。

3.5.2 对外阐述倡导建立国际互联网治理体系的中国方案

作为新时代高科技发展产物，互联网为人类提供了一种自文明史以来全新的信息传播方式和社会交往方式，极大地改变了人类社会的生产方式和社会关系，对于人类各种不同文明的交流和融通，起到了无比强大的推动作用，并以前所未有的深度和广度改变着人类社会结构的面貌和人们的思维模式，重塑着民族国家的政治、经济、社会、军事、文化形态，也对国际关系变化带来了重要而深远的影响。在世界范围内推动互联网有序发展、坚持互联网国家主权原则，必须以建立良好国际互联网治理体系为基础。国际互联网空间治理以及国际互联网命运共同体的共建，不仅需要世界各国参与其中，而且需要高度重视、相互信任、齐心协力、才能使传播沟通变得有效，才有利于在各国之间开展平等对话。中国在处理好网络对外开放和网络主权独立之间关系的同时，支持并鼓励在世界范围内构建交流融通的互联网世界。习近平总书记高度重视世界各国互联网安全问题，强调世界各国应该把互联网安全问题放在信息安全的核心位置，作为国家安全体系的重要部分。互联网安全问题作为全球关注的焦点，面临的挑战愈加艰巨。维护互联网安全对于民族国家和世界的和平发展都具有极为重要的现实意义，它不仅是中国网络健康发展的前提和基础，同样也是全世界互联网能否良性持续发展的必要条件。以互联网思维树立科学网络安全观，能够强化世界各国互联网管理能力，及时有效地进行互联网国家主权安全和知识产权保护，努力共筑互联网安全防线，从而形成互联网安全新格局。作为互联网安全的坚定维护者，中国将互联网安全与国家主权和发展放在同等重要的位置。在大力加快信息传播速度、加速全球化进程的同时，各个国家需要牢牢守住信息主权不可侵犯的底线。任何国家或地区都应该依照相关法律和国际公约，对出现不利于互联网安全的行为或情况予以管理和打击。中国作为负责任的大国，依法从全局性、长远性、根本性的观点完善和创新国际互联网治理体系，推动形成"公平合理、立治有体、实施有序"的互联网空间新面貌的形成。中国支持倡导"互联网主权"原则，在互联网空间治理中积极响应联合国主导的"新兴国家模式"。作为国际互联网治理体系的中国方案，中国对互联网变革有思路，体系建立有想法，治理问题有担当。互联网安全有序地发展离不开世界各国对互联网主权及信息安全理念的认同。中国作为发展中大国，伴随着经济实力不断增长，国际地位不断提高，对于维护世界互联网安全与发展具有不可推卸的责任与义务。中国积极倡导按照和平、安全、合作、开放的原则建设符合各个国家国情的互联网公共政策，构建安全可靠的互联网安全空间及保障体系，并呼吁各个国家开展合作对话，不断打造合作亮点，通过相关法律法规规范互联网平台，提供互联网安全保障，构建网络空间的良好秩序。网络空间不是任何人、任何机构或任何国家可以随心所欲对其他人或国家进行肆意侵犯的法外之地。与现实世界需要法律、道德、规则对人进行制约一样，它同样需要一定的法律、规则和秩序对所有网络行为主体进行严格约束，防止一些网络行为主体对其他人、机构或国家进行网络"侵犯"。实事求是地说，当前世界互联网领域不断出现的发展不平衡、法律和规则不健全、秩序不合理等问题日益凸显，特别是发达国家对广大发展中国家进行的信息倾泻现象日甚一日，推进全球互联网治理体系改革和创新的声音此起彼伏。

习近平顺应互联网迅猛发展的时代大势要求，不失时机地为世界提供构建全球互联网治理体系的中国智慧和中国主张，为构建新型全球互联网治理体系提供了根本遵循。在第二届世界互联网大会上，习近平提出了推进全球互联网治理体系变革的中国方案，这也是中国在互联网全球治理领域作出的具有里程碑意义的重大贡献。首先，尊重国际互联网主权是世界各国进行互联网治理体系改革的基石和灵魂。根据《联合国宪章》和其他一系列重要国际法，尊重世界各国主权独立和领土完整是最基本的准则，它包括国与国交往中的所有领域，而且不分国家大小和贫富与否。毫无疑问，这个准则也适用于国际互联网空间。其次，维护和平安全是国际互联网治理体系改革创新的基本要求。安全对于任何国际社会大家庭的国家和人民来说是最基本的前提，没有信息安全，国家安全和社会公众安全也就无从谈起。就此而言，创新改革国际互联网治理体系必须以安全为基本保障。全球化时代，世界各国人民唇齿相依、命运与共，没有任何一个国家或地区能够离开世界整体的安全而独善其身，也绝不能允许任何国家谋求将自身安全建立在其他国家不安全的基础之上。因此，世界各国必须坚持合作、综合、共享、可持续的安全观。再次，必须以促进开放合作改革创新国际互联网治理体系。中国有句古话："天下兼相爱则治，交相恶则乱。"①意思是，如果天下人与人之间都相亲相爱，国家与国家之间也就不再会有攻伐，家族与家族之间不再相互伤害，群臣父子之间做到忠顺慈爱，这样的话天下就治理好了。否则，如果人们之间互相伤害，诸侯相互攻伐，国家怎么可能不乱？互联网作为开放性空间领域所提供产品从某种意义上是一种全球性公共产品。如果没有合作，互联网不可能做到全球范围内的良性共同发展。最后，构建良好秩序是改革创新国际互联网治理

---

① 《墨子·兼相爱第十四》。

体系的保证。自由和秩序是辩证统一的关系，二者必须协和共生、缺一不可。从根本上来讲，网络空间同现实社会一样，都需要自由和秩序。而自由和秩序不是对立的，二者是相辅相成、相互共生的，自由建立在秩序的基础之上，秩序又为自由提供了保障。尽管网络空间是虚拟的，但运用网络空间的主体是实实在在的人和组织。因此，网络行为主体无论其背景如何都应该遵守法律，明确各方权利义务。

习近平借助世界互联网大会以及与国际友好人士会见等机会对外阐述中国关于互联网发展的意见主张，并具体提出关于国际互联网改革创新的四条原则一方面反映了中国作为世界上最大的发展中国家对世界互联网发展所持开放包容的态度和严格依照法律秩序运营的鲜明立场；另一方面四条原则也全面反映了广大发展中国家利益，对于维护公平合理正义的国际互联网治理体系具有重要的指导性意义。这四条原则体现出了新型国际互联网治理体系不同于旧的国际秩序的鲜明特征。这些特征集中体现在习近平给首届世界互联网大会的贺词以及在第二届世界互联网大会开幕式上的讲话中，即：多边性、民主性、透明性是改革创新并建立新型国际互联网治理体系的方向和突出特征。首先，国际互联网治理体系改革创新的"多边性"特征能够集中体现汇聚世界各国力量才能谋合作、促发展的现实。这个世界是人类共同的世界，而不是哪一个集团或国家的世界。互联网在世界范围内的运用从本质上揭示了其所体现出来的互联互通的功能，这种功能不是某一个国家的专有权利，而应该世界各国共享。这就要求，构建全球互联网治理体系，必须集体参与、多边合作，在应用过程中应该兼顾到对每个互联网行为主体的尊重。其次，民主性是构建新型国际互联网治理体系的第二个显著特征。民主是自文明社会发展以来人类的普遍追求，尽管各文化传统不一样的人们对民主的理解和认识不尽完全一致。但不管如何解构民主概念和理论，一个关于民主理解的不能忽视的共识是，参与是民主的最本质性特征。这种特征集中体现在一个共同体内，所有成员（不包含智障者、违法者、未成年人）都有均等机会参与其所在共同体内所有公共事务的权利，而且这种权利不因为肤色、宗族、宗教、受教育程度、职业的不同而有所区别。国际互联网治理体系改革创新本来就是世界各国的事情，理应由世界各国共同参与，大家一起齐抓共管，这才是世界的命运由各国人民共同掌握。也就是说，构建新型国际互联网空间治理体系，不能由个别国家或几个国家说了算，必须由世界各国共同参与才能从最根本上体现互联网各行为主体的共同利益，这才是改革国际互联网治理体系中民主性的集中体现。这种体现要求世界各国在互联网治理中共同参与，充分发挥政府、国际组织、互联网企业、技术社团、民间机构、公民个体的主体性作用，坚持多边参与、不搞单边主义；充分发挥各互联网行为主体参与科学决策的积极性、主动性和创造性，才能实现国际互联网高效治理和持久稳定。再次，透明性是国际互联网治理体系改革创新的根本特征。国际事务中的暗箱操作时代已经被扔进了国际秩序重建的垃圾堆。透明是一切民主社会的本质，只有透明才能保证信息的真实和良性流动；只有透明才能增加社会系统运营过程中的信任；只有透明才能有效避免人们之间的猜忌。改革和创新国际互联网治理体系没有透明的过程，就不可能有效地积聚信任。一个必须正视的事实就是，当前发达国家利用自身强大的经济和技术实力已经实质掌控国际互联网，正是在这样的情况下，国际互联网治理体系改革创新更应该坚持透明的原则，只有坚持透明的原则，世界各国才能在信息共享前提下有效监督和遏止个别发达国家对互联网世界的垄断，从根本上保证国际互联网空间世界的安全。总之，互联网作为人类文明的重要成果，为人类编织着通向更加美好的未来之网。互联网的发展同样需要全人类共管共治，只有这样，互联网带来的福祉才能为世界各国人民所共享。

4. 新时代中国国际传播对马克思主义国际传播理论的创新发展

如何将新中国成立以来的中国共产党执政成果、改革开放以来中国的巨大成就以及中国重新走向世界文明舞台中央的道路选择和应对人类共同面对问题的中国智慧、中国方案真实客观地呈现给国际社会，从而向世界展现一个真实、立体、全面的中国形象已经成为新时代中国对外传播工作亟待解决的迫切问题。习近平总书记关于构建人类命运共同体、对外讲好以"中国梦"为核心的中国故事、坚持正确义利观、推动"一带一路"倡议和一系列新对外交往观、安全观、合作观、文明观、全球治理观等在内的新型对外传播话语体系，并在尊重新闻传播规律和新兴媒体发展规律的前提下建立具有强大传播力、公信力、影响力新闻传媒集团的对外传播思想，既超越了中国传统对外传播思想，也超越了传统国际关系理论框架；既蕴含着丰富的中国智慧，也提供了解决人类问题的中国方案，把新时代中国特色大国对外传播推进到新高度、新境界，开创了中国特色对外传播工作的新局面。

新时代马克思主义中国化国际传播思想是在世界面临百年未有之大变局、中国特色社会主义进入新时代的背景下不断形成发展起来的，它为应对经济全球化势不可挡大环境下西方主要国家内部民粹主义势力不断抬头、中国国际地位不断提升并且承担国际责任和义务不断增多、新兴媒体形态日益多样化、国际舆论场复杂多变的环境下如何提升中国国际话语权指明了方向。国际话语权是构建并主导国际舆论场的基础和前提。国际舆论场生存和发展及其影响广度和深度虽然从根本上取决于国际关系行为体在世界政治经济和军事格局中的硬实力，但是，国际话语权和国际舆论场域反过来能为硬实力的发挥提供强大的动力。尤其需要指出的是，现代国际关系中文化传播过程中的输出性和渗透性以及与此相关的国际话语权和国际舆论场域已经成为展现国家形象的重要软实力。因此，对于国际关系行为体来说，国际话语权和国际舆论场域在一定程度上直接反映了其在国际事务活动中发挥作用的大小。西方国家凭借其强大的政治、经济、技术和军事实力以及强势的文化渗透和输出，长期把持并垄断国际话语权和国际舆论场域。对于发展中国家来讲，要打破西方国家的这种话语垄断就必须联合起来形成话语合力，从而逐渐建立起一种新型的、公平合理的国际话语体系和国际舆论场域。而要构建新型国际话语体系和国际舆论场必须提升在国际舆论场中的话语权。

因此，国际话语权已经成为当代民族国家文化软实力重要的组成部分和体现。所谓话语权，简单讲就是引导或控制舆论能力及与其相关的权力。国际话语权主要指国际政治活动主体在全球范围内进行信息传播的公信力、引导力和影响力。长期以来，西方国家利用其先进的技术和资金优势，在国际舞台上操控并主导着国际话语权。新中国成立以后，特别是经过 40 多年的改革开放，中国经济已然取得了前所未有的巨大成功。而与这种成功相伴而来的则是"有些人开始担心，也有一些人总是戴着有色眼镜看中国，认为中国发展起来了必然是一种'威胁'，甚至把中国描绘成一个可怕的'墨菲斯托'，似乎哪一天中国就要摄取世界的灵魂"①。因此，如何打破西方国家对国际话语权的垄断，不断在国际舞台上提升中国的话语权成为新时代对外传播思想不可分割的有机组成部分。

新时代马克思主义中国化国际传播思想是在全面总结新时期中国对外交往工作和传统媒体与新兴媒体融合发展实践基础上不断形成和发展起来的马克思主义中国化当代化最新科学理论的重要成果，其内容博大精深，既是对马克思主义对外交往理论的继承和发展，也是习近平新时代中国特色社会主义思想理论体系不断创新的重要组成部分。具体来讲，新时代对外传播思想对马克思主义中国化对外交往理论的创新发展体现在以下两个方面：

首先，新时代中国国际传播改进和创新了长期以来已经不能体现中国实际国情的对外传播方针和政策，深刻反映了新时代中国特色社会主义对外传播工作的

---

① 熊争艳，侯丽军. 向世界发出中国走和平发展道路的强音——专家解读习近平在德国发表重要演讲 [EB/OL].［2014-03-29］. 新华网，http://www.xinhuanet.com/world/2014-03-29/c_1110008413.htm.

客观实际。改革开放以后的较长时间内，中国为了确保改革开放有一个和谐稳定的国际环境，对外长期实行"韬光养晦、不打头"的对外工作总思路，这一总思路一方面毫无疑问为尽可能排除外界干扰一心一意专注于经济建设而赢得了时间；另一方面随着改革开放取得巨大成就和中国际地位不断提高，中国担负的世界责任和国际义务相应地也在不断增加，以美国为代表的一些西方势力为了巩固自身在全球范围内的"霸主"地位，不惜采用各种方式对中国整体的国家发展战略妄加非议、造谣中伤甚至动用各种卑劣手段对中国进行打压，如在中国和周边国家之间无事生非、制造事端、对中美人文交流设置种种障碍、对中国高科技企业无端指责并恶意打击等。鉴于此，走进社会主义新时代的中国客观上需要对对外传播指导思想和原则进行必要的调整。总体上来说，新时代马克思主义中国化国际传播思想是在改革开放取得巨大成就、中国特色社会主义顺利走进新时代、国内社会政治经济文化军事等各个领域和人们的思维模式、社会结构都发生重大变革以及回应国际社会有关中国应在国际事务中发挥更大作用的背景下逐渐形成和发展起来的，顺应了中国目前所处的国际国内形势和信息技术发展环境。特别是当前情况下，中国的改革开放已经进入啃硬骨头的深水区，无论是从意识形态方面还是从经济可持续发展角度，都需要创造一个有利的、稳定的、和谐的外部环境。而要营造良好的外部环境，就必须对外界有一个精准的认识以，还要针对外部客观世界制定切实可行的对外传播方针政策并采取灵活机动的对外工作手段和方式。新时代对外传播思想不仅告诉我们如何认识当今世界，更重要的是提供了怎样应对变幻多端的国际环境的方式和方法。就此而言，新时代对外传播思想为我们如何与外界打交道提供了科学的认识论和方法论。

其次，新时代中国国际传播以更先进的理念、更富时代特征的话语内容、更灵活的传播方式打破了以往中国国际传播中固有的僵化模式，为应对新兴媒体不断发展变化环境下如何构建中国特色国际传播话语体系和提升国际话语权引领方向。其中，建立起具有强大公信力和影响力的新闻传媒集团，将中华优秀传统文化以及当代中国核心价值观念以海外受众喜闻乐见方式讲述中国故事传播好中国声音的思想，开创了我国对外传播工作的新局面。显然，习近平已经关注到建立在互联网技术基础上的新兴媒体在对外传播中发挥的巨大功能及其呈现出来的新闻传播固有的内在规律性。因此，他强调要发挥好新兴媒体在提高国际话语权中的功能和作用。习近平对媒介技术发展及由此而导致的媒体形态及其对外传播功能、规律变化的敏锐认识不仅体现了他对新闻传播工作的重视，更反映了他作为领导人的高瞻远瞩以及所具备的与时俱进的战略家智慧和勇气。长期以来，刻板僵硬的政策宣传、官方外交特别是政党交往中不接地气的、神秘的"高、大、尚"作风和简单抽象的意识形态说教早已不适应不断变化发展的国际舆论场。如何将改革开放以来中国取得的巨大成就真实客观地呈现给国际社会，从而向世界展现一个客观、多元、立体、全面的中国形象已经成为对外传播工作亟待解决的迫切问题，新时代马克思主义中国化国际传播思想为此给出了明确答案。具体体现在：第一，新时代马克思主义中国化国际传播思想建立在对国内国际局势的精准判断和把握上，更加明确了新时期中国对外传播的具体目标和任务，这就是以"中国梦"和构建人类命运共同体为主线；中国特色道路自信、理论自信、制度自信、文化自信为红线；推动"一带一路"倡议和改革创新全球治理体系为抓手全面塑造"文明大国、社会主义大国、东方大国和负责任大国"①的国家形象。第二，新时代马克思主义中国化国际传播思想明确强调改变对外传播方式和方法，将政府外交、公共外交和民间外交有机结合起来，改变自说自话的对外传播模式，以中国优秀传统文化为依托说别人能听进去、听得懂、理解得了的语言，从而形成中国特色对外传播话语体系并占有国际话语权。第三，新时代马克思主义中国化国际传播思想强调在对外交往活动中讲好中国故事、有效传播中国声音的同时，对于外界的质疑甚至造谣中伤在做好解释工作的同时，必须坚决利用事情本身的是非曲直进行回击和应对，特别是涉及国家主权和领土完整、社会主义制度、党的领导以及民族政策等方面绝不能回避躲闪。

4.1　新时代中国国际传播思想与马克思主义对外交往理论一脉相承

新时代马克思主义中国化国际传播思想与马克思主义对外交往理论一脉相

---

① 赵婀娜. 清华大学国家形象传播研究中心成立[EB/OL]. [2014-12-16]. 中国青年网，http://news.youth.cn/jy/201412/t20141216_6266137.htm.

承，这种一脉相承体现了无产阶级政党不断随着时代发展变化而不断丰富、完善和创新指导思想并将这种思想又指导实践的鲜明的历史唯物主义和辩证唯物主义理论品质。马克思主义对外交往理论是马克思主义经典作家关于近代以来民族国家之间交往关系的本质阐释，也是指导无产阶级政党和社会主义国家开展对外交往工作的理论指南。

马克思主义经典作家关于国与国之间交往关系的论述主要体现在以下几个方面：第一，国与国之间交往关系的产生与一定生产力发展水平密不可分，它是人类进入阶级社会以后伴随生产力发展水平不断提高，而且生产力在生产关系反作用的前提下不断形成和发展起来的。也就是说，只有国家出现以后，国与国之间的交往关系才产生，这说明国家的对外交往是一个自然的历史发展过程，这一过程由最初独立的经济交往逐步发展到多元的社会交往，从而成为社会运动的一部分。第二，国与国之间的交往关系随着生产力水平的进一步提高和社会的更加进步而不断发展进步。从人与社会关系来讲，国与国之间的交往关系属于人类社会关系的一种，不可避免地受到社会各个方面因素的影响，这就要求国家对外交往必须顺应其他社会关系，否则就会产生社会矛盾并因而导致社会发展受到影响。第三，国与国之间的交往关系往往由于代表国家的阶级和利益集团不同而呈现出多种矛盾二重性特征。换句话说，国与国之间关系实际上是由掌握国家政权的阶级之间的关系决定的，因此这种关系包含着阶级与阶级之间的矛盾、阶级内部之间的矛盾、阶级与阶级之间的对抗性矛盾、阶级内部的非对抗性矛盾以及作为国与国关系之中的普遍性与特殊性之间的矛盾，上述各种矛盾之间又呈现出对立统一的辩证关系，因为各种矛盾的发展既有斗争也有统一。第四，近代以来民族国家之间的交往建立在世界市场形成基础之上，具有其形成与发展的客观必然性。马克思曾经说过："由于开拓了世界市场，使一切国家的生产和消费都成为世界性的了。""过去那种地方的和民族的自给自足和闭关自守状态，被各民族的各方面的互相往来和各方面的互相依赖所代替了。"[①]不仅如此，由于资本主义市场经济发展导致的资本主义基本矛盾的不断爆发，资本主义社会不可避免地会多次经历由经济危机诱发的政治危机以及对外交往等社会关系危机。不可否认，马克思

---

① 马克思恩格斯选集(第1卷)[M]. 北京：人民出版社，2012：404.

主义承认资本主义在推动社会历史进步过程中曾经发挥过积极作用，即资本主义生产关系在其形成和发展初期对于包括国家交往关系在内的社会关系发展曾经产生过积极的推动作用。但是，马克思主义对外交往理论从本质上揭示了资本主义统治对包括生产力发展和国家对外交往关系在内的社会破坏性，这种破坏性随着资本主义矛盾周而复始地发展，逐步演变成现代一切社会矛盾的根源。特朗普任总统期间，美国不断采取从国际社会"退群"（包括在一些领域与其盟国脱离）行为，从而引发美国与其他国家关系紧张就是说一个最好的证明。第五，马克思主义对外交往理论从来毫不隐讳地承认社会主义国家对外交往有着自己的目的性。1848 年，马克思恩格斯在全世界共产党人的共同纲领《共产党宣言》里明确指出："共产党人可以把自己的理论概括为一句话：消灭私有制。"①很显然，由共产党人执政的社会主义国家也必然会紧紧围绕着自己的共同纲领对外开展交往活动。需要指出的是，由于历史发展的阶段性不同，处于不同阶段的社会主义国家在同不同国家开展对外交往中也会在手段、内容、策略和方法等方面不尽一致，但交往的最终目的，即在全人类实现共产主义则是不变的。总之，马克思主义对外交往理论解释了国家之间交往的本质是商品关系，国与国之间交往关系和生产关系一样都是经济发展的产物。

4.1.1 新时代中国国际传播思想继承发展了马克思主义对外交往理论

新时代马克思主义中国化国际传播思想深刻揭示了全球化背景下国与国之间交往关系的本质，是指导新时代中国特色社会主义对外传播工作的根本理论指南，是对中国化马克思主义对外交往理论的继承和创新发展。这种继承发展不是对既有书本理论机械性的阐释和行动，而是结合变化着的实际情况不断丰富和拓展对原有理论的认知和实践。习近平总书记继承和发展马克思主义对外交往理论主要体现在以下几个方面：

首先，新时代国际传播思想继承和发展了马克思主义经典作家和毛泽东、邓小平等关于对外传播的思想。对一种思想理论的继承离不开对这种理论从知识体

---

① 马克思恩格斯选集(第 1 卷)［M］. 北京：人民出版社，1972：256.

系到实践环节进行追本溯源。即是说，"继承"什么最关键的是必须搞清楚这种继承的"来源"是什么；否则，对继承的"源泉"不清楚，就会造成理论阐释的混乱。毫无疑问，新时代马克思主义中国化国际传播思想直接源自马克思主义经典作家和中国共产党历代领导人关于对外交往工作的一系列文章、著作、讲话、指示和实践经验总结等，是对他们对外传播思想的继承。自19世纪40年代马克思、恩格斯创立科学社会主义理论以来，无产阶级国家交往思想及与之相关的对外传播理论已经历了170多年的发展历程，早期以马克思、恩格斯等共产党人阶级观、国家观和新闻观为代表对资本主义国家交往实质从生产力和生产关系、商品经济等不同角度进行了揭示与论证，列宁接着结合俄国布尔什维克开辟的社会主义国家建设实践阐述了一系列对外交往的基本原则和指导思想，这些理所应当地成为新时代马克思主义中国化国际传播思想的根本理论来源；中国共产党在领导人民争取民族解放和国家独立、社会主义建设、改革开放进程中形成了将马克思主义基本原理与中国实际情况相结合的具有中国优秀文化传承特色的科学系统的社会主义国家对外交往理论体系。具体来讲，以毛泽东为代表的中国共产党人在长期革命战争和新民主主义以及社会主义建设探索时期在马克思列宁主义对外传播理论基础上形成了中国化马克思主义对外传播理论的第一次飞跃——毛泽东外交思想。应该说，毛泽东也是中国特色社会主义对外传播理论的奠基者；以邓小平、江泽民和胡锦涛为代表的新中国领导人在开放实践中逐渐形成了中国化马克思主义对外传播理论的第二次飞跃——中国特色社会主义外交思想体系，而毛泽东外交思想和中国特色社会主义外交思想体系则成为新时代马克思主义中国化国际传播思想的直接理论来源。从本源上说，新时代马克思主义中国化国际传播思想对马克思列宁主义对外交往理论的继承和发展，就是对根本理论渊源的继承和发展；对毛泽东外交思想和中国特色社会主义外交思想体系的继承和发展，就是对马克思主义对外交往理论直接渊源的继承和发展。在具体理论主张上，马克思列宁主义对外交往理论、毛泽东外交思想和中国特色社会主义外交思想体系始终坚持无产阶级关于国家交往的鲜明党性原则，坚持为无产阶级和社会主义服务，大力倡导国家交往中"以义先行、义利兼顾"的原则，坚持和平共处、共商共建、合作共赢的方针政策，这些都成为新时代马克思主义中国化国际传播思想的核心内容和突出导向。坚持不懈地以实现中华民族伟大复兴为使命推动中国特色社会主义对外传播话语体系构建是新时代马克思主义中国化国际传播思想的重要理念。习近平多次强调，对外传播是国家意志的集中体现，必须坚持对外交往的大权在党中央，对外传播工作必须坚持党的领导。习近平指出，开展对外传播工作必须统筹国内国际两个大局，为和平发展营造更加有利的国内外氛围，延长和拓展中国发展的重要战略机遇期。习近平这些论述继承并弘扬了马克思、恩格斯、列宁、毛泽东和中国特色社会主义对外交往理论，对从事对外传播工作机构和人员发挥着重要的指导作用。新时代马克思主义中国化国际传播思想是马克思主义对外交往理论中国化的最新成果，充分体现了对马克思主义和马克思主义中国化理论体系的继承和发展。十月革命一声炮响给中国传来了马克思主义，中国共产党自成立之日起就坚定地将马克思主义作为根本指导思想，并在近百年的不断探索中致力于马克思主义中国化，将马克思主义基本原理与中国革命、建设和改革具体实践相结合，进而实现马克思主义同中国实践相结合的三次飞跃。第一次飞跃是毛泽东思想的形成和发展，其中毛泽东新闻思想是毛泽东思想的重要组成部分；第二次飞跃是中国特色社会主义理论体系的形成和发展，包括邓小平理论、"三个代表"重要思想和科学发展观；第三次就是习近平新时代中国特色社会主义思想的形成和发展，这也是新时代马克思主义中国化国际传播思想的重要理论之基。

其次，新时代国际传播思想与习近平新时代中国特色社会主义外交思想科学体系相辅相成，是习近平新时代中国特色社会主义思想血肉相连密不可分的重要组成部分。如果将一种思想理论看作一棵茂密大树的主干，那么组成这种思想理论体系的各个理论分支就是这棵大树的繁枝茂叶。作为整个思想理论体系组成部分的各个思想理论分支，既离不开整个主干理论体系，又在整个主干理论体系滋养下不断丰富和完善。新时代马克思主义中国化国际传播思想来源于习近平新时代中国特色社会主义思想理论体系。主要体现在以下几个方面：在诠释新时代中国特色社会主义上，新时代马克思主义中国化国际传播思想立足于两个基本点——如何认识坚持和发展当代中国特色社会主义对外交往；怎样坚持和发展当代中国特色社会主义对外交往。在总要求上，来源于新时代中国特色社会主义事业关于对外传播工作的总要求，就是坚持构建新型国际舆论场和中国特色对外传播话语体系导向，高度重视传播手段建设和创新，提高对外传播的传播力、引导力、影响力、公信力。在具体要求上，提出紧紧围绕实现中华民族伟大复兴中国梦和构建人类命运共同体，以体现富有中国特色与时代精神、引领人类文明发展潮流的新理念新主张新倡议，不断提升走进中国特色社会主义新时代的中国国际话语权；要统筹好大国关系，推动构建总体稳定、均衡发展的大国关系框架；要以"亲诚惠容"为原则，做好周边外交工作；要进一步深化同发展中国家团结合作，推动形成携手共进、共同发展新局面；要以对外展现党和国家的卓越领导形象作为中国对外传播的重要使命，坚持不懈向国际社会发出党的声音、讲好中国和中国共产党故事。与此同时，还要尊重新闻传播规律，这是正确认识和自觉运用中国共产党对外交往规律、新时代中国特色社会主义对外传播规律和人类社会发展规律的具体体现。

再次，新时代国际传播思想来源于对人类历史上已有先进思想文化成果的扬弃。比如，关于新闻报道的时效问题也同样适用于对外传播工作，其中涉及新闻价值，而对外传播不仅涉及新闻的时效和新闻价值，而且也涉及社会责任问题。这说明，作为新闻价值和新闻的社会责任不是西方新闻观中独自享有的东西，而是人类新闻理想的普遍追求，也是马克思主义新闻观的应有之义；关于过不了互联网的关就过不了长期执政关的论述和主张以及利用互联网思维做好对外传播工作，则是习近平总书记关于对外传播工作面临技术发展现状进行的有针对性的阐述，这种现实状况是马克思、恩格斯、列宁、毛泽东、邓小平等所处的时代所没有的。但是，技术的发展推动了国际舆论生态和格局发生重大变化，这就必须以超前的思维应对不断变化的形势，这就表明新时代马克思主义中国化国际传播思想具有前瞻性、深邃性以及对技术为代表的新生力量的包容性，也表明新时代马克思主义中国化国际传播思想在继承和发展马克思主义对外交往理论的同时，全面借鉴吸收和消化当代世界国际关系理论和新闻思想精华的历史唯物主义和辩证唯物主义鲜明特征。这也是习近平对中国化马克思主义对外交往理论在新的历史发展条件下不断"扩容"的有力证明：既在内容上一脉相承、不断补充，又在外延上积极拓展马克思主义中国化理论新境界。辩证唯物主义认识论认为，任何科学理论的产生都是反映那个时代实践需要的重要的系统的理性认知，是为了解决和回答时代提出的重大问题而形成和发展起来的，这也是科学理论体系的重要特征。马克思、恩格斯曾经说过："一切划时代体系的真正内容都是由于产生这些体系的那个时期的需要而形成起来的。"①新时代马克思主义中国化国际传播思想是科学的理论体系，它是在马克思主义对外交往理论基础上形成的具有鲜明新时代中国特色社会主义特征的当代中国化马克思主义对外传播思想体系，是以中国改革开放进入新时代、反映新时代社会风貌和世界百年未遇之变局的对外传播理论体系。这个对外传播理论体系与时俱进，既继承前人，又突破陈规，既是中共十八大以来中国特色社会主义发展进入新时代的产物，也是新时代中国特色社会主义所需要的划时代的对外传播思想体系。

4.1.2 新时代中国国际传播思想继承发展了马克思主义国际传播理论体系

任何一种科学理论体系之所以是可科学的，就是因为这种理论体系不是僵化不变的。新时代马克思主义中国化国际传播思想科学全面总结了新中国成立 70 多年来中国对外传播实践，反映了新时代中国特色社会主义对外交往根本特征，唱响了新时代中国特色社会主义对外传播主旋律，体现了时代性、创造性、规律性，内容博大精深，体系完整系统。

首先，新时代国际传播思想是新中国成立以来几代中国共产党人团结带领对外交往和文化思想领域不断开拓进取探索实践的智慧和结晶，是对中国化马克思主义对外传播理论的承前启后、继往开来。新中国成立初期，面对帝国主义的孤立敌视和围追堵截，为了巩固新生人民政权，中国对外传播工作重点放在突破帝国主义舆论包围、宣传中国共产党建国执政纲领，采取各种方式和手段同各国共产党、工人党和国际上一切进步力量广泛接触、广交朋友，从而为奠定和打开新中国对外传播工作新局面、探索建立社会主义制度和建设发挥了重要作用。毛泽东较早就敏锐地观察到对外传播工作对社会主义建设事业的重要性。1955 年，他在新华社关于加强外宣工作文件的批示中写道："应该大发展，尽快做到在世界各地都能派有自己的记者，发出自己的声音，把地球管起来，让全世界都能听到我们的声音。"②中共十一届三中全会以后，中国对外传播工作紧紧围绕党的工

---

① 马克思恩格斯全集(第 3 卷)[M]. 北京：人民出版社，1960：544.
② 毛泽东新闻工作文选[M]. 北京：新华出版社，1983：182.

作重心转移和对外交往工作全局，按照党中央确立的独立自主、完全平等、互相尊重、互不干涉内部事务的党际关系四项原则，解放思想、实事求是、区别对待。在对外传播实践中不以意识形态划线，重点讲述中国改革开放政策、措施，吸引外商在中国投资，逐渐扩大中国改革开放在国际上的影响。20 世纪 80 年代末 90 年代初，受西方"和平演变"策略影响，国际共产主义运动遭受严重挫折，中国作为世界上最大社会主义国家，对外传播中继续高举社会主义大旗，坚决迎击西方在意识形态领域的进攻，积极稳妥地同世界上各国主要政党开展交往。回溯改革开放的历史，自 1978 年开展"实践是检验真理的唯一标准"大讨论开始，到中国共产党十一届三中全会确立全党工作重心转移到经济建设上来的路线方针政策，中国对外传播突出反映了以邓小平同志为核心的党的第二代中央领导集体以巨大的政治勇气提出解放思想、实事求是、团结一致向前看的思想理论魄力，从而恢复了马克思主义科学认识论。邓小平强调："恢复我们党在全国各族人民中、在国际上的地位和作用，是摆在我们面前需要解决的非常重要的问题。"①在科学评价毛泽东个人功绩和毛泽东思想基础上，作出了全面改革开放的决定，逐渐形成了以"摸着石头过河""猫论"等核心内容的邓小平理论，指引全党各族人民和全国对外传播战线开辟改革开放伟大征途，并以此为基础形成了以"韬光养晦、不打头"为核心的对外传播基本原则，促进了对外传播工作为中国特色社会主义改革开放而鼓与呼。中共十三届四中全会以后，以江泽民同志为核心的党的第三代中央领导集体坚定不移高举邓小平理论伟大旗帜，提出了"三个代表"重要思想。"三个代表"重要思想继续引领改革开放的航船沿着正确方向前进，也引领新闻舆论领域继续为改革开放保驾护航。江泽民关于对外传播工作提出了著名的"祸福论"，即舆论导向正确是党和人民之福、舆论导向错误是党和人民之祸。② 进入新世纪以后，从党的十六大到十八大，以胡锦涛同志为总书记的党中央以马克思列宁主义、毛泽东思想、邓小平理论和"三个代表"重要思想为指导，顺应国内外形势发展变化，坚持理论创新和实践创新，提出了科学发展观。在对

---

① 邓小平文选(第 2 卷)[M]. 北京：人民出版社，1994：274.

② 张首映. 中国特色社会主义新闻理论概述[EB/OL]. [2013-02-20]. 中国共产党新闻网，http://theory.people.com.cn/n/2013/0723/c367073-22296551.html.

外传播中体现为认可不同社会制度、意识形态和价值观差异性，不把价值观分歧以及各国行事方式差异上升为国家对抗行为，不轻易提升为"历史的高度"。积极倡导对话沟通，以增进互信、谋求多赢为主的对外传播工作方针。

中共十八大以来，以习近平同志为核心的党中央团结带领全党全国各族人民，紧紧围绕实现中华民族伟大复兴中国梦和"两个一百年"奋斗目标，进行了具有许多新的历史特点的伟大斗争，开辟了治国理政新境界，开创了党和国家事业发展新局面，赢得了全党全国人民的衷心拥护，使得中国特色社会主义顺利走进新时代，创立了习近平新时代中国特色社会主义思想。在对外传播领域，习近平总书记对坚持和改进对外传播工作做出一系列重大部署，科学回答了事关对外传播工作长远发展的一系列根本性、战略性、前瞻性和全局性问题，就对外传播工作的历史地位、职责使命、主要任务和原则要求等作出了科学论断，形成了习近平新时代中国特色社会主义对外传播思想。新时代马克思主义中国化国际传播思想在继承马克思主义经典作家关于对外交往理论工作思想精髓基础上，立足新时代中国特色社会主义发展大势，顺应世界发展潮流和信息技术推动下的媒体变革趋势，对对外传播工作作出了新的判断、新的概括和新的思想升华。在以习近平同志为核心的党中央的坚强领导下，新时代中国对外传播工作继承和弘扬新中国70年波澜壮阔的对外传播优良传统，高举新时代中国特色社会主义外交思想伟大旗帜，坚决贯彻落实习近平总书记关于对外传播工作的重要论述精神，在对外传播实践中牢固树立"四个意识"、增强"四个自信"、坚定"两个维护"，始终以新时代中国特色社会主义实践和中国共产党执政为民作为对外传播工作的出发点、落脚点、着力点，努力走出一条具有鲜明中国特色和中国共产党特色的新时代中国对外传播工作之路。习近平总书记牢牢把握实现中华民族伟大复兴中国梦、构建人类命运共同体这条主线，以推动"一带一路"倡议为依托，紧紧围绕"需要一个什么样的中国与世界关系以及如何构建这种关系"这一主题，锐意进取、攻坚克难、砥砺奋进，不断开创新时代中国对外传播工作新局面。在对外讲述中华民族实现伟大复兴中国梦的同时，将中国人民的命运与世界人民的命运有机结合起来，促进各国合作共赢，呼吁世界各国共同努力一起构建人类命运共同体。

新时代马克思主义中国化国际传播思想对新中国成立以来的对外传播实践和

理论作了全面、系统、科学的总结。应该说，新中国成立 70 多年来，中国对外传播工作由一穷二白到丰富多彩走过了曲折的道路，这是中国国家形象和国际影响力空前提升的 70 年，是让世界逐渐认识和了解并与中国积极交朋友的 70 年，是中国从被动参与国际舆论场到积极参与国际舆论主战场的 70 年。因此，这 70 年是中国对外传播工作成长、发展、壮大的 70 年，是为中国积极实现国家富强、人民幸福、民族复兴不断营造良好外部条件摇鼓助威、摇旗呐喊的 70 年。70 年来，中国对外传播始终坚持独立自主、自力更生，坚定不移对外传播中国人民和中国共产党的故事，努力争取更多国家和国际进步力量的理解和支持，积极倡导国家交往中的文明交流互鉴，坚决揭露西方国家"和平演变"阴谋，对外展示中国发展成果而不"输出"中国模式，始终在尊重文明多样性、道路多样化基础上，与各国分享和平发展经验。从最初被动受西方信息压制，主要与社会主义国家和世界进步力量进行有效信息交往，发展到今天在全球主要舆论场主动发声、积极倡导全球治理体系改革创新，中国的对外传播工作内涵和外延不断拓展深化，传播内容和形式日趋丰富多彩。70 多年来，中国对外传播始终秉持大国担当责任和胸怀抱负，以促进世界和平、人类共同发展为己任，坚持弘扬爱国主义和国际主义的有机统一，既坚持以人民为中心，坚定不移为中国人民谋幸福，为中华民族谋复兴，同时，坚持以"天下为公"为中心的中国优秀思想传统，在全球范围内积极倡导并身体力行构建人类命运共同体，从而达到服务国家、维护世界和平、推动人类文明不断进步的目的。这种传播不仅助推了中国与世界的相互认知和良性互动，而且将中国人民根本利益和世界人民共同利益有机融为一体。纵观新中国成立 70 多年来对外传播工作，在坚定捍卫国家利益的同时始终坚持原则、不惧挑战、敢于斗争、善于斗争，着力防范化解国际敌对势力各种挑衅行为，将维护国家主权、安全、发展利益和在激烈国际竞争和大国博弈中牢牢掌握先机、直面挑战、善于斗争作为对外传播的出发点和落脚点。与此同时，中国对外传播工作始终将相互尊重、完全平等作为工作理念，将实现各国合作共赢作为一以贯之的目标追求，努力对外塑造世界和平的建设者、全球发展的贡献者、国际秩序的维护者的国家形象，从而赢得了国际社会特别是广大发展中国家的广泛赞誉和充分尊重。70 多年来，中国对外传播工作始终从发展壮大社会主义力量在世界舞台上的话语权高度出发，通过讲述中国同世界各国高层交往和战略沟通助力社会主义国家不断在国际社会发声，并加强对世界进步力量的舆论引导，争取更多社会主义道路上的同路人和同盟军。同时，以开放包容的胸襟，坚持广交朋友、广结善缘，不以大小强弱论亲疏，不断拓展与世界各国不同类型的信息交流与合作，搭建多种形式、多种层次的信息交流合作平台，积极构建全球伙伴关系信息网络，为中国特色社会主义建设争取了更多的理解者、支持者和同行者。

其次，新时代国际传播思想充分肯定了国际传播工作的历史地位和作用，强调尊重国际传播规律，主张以创新的方法手段推动国际传播工作发展。习近平将对外传播工作提升到治国理政、定国安邦的高度，深刻阐明了对外传播工作在党的工作全局中的重要地位、在党和人民事业发展中不可替代的重大作用，体现了他在新的时代背景下和党的全局工作中思考对外传播工作的战略高度，这种高屋建瓴、统揽全局的战略思想根源于习近平作为一个马克思主义政治家、理论家和战略家的时代观、全局观。习近平提出，对外传播工作必须做到"四个牢牢坚持"，强调深入开展马克思主义新闻观教育，始终坚持以正确的舆论引导人。习近平指出，要增强工作的针对性，加快构建国际舆论引导新格局，牢牢掌握国际话语主动权，着力打造一批融通中外的新型主流媒体。新时代马克思主义中国化国际传播思想的鲜明特点之一就是以一个政治家和战略家的视野总揽对外传播全局、高屋建瓴、高瞻远瞩，从而创立具有显著时代特色的对外传播理论。新时代马克思主义中国化国际传播思想始终从党和国家工作全局出发，从技术推动的媒体和国际舆论格局中，以历史唯物主义、辩证唯物主义和科学社会主义认识论和方法论，研究并确立对外传播工作在全局、大局、格局中的地位、功能、作用和职责；始终从新时代对外传播工作实际出发，分析和解决新问题，促进对外传播事业不断向前发展。传播属性是国际传播和对外传播工作重要的价值功能，对外传播工作的正确立场通过遵循信息传播规律来确立。对外传播规律是对外传播工作内在的本质反映，只有在根据事实基础上描述事实才是真正反映了对外传播的真实性、客观性和全面性。也只有在尊重客观规律的基础上，才能真正在对外传播中做到正面宣传和舆论监督的有机统一。这就从根本上深化了对国际传播本质规律特征的认识，体现了中国共产党在对外传播理念上的飞跃。不仅如此，关于新闻和宣传工作的方式方法创新问题，无论是在 2013 年的"8·19"讲话和 2014 年的"8·18"讲话中，还是在党的新闻舆论工作座谈会上，习近平都进行了精辟论述。习近平对对外传播工作创新的论述既是基于国家创新驱动的总体战略，也是对外传播工作应对新变化、新挑战的纲领性文献。对外传播工作创新与其他领域创新都是一致的和统一的，创新的基本原则、逻辑出发点等也都是相通的，都体现了解放思想、求真务实、与时俱进的客观本质要求，也都是习近平总书记关于创建创新体系战略构想的重要组成部分。

新时代马克思主义中国化国际传播思想结合国际和国内发展大势，明确提出统筹国内国际两个舆论大局，在做好国内宣传的同时，搞好对外传播工作。随着中国特色社会主义建设事业走进新时代，中国自近代以来从未像今天这样正逐步向世界舞台中央迈进。中国与世界的关系越来越紧密，中国发展的一举一动也越来越受到世界的瞩目和关注。而在对外传播领域，中国还处在"西强我弱"的状况，有时挨骂情况也并不少见。同时，世界也渴望能够更多地听到中国声音。在这样的情势下，如何将国内与国际情况联系起来，从而更有效地做好新闻舆论工作关注无疑是一个严峻的挑战。习近平以战略家的气魄正视现实的严峻性，但绝不向傲慢的西方强势话语做任何妥协，在精准判断世界范围内各种思想文化交流交融交锋更加频繁的趋势基础上，掌握国内有些新闻事件国际化、国外有些新闻舆论国内化的传播状况，就做好对内宣传和对外传播工作发表了一系列具有划时代意义的重要论述。习近平强调要争取对外传播工作主动权、构建中国特色国际话语体系，加快建设具有强大传播力、引导力、影响力和公信力的媒体集团。习近平指出，传播力决定影响力，话语权决定主动权。"争取国际话语权是我们当前必须解决好的一个重大问题。"①习近平审时度势，提出了一系列内容丰富、覆盖广泛、影响深远的对外传播新理念新思路新战略，并亲自在各种国际活动场所和对外交往中率先垂范、躬亲实践。同时，习近平总书记关于构建人类命运共同体的构想以及"一带一路"倡议也为新时代中国特色对外传播奠定了坚实的国际舆论基础。不仅如此，新时代马克思主义中国化国际传播思想高度重视信息技术发展推进的新兴媒体建设，特别是关于推进传统媒体和新兴媒体融合发展的战略

---

① 习近平. 在全国党校工作会议上的讲话[M]. 北京：人民出版社，2016：20.

部署，成为新时代中国化马克思主义媒介观发展的最好证明。对信息技术发展导致的新兴媒体形态以及与此相关的媒体格局和舆论生态重大变化的关注和重视是新时代马克思主义中国化国际传播思想的一个显著特点。进入 21 世纪，一个深刻影响人类发展和文明趋向的重大事件就是互联网技术的普及应用。它不仅改变了人们日常的行为方式并推动社会结构发生深刻变化，而且极大地影响了人们的思维模式。其中，新的媒体形态出现是互联网技术在对外传播领域导致变革的重大推手。恩格斯曾经说过："社会一旦有技术的需要，则这种需要就会比十所大学更能把科学推向前进。"①推动传统媒体和新兴媒体融合发展，是习近平着眼于巩固对外传播舆论阵地，壮大主流媒体传播力、引导力、影响力和公信力而作出的具有高瞻远瞩的战略判断和决策。习近平强调，要研究和把握对外传播规律和新媒体发展规律，运用互联网思维，推动传统媒体和新兴媒体融合发展，构建立体多样、融合发展的现代传播体系。在党的新闻舆论工作座谈会上，习近平强调新闻舆论工作要在九个方面创新，明确提出要创新"业态"。他认为，推进媒体融合发展，必须树立互联网思维，充分发挥先进技术支撑引领作用。习近平总书记关于重视媒介技术发展在对外传播工作领域影响的重要论述不仅继承了马克思主义经典作家对技术发展的一贯立场和观点，而且结合时代特点从战略思维和具体操作手段上都给出了明确答案，是推动中国化马克思主义对外传播理论又上新台阶的重要标志。

新时代对外传播思想是伴随中国特色社会主义进入新时代的步伐不断形成和发展起来的。在新的历史时期，科学社会主义对外传播面临的国际环境与过去明显不同。当前，世界局势虽然总体处于和平与发展时期，但是西方国家却从未放松在意识形态方面对社会主义国家的渗透，而且信息技术发展使得国际舆论格局变得更加复杂多变。从国内情况看，中国特色社会主义进入新时代意味着改革开放进入了啃硬骨头的深水区，对外传播工作面临社会结构的重大变化、经济环境的深刻变革、利益格局的深刻调整、思想观念的深刻变化以及生态环境的显著变化。就此而言，新时代马克思主义中国化国际传播思想是新闻舆论领域实现一系列转变的科学指南。

---

① 马克思恩格斯选集(第 1 卷)［M］. 北京：人民出版社，1995：732.

4.2 对外讲述好中国共产党故事是新时代国际传播创新 发展马克思主义国际传播理论体系的突出体现

新时代马克思主义中国化国际传播思想内容丰富，包括一系列方针和原则。其中一个重要内容就是：坚持党性原则。对外传播工作坚持不懈面向国际社会发出中国共产党的声音、讲好中国共产党执政为民取得的伟大成就，是新时代马克思主义中国化国际传播思想的重要内容。习近平总书记在总结对外传播工作优良传统的基础上，对党性原则作出了新的阐释。对对外传播工作坚持党性原则提出了新的要求，要求对外传播工作必须增强敏锐性和政治鉴别力，牢固树立政治意识、大局意识、责任意识、阵地意识，坚持党性和人民性的统一，把坚持正确国际舆论导向与世界各国人民追求美好幸福生活意愿统一起来；坚持为党和国家中心工作创造良好外部氛围的原则。强调对外传播工作必须做到胸怀大局、把握大势、着眼大事；坚持正面宣传和舆论监督相统一的原则。习近平强调对外传播工作必须以正面宣传为主但也不回避外界质疑、统筹好塑造党和国家良好国际性形象与大方从容回应国际疑惑及有力驳斥外界蛊惑中伤有机结合起来，坚持团结、稳定、鼓劲，传播正能量、打好主动仗，创新发展新型国际主流舆论场，构建新时代中国特色社会主义国际话语体系，在世界范围内形成积极、健康、向上的舆论氛围；不断改善创新对外讲述中国和中国共产党故事的方式方法。强调把提高国际舆论引导能力放在突出位置，加强国际社会舆论热点引导，做好重大问题、重大事件、敏感问题、热点问题上的主动设置议程、及时发出中国声音；坚持以构建人类命运共同体为中心的工作导向。强调始终坚持构建中国梦与世界梦有机统一起来、引领人类文明未来发展趋势为中心的对外传播新格局是坚持人民是真正英雄的唯物史观的必然要求。习近平指出："人民是历史的创造者，是决定党和国家前途命运的根本力量。"①据此，习近平要求对外传播工作以人为本，尊重人民主体地位，保障国内国际受众在对外传播中的知情权、表达权和参与权，增

---

① 习近平. 决胜全面建成小康社会 夺取新时代中国特色社会主义伟大胜利——在中国共产党第十九次全国代表大会上的报告[N]. 人民日报，2017-10-28.

强国际报道中的亲和力、吸引力和感染力；客观、准确、公正地报道世界上发生的大事要事，用事实说话、用典型说话、用数字说话；强调对外传播工作的时度效，要求主流媒体在重大国际事件面前不缺位、不失语，及时准确、公开透明、公开有序对外报道国内外突发公共事件，以创新赢发展，不断创新观念、内容、形式和文风；强调对外传播工作与社会效益与经济效益出现矛盾时，优先考虑社会效益，努力实现社会效益和经济效益的统一；强调对外传播工作的领导权必须牢牢掌握在忠于马克思主义、忠于党、忠于人民的手里，弘扬新闻职业精神、恪守新闻职业道德，建设一支政治强、业务精、作风正、纪律严的对外传播工作队伍。

4.2.1　在国际传播中旗帜鲜明地坚定中国共产党的引领作用

"党政军民学，东西南北中，党是领导一切的"①，做好新时代的对外传播工作，关键在党。习近平总书记强调，外交是国家意志的集中体现，必须坚持外交大权在党中央。中共十八大以来，中国共产党将对外传播工作作为一项极端重要的工作，将之视为民族立魂、国家立名、形塑国家形象的工作。习近平总书记在新闻舆论工作座谈会上的重要讲话同样适用于对外传播工作。也就是说，对外传播工作是事关中国共产党的国际形象，事关国家与世界良性互动，事关民族自信心、凝聚力和向心力的大事。习近平总书记多次强调对外传播工作必须既积极主动阐释好中国道路、中国特色，又有效维护中国政治和文化安全。对外传播工作作为外事工作的重要组成部分，担负着与外界沟通、形塑党和国家形象的重任。习近平总书记高度重视党的领导在对外传播事业中发挥的核心引领作用，多次强调在对外传播中巩固中国共产党执政地位的同时，毫不松懈地主动参与并影响国际舆论场，强化对国际社会政治引领，努力提升中国特色社会主义国际话语权。从本质上说，中国共产党的领导和中国特色社会主义制度是实现中华民族伟大复兴中国梦的根本保证。面对近年来国际形势的急剧变化，资本主义与社会主义两种制度的斗争由于西方民粹主义势力的不断抬头而变得比以往更加激烈，特别是

---

① 习近平. 决胜全面建成小康社会 夺取新时代中国特色社会主义伟大胜利——在中国共产党第十九次全国代表大会上的报告[N]. 人民日报，2017-10-28.

以美国为代表的保守主义势力变本加厉地不惜在各种国际场合对中国进行造谣中伤和抹黑，企图以政治、军事、文化等各种手段对中国进行威吓、打击，以此达到西化、分化、弱化中国共产党执政地位的目的。在这样的情况下，习近平强调对外传播工作必须坚持把巩固党的执政地位、提高党的执政能力和维护国家政权安全作为最重要的政治任务。对外工作始终与党的执政地位紧密联系，维护党的执政地位是中国特色对外传播的根本目标。只有党拥有牢固可靠的执政地位，才能为对外传播工作创造基本前提和必要条件。只有实现国强民富，才能为对外传播工作提供坚实支撑和不竭动力。在新形势下，习近平总书记多次强调对外工作要始终坚持忠诚于党、依托于党、服务于党，把维护党中央权威和集中统一领导作为最重要的政治任务，把维护中国共产党的执政地位作为谋划和推进对外传播工作的根本依归。

坚持党对对外传播工作的坚强领导，就必须把服务于党的中心工作作为重点。中国共产党成立近100年来一直高度重视对外交往工作，中国特色对外传播工作根植于中华五千年优秀文化传统，充分体现了马克思主义政党的先进性，在国家总体对外交往中占据不可替代的重要地位，是服务党的中心任务、实现党的对外事业总体目标不可或缺的重要环节。新时代对外工作充分发挥自身组织优势，以党际关系促进国家关系，以政党治理推动全球治理体系改革，努力为完成党和国家的中心任务营造良好国际舆论环境。习近平总书记积极倡导对外传播工作要坚持运用中国共产党长期斗争中形成的宝贵的策略方法作为提升中国国际话语权的法宝。特别是近年来，习近平总书记开创性地在精准研判国内、国际两个大局基础上，身体力行、率先垂范，全面推进中国特色大国对外传播，积累了大量有益经验和深刻体会，在对外传播工作中进行了一系列重大理论和实践创新。这些都为新时代对外传播工作积累了重要的精神财富和思想宝藏。当前，中国正处于自鸦片战争以来最好的历史发展机遇期，世界也面临百年未有之大变局，两者同步交织、相互激荡。值此中国发展历史交汇期、世界格局转型过渡期，中国特色对外传播工作只有保持战略定力、善于谋划战略方法、维护战略机遇，才能为实现中华民族伟大复兴目标提供更好服务与坚强保障。鉴于此，新时代中国特色对外传播工作必须坚持以发挥党的引领作用作为开拓创新方向。习近平总书记为国际社会提供了许多具有事关全人类未来发展命运的启发性理念和主张，这些理念和主张无不烙下鲜明的中国共产党印记,彰显了中国共产党主动引领世界人民和平发展、积极构建国际舆论新格局走势的作为和担当。2017 年,首届中国共产党与世界政党高层对话会成功召开,这对于新时代中国特色社会主义思想的对外传播具有里程碑意义。在新形势下,中国特色对外传播工作更加注重通过交往、交流、交心与世界形成和平共鸣的二重奏;更加积极主动地向世界提供中国智慧和中国方案,与各国一道推进世界和平发展与人类文明进步事业,共同构建人类命运共同体。新时代马克思主义中国化国际传播思想创新发展党的引领作用主要体现在以下几个方面:

第一,新时代中国特色国际传播工作坚持在重大国际事务中主动加强政治引领,强化国际社会对中国特色社会主义和中国共产党的科学认知。很长时间以来,由于对外传播工作忽视对外自我宣介,导致国际上许多人对于中国共产党和当代中国的认知不全面、不客观甚至产生误解。当下,中国特色社会主义走进新时代,如何让世界认识客观、真实、全面的中国和中国共产党、接受中国共产党领导下中国特色社会主义快速发展的现状和趋势、学习并理解习近平新时代中国特色社会主义思想对中国和世界发展的意义,是中国对外传播工作面临的重要课题。新时代中国特色对外传播工作进一步以加强政治引领统揽全局,充分用各类交流机制和平台,从政策源头有的放矢地开展与外国政党的交往合作,以直接或间接的方式影响国际性主流媒体和民间团体,引导带动世界各种力量,切实发挥了方向引领、理念引领、认知引领、责任引领的独特作用,为促进中国与世界的良性互动和共同发展做出了显著成绩。

第二,新时代中国特色国际传播工作坚持不懈地优化党的对外传播工作总体布局。站在新时代发展的新起点,习近平总书记高瞻远瞩地指导对外传播工作,认真贯彻落实关于建立新型政党关系和搭建国际政党交流合作网络的重要指示精神,强化谋划,针对具体传播对象采取不同传播策略,全方位做好政党交往中的传播工作。与此同时,对外传播工作充分发挥中国共产党与世界上其他政党交往的主渠道作用,全面深化同社会主义国家执政党交往中的传播交流;用好长期积累的人脉等优势资源深度挖掘向周边国家政党开展传播的有效手段,通过对外传播夯实同周边国家关系的战略依托;强化同发展中国家政党团结协作,共谋和平共建、合作共赢的新型国际传播格局;推动构建总体稳定、均衡发展的大国大党关系框架，进一步打造全方位、多渠道、宽领域、深层次的对外传播新格局。

第三，新时代中国特色国际传播全面准确地发挥党和国家治国理政决策的耳目喉舌和参谋助手作用。面对世界百年未遇之大变局，新时代对外传播工作勇立时代潮头，在深入研究、精心阐释习近平新时代中国特色社会主义思想的理论意义和世界意义、各国政党执政规律和兴衰成败的经验教训、世界各国为适应不断发展的新形势而采取不同举措的发展走向等事关党和国家长远发展的全局性、战略性、前瞻性问题，为增强中国共产党执政能力、应对国内国外各种风险考验而披荆斩棘、开拓创新。中国特色对外传播工作在不断追踪研究国际形势和重大国际问题的发展变化、世界政党政治、社会思潮和外国政党治党治国经验等方面长期积累的基础上，不断吸收和深化国内相关机构和专家学者意见、建议，加强交流、细化合作，共同为党和国家决策提供参考建议。

第四，新时代中国特色国际传播工作紧紧围绕党和国家工作大局，坚定不移地推进形成对外传播工作协同发展的新局面。在强化党对对外传播工作集中统一领导的同时，习近平总书记高度重视发挥对外传播工作的"一盘棋"功能，多次强调各地方各部门要加强统筹协调、树立主人翁意识，充分调动各自参与对外传播工作的积极性、主动性和创造性，注重提升不同部门、不同单位相互借鉴、相互促进的协同水平，形成新时代对外传播的强大合力，不断推动中国特色对外传播工作开创新局面、实现新发展、做到新跨越。不仅如此，在科学、全面坚持统筹国内和国际两个发展大局的同时，通过对外传播工作积极服务国内经济社会发展和地方对外交流合作，使新时代中国特色社会主义对外传播工作通过与各地方各部门和社会各界的共同努力，不断推动理论和实践更上新台阶，为实现中华民族伟大复兴中国梦和推动构建人类命运共同体作出积极贡献。

4.2.2　坚持国际传播旗帜鲜明地创新讲述中国共产党的故事

如果以客观态度认真审视新中国成立 70 年来对外传播工作领域的一个显著不足，那么对外没有充分有效地讲述中国共产党百年来如何领导中国人民开展惊天地泣鬼神的革命斗争、社会主义建设探索和改革开放伟大事业的光辉历程无疑是一个不争的事实，这种状况持续到中共十八大以后有了明显改观。实际上，国际社会一些力量之所以不能全面准确地客观地了解中国的一个重要原因就是不能很好地了解作为执政党的中国共产党，尽管延安时期美国记者史沫特莱曾经对外讲述中国共产党的故事，让世界上的进步力量了解了中国的希望在延安。新中国成立后直至进入21世纪的第一个10年，出于巩固新生政权和探索社会主义建设道路以及为改革开放营造国际氛围的需要，中国对外传播中在对外讲述中国故事过程中除了在社会主义阵营内部较多地互动交流，对其他不同意识形态的国家和政党很少讲述中国共产党故事，从而给世界很多国家和政党留下了中国共产党神秘而不容易接触的负面印象，这种印象在很大程度上影响了世界对中国的全面认知。近年来，习近平总书记以战略家的敏锐思维开辟新时代中国特色对外传播工作新局面，其中一个重要体现就是高度重视对外传播，在讲述好中国故事的同时，讲述好中国共产党的故事。因为只有在对外讲述好中国故事的同时，让外界更详细、客观地了解中国共产党故事，世界对中国的认知和理解才会更全面、更准确。习近平总书记多次强调，新时代的对外传播工作要从容大度地用中国话语体系全方位地向世界阐明中国共产党治国理政实践经验以及为改革创新全球治理体系所提供的中国智慧、中国方案，从而让外界了解中国共产党执政理念和治国方略的同时，增强对外阐释中国国情、中国道路和中国方案的解释力说服力，在对外传播中讲述中国故事和中国共产党的故事既要把握尺度、自信地讲成绩，又要以开放包容的心态大方地讲明存在的不足并坦诚地谈矛盾，做到对国内和国际关注的热点问题不回避、不打太极绕圈子。很显然，外界要想真正理解近代以来中国的变迁，特别是当代中国的巨大变化以及与此相关的中国道路就离不开对中国共产党的深入了解。鉴于此，向世界展示好中国特色社会主义新时代取得的历史性成就和这种历史性成就密不可分的历史性伟大变革，用中国话语体系、概念和逻辑阐释"中国共产党为何能""中国特色社会主义制度、道路、理论为何正确"①，并以此阐明中国共产党不忘初心、牢记使命的本质内涵就是为人民谋幸福、为民族谋复兴、为世界谋发展，从而增强中国特色社会主义新型话语体系的思想影响力、说服力和穿透力，向世界展现中国作为大国的责任担当和大国风范已然成为新时代中国特色对外传播的主要任务。

---

① 梁桂全. 为什么要"坚定不移走中国特色社会主义道路"？［EB/OL］.［2012-11-22］. 人民网，http://theory.people.com.cn/n/2012/1121/c40531-19652273.html.

如果说中国的事情能不能办得好关键在于中国共产党的领导，那么中国特色社会主义制度的本质特征和最大优势就是中国共产党的领导。正如前文所述，很长一段时间以来，对外传播工作在一定程度上忽视了讲述好中国共产党故事对讲好中国故事的巨大引领作用。或者说，对外讲述中国共产党故事不够理直气壮、大大方方，没有从根本上清晰地搞明白讲述中国故事与中国共产党故事二者之间相辅相成、唇齿相依的关系。正是习近平总书记敏锐地观察到，当世界上大多数国家特别是广大发展中国家纷纷将关注的目光再次聚焦于古老的东方大地，希望从觉醒的睡狮中国巨大成功的发展实践中淬炼对自身发展具有启发和借鉴意义的制度安排、改革方法和治理经验时，中国以何种方式让世界上更多的人读懂、理解、分享中国发展奇迹的奥秘无疑是新时代中国特色对外传播工作应该认真思考的重大时代问题。对此，习近平总书记给出了适应时代发展潮流、顺应世界期待的答案，那就是以满腔的激情和自信对外讲述好中国共产党初心和使命，让世界解码当代"中国奇迹"，就必须先读懂中国共产党的故事。由最初党员人数不到60人到今天超过9000万人，从烟雨缥缈笼罩下的小红船到如今引领航向的巍巍巨轮，百年筚路蓝缕、风雨征程，中国共产党团结带领中国人民经过血雨腥风的艰苦卓绝斗争，以星星之火可以燎原之势，让备受欺凌的中国重新燃起民族的希望，终于推翻了"三座大山"，建立了新中国。为了打破西方的孤立和围堵，中国共产党人靠着自力更生、艰苦奋斗，顽强顶住压力，探索社会主义建设之路，为中华民族再次腾飞奠定坚实的制度基础。"文化大革命"理论和实践的破产，标志着中国共产党人巨大的自我纠错和自我修复能力在历史关键时刻发挥鼎定乾坤的巨大作用。沧海桑田方显英雄本色，中国共产党人以极大的政治勇气实行改革开放，成功走出了一条具有中国特色的社会主义发展之路。伴随中国特色社会主义进入新时代，中国共产党带着满满的自信带领中国人民行走在由富起来到强起来的康庄大道上，再次创造着"地球上最大的政治奇迹"①。中国特色社会主义走进新时代，以习近平新时代中国特色社会主义思想为指引，中国共产党治国理政理论和实践跃上了一个新台阶。习近平总书记作为党和国家最高领导人，无论

① 秦杰，霍小光，张晓松，吴晶. 中国共产党创造了"地球上最大的政治奇迹"［EB/OL］. ［2016-06-30］. 中国军网，http://www.81.cn/jwgz/2016-06/30/content_7127102_2.htm.

在何种场合都用适当的方式身体力行讲述中国共产党的初心使命和治国理政实践经验和体会。据不完全统计，中共十八大至今，习近平总书记利用出访、参加重要国际性活动以及在国内会见外宾等各种场合对外发表各类讲话和署名文章170多篇。在阐述中国对外政策的同时，治国理政始终是贯穿这些讲话和文章的重要内容，其内容丰富、选题广泛。习近平总书记是新中国成立后对外传播中国共产党故事最多的最高领导人，他不仅深谙对外传播规律，而且非常善于把握和运用传播规律，无论是在海外发表重要演讲还是在外媒发表署名文章或是与外宾举行双边会见，他都会深入浅出地畅谈治国理政之道、讲述中国共产党治国理政的故事或声情并茂地讲述梁家河和中国其他地区发生的巨大变迁，给人以一种身临其境的感觉，从而也取得了显著的传播效果，巨大的影响，在国际舞台唱响了新时代的"中共好声音"。

习近平总书记除了率先垂范讲述中国共产党故事，在他的亲自部署和指导下，还定期派宣介团赴海外解读中国共产党的大政方针。中国共产党全国代表大会和中国共产党中央委员会全体会议作为讨论并决定党的重大问题的场合，每次都会吸引国际社会目光。特别是改革开放以来的历次中共中央全会都对国家大政方针作出战略部署，不仅具有重要标志性意义，而且国际社会都会非常关注中国是否有政策性的变化。自中共十八大以来，每次中共中央全会都会在习近平总书记治国理政相关理论的引领下对事关国计民生和涉外重大政策的核心内容进行研究和部署，每次会议都引起国际舆论高度关注。为了更好回应国际社会关切，每次会议后均派对外宣介团赴海外宣讲，主宣讲人中既有高等学校、科研机构的专家学者，也有来自中央部委和地方的领导。比如中共十九大召开后不久，组织近30批十九大精神宣介团组赴近80个重点国家和地区开展宣介，听众范围广泛，既有政界人士，也有企业界和学界及新闻界人士，所到之处均受到当地人民欢迎，有的听众甚至提前打印好十九大报告外文版，有的不顾恶劣天气长途跋涉，驱车赶到现场，每次宣讲现场气氛热烈、讨论真诚，都会达到意想不到的对外传播效果，这是新时代马克思主义中国化国际传播思想创新发展中国化马克思主义对外传播实践的最好证明。如果说什么事情耳听为虚、眼见为实，那么十八大后中国共产党接待外国政党代表团赴中国基层考察，零距离感受中共治国理政新实践、新气象、新成果无疑是习近平新时代中国特色社会主义对外传播思想创新发展的又一重要明证。习近平总书记既经历过长时间艰辛的基层历练，又有深厚的文化理论功底，在从最基层一步步成长为党和国家最高领导人过程中，基层丰富的工作实践为其治国理政的理念的形成和发展提供了最为广泛而可靠的经验素材和理论营养给养。

不仅如此，为了给国际社会提供更多了解中国共产党执政为民的机会和视角，近年来地方党组织面向境外多次召开宣介会。中国国土面积广袤，各个地方情况差异较大。国外一些政党组织对中国和中国共产党不能完全理解的一个重要原因就是不了解中国的地方基层组织对中央政策的执行效果。作为贯彻落实习近平新时代中国特色社会主义思想的最前沿，地方贯彻落实中央政策的情况无疑在很大程度上反映了中共的执政能力和执政效果。因此，中国基层组织如何根据自己所在地方情况因地制宜贯彻落实中央的大政方针，采取何种妥帖的措施制定落实中央大政方针的具体举措都是外界关注、感兴趣的焦点。鉴于此，中共十九大召开前，由中联部出面邀请世界各国政党、驻华使节，举办"中国共产党的故事——地方党委的实践"专题宣介会，全面展示中共十八大以来中国共产党基层组织如何将中央政策在地方具体落地落实的现实情况。其中，参与宣介主讲的人员中既有地方省委书记，也有基层干部群众，还有专家学者，他们畅谈自身工作经历，分享贯彻落实中央方针政策的经验。与此同时，对外传播工作逐步探索以更加灵活有效的国际平台使世界各国分享中国共产党的故事，其中一个重要举措就是搭建"政党+"交往模式。据统计，当前中国共产党同世界上160多个国家和地区的400多个政党和政治组织保持着经常性联系，这些政党和组织中既有执政党，也有在野党；既有社会主义国家政党，也有资本主义国家政党；既有左翼政党，也有右翼或持中间路线政党。2017年11月底12月初，就在中共十九大召开后不久，就举办了首次中国共产党与世界政党高层对话会，会议主题是"构建人类命运共同体、共同建设美好世界：政党的责任"。来自120多个国家的近300个政党和政治组织的600多名中外代表受邀参加，这是中国共产党首次与全球各国不同制度、不同意识形态立场的政党举行高层对话，也是世界上出席人数最多的全球政党领导人对话会，并同步举办高层对话会框架下主题聚焦、重点突出的专题研讨会。一系列对外传播创新尝试令国际社会为之惊艳，收到了其他传播方式不可比拟的效果。

总之，中国共产党一百年的奋斗历程就是把党的梦想与国家梦想、民族向往、亿万大众期盼紧密融为一体，书写人类文明史上一个又一个振奋人心、不断发展的光辉篇章。如果说近代以来中华民族伟大复兴进程的每一个紧要关头，都是中国共产党举旗定向，那么中国共产党的领导就是中国特色道路最核心的定盘星。因此，对外讲述好中国共产党的故事就必须从纵向的历史维度深度梳理中国共产党百折不挠追求真理的勇气、从实践角度精准阐释中国共产党与世界文明互鉴发展的博大胸怀、从文化维度真诚表明中国共产党与各种文化开展对话交流的开放态度，并通过丰富多彩、形式多样、灵活便捷的政党交流机制举行各种对话会、宣介会，不断向外界展现蕴含中国智慧、突出鲜明中国文明传统特色的对外传播话语体系，让外界切身感受包容、开放、担当、内敛、真诚、文明的大国执政党形象，真正从理论和实践上将"中国共产党的故事"打造成为一部生动形象的教科书。

4.3　中国特色社会主义国际传播范畴和话语体系的不断丰富拓展创新了马克思主义中国化国际传播内容

任何科学理论体系都离不开内涵精准、外延明确的概念范畴作为支撑。马克思主义中国化理论在中国经过 100 多年的理论拓展和实践检验，已经成为指导近代以来中国社会之所以发生"敢教日月换新天"般巨大变迁永不枯竭的思想源泉，这种思想源泉也随着新时代中国特色社会主义发展中不断出现的新情况而不断拓展和创新。其中，新时代马克思主义中国化国际传播思想中提出的一系列新概念、新表述就是拓展创新的最深刻体现。新时代马克思主义中国化国际传播思想不断丰富完善新时代中国特色社会主义对外传播实践中的概念范畴和话语体系，创新发展了中国化马克思主义对外传播概念范畴体系。这套概念范畴体系既继承了马克思列宁主义对外交往思想、毛泽东对外传播思想和中国特色社会主义对外传播理论体系的话语表述方式，又具有新时代中国特色社会主义话语特征，既充满科学性又体现时代性。这就把继承性、规范性、创造性有机结合起来，从而体现出规律性和开放性，使新时代马克思主义中国化国际传播思想的主题不断反复出现、内容不断展开、思想不断深化、体系日趋完善。新时代马克思主义中国化国际传播思想顺应时代发展需要，直面时代带来的严峻挑战，回答时代提出的重大课题，是中国化马克思主义对外传播理论体系承上启下、开创党的对外传播工作新局面的强大思想动力。习近平总书记指出："我们既要全面建成小康社会、实现第一个百年奋斗目标，又要乘势而上开启全面建设社会主义现代化国家新征程，向第二个百年奋斗目标进军。"①正是从这个意义上讲，新时代马克思主义中国化国际传播思想话语体系和语言风格深刻烙上了新时代中国特色社会主义实践的痕迹。习近平总书记在涉及对外传播的多次讲话、发表文章和著作中提出了许多具有鲜明时代特征、反映中国特色对外交往实际的新概念和新型话语体系，这些概念显示了厚重的国际责任感和文明使命感，突出呈现了坚定的政治信念、政治定力和战略定力，对外展示了强大的理论自信、道路自信、制度自信和文化自信，在世界范围内产生了巨大传播效果和国际影响力，形成了独具魅力的"习式话语"风格。这些新概念、新表述显示出了强大的冲击力、穿透力，已经成为国际舆论场里的标志性语言，有些已经被作为国际上的通用语言出现在联合国和其他区域组织的文件中，成为人类文明共享的新的价值尺度，引领新时代国际舆论新风尚。习近平总书记涉及对外传播工作系列讲话中的新概念、新表述，既体现了他开阔的知识面和深厚的个人语言修养，同时也向世人展示了执政理念创新、令人振奋的执政新形象、新气象、新韬略，呈现出思想创新、理论创新、实践创新的开拓精神。

4.3.1 新时代中国国际传播的新概念新范畴创新发展了马克思主义共同体理论

新时代中国特色对外传播工作面对中国作为世界上第二大经济体和世界百年未有之大变局应该以什么样的概念范畴和话语体系才能反映时代变迁根本特征，从而突出呈现中国不断上升的国际影响力和逐渐增多的国际责任与义务，并以此为契机加快构建中国特色的国际传播话语体系和新型国际舆论场域已经成为国际社会关注的重点。习近平总书记以思想家、战略家思维高屋建瓴不断提出对外传

---

① 习近平. 决胜全面建成小康社会　夺取新时代中国特色社会主义伟大胜利——在中国共产党第十九次全国代表大会上的报告[M]. 北京：人民出版社，2017：28.

播新概念、新表述不仅继承和创新性发展了马克思主义公平、正义的"世界新秩序"思想和马克思主义共同体理论体系，而且成为新时代中国特色社会主义对外交往的科学理论指南。在习近平总书记涉及对外传播提出的新概念、新表述中，人类命运共同体、世界梦等概念所内含的引导人类整体文明未来发展大势及倡导合作共赢的丰富思想，无疑都是在理论上具有总体提纲挈领和在实践上指引航向的概念范畴。自2013年习近平总书记提出"推动构建人类命运共同体"重要论述以来，已经得到世界上绝大多数国家对这一具有显著中国智慧特征、解决人类面临共同问题和引导人类文明整体前行的中国方案的赞同和支持。人类命运共同体概念内涵根植于马克思"共同体"思想，具有新时代鲜明中国风格中国气派，是在世界进入百年未有之变局大背景下对马克思"共同体"思想的丰富和创新，深化了中国共产党对人类社会发展规律的认识。不仅如此，习近平总书记关于构建人类命运共同体的理念也创造性地赋予和拓展了列宁"不同制度国家和平共处"思想、毛泽东关于"三个世界"①划分理论以及邓小平关于建立国际政治经济新秩序思想在新的世界发展大势和技术进步张力条件下新的思想内涵。习近平总书记倡导和平、发展、公平、公正、正义、民主、共商、共建、共赢、自由的人类命运共同体思想与马克思追求的"真正的共同体"②目标是一致的。中国历史数千年，不乏仁人志士对建立"和而不同""美美与共""大同世界"的伟大抱负，习近平总书记将传统的中国古代儒家传统大同思想上升到构建人类命运共同体理念高度，提出构建以共商共建、合作共赢为核心的新型国际关系，不仅在理念上对西方个别国家近年来蔓延着的民粹主义思潮给予了响亮的回击，而且有力地推动了公正合理国际政治经济新秩序的构建。

马克思在探究社会发展规律以及对人的存在所进行的观察中提出了"共同体"概念，这是人类历史上第一次将唯物史观的创立和发展全过程与人自身作为生物体的"类"发展规律有机结合的科学尝试，并运用辩证唯物主义方法对19世纪上半叶黑格尔唯心主义辩证法和费尔巴哈机械唯物主义等德国古典哲学家的

---

① 1974年2月22日毛泽东提出划分三个世界的理论[EB/OL].[2009-09-23].人民网，http://world.people.com.cn/GB/8212/169570/169571/10102265.html.

② 马克思恩格斯选集(第1卷)[M].北京：人民出版社，1995：359.

"共同体"思想元素进行系统性梳理和批判性"扬弃"的结果。1848年2月,《共产党宣言》在英国伦敦诞生,宣言庄严地向世界宣告:"代替那存在着阶级和阶级对立的资产阶级旧社会的,将是这样一个联合体,在那里,每个人的自由发展是一切人的自由发展的条件。"①这就是马克思关于"共同体"思想最早成熟性的描述,也被称为"真正的共同体思想"。马克思"共同体"思想实际上是一种消灭了阶级和国家的共产主义社会。实际上,早在1841年在柏林大学完成的博士论文中,马克思就表达了人的自我意志自由是国家或城邦的本质的思想②,而国家或城邦的概念在古希腊话语中就是"共同体"的意思,这也是马克思"共同体思想"的最早萌芽。需要指出的是,马克思对人的自我意志的肯定建立在他对于偏斜运动是物质本性的分析,认为伊壁鸠鲁关于"原子偏斜运动"中所蕴含的自然哲学思想从理论上发挥了自我意识哲学的主体能动性原则和意志自由的观点。很显然,尽管当时的马克思还是一个坚定的黑格尔理性主义追随者,但他关于人的主观能动性作用的哲学思考从政治法律角度对黑格尔理性主义思想产生了巨大冲击,当然也是对当时神学高于一切思想的否定。这种主张哲学高于神学的思想在当时的普鲁士是不可能被接受的,也正因为如此,马克思后来只得将论文改寄到耶拿大学,并在耶拿大学顺利获得哲学博士学位。

马克思大学毕业后,曾经在媒体短暂工作过几年时间。其间,通过对社会现实生活中人的经济活动现状与国家关系的观察,逐渐抛弃了黑格尔法哲学思想体系,并从对劳动的分析入手,唯物史观逐步确立起来。1842年到1843年在《莱茵报》工作时期,针对普鲁士第六届莱茵省议会的辩论而写的文章《关于林木盗窃法的辩论》详细分析了物质利益在社会生活和政治立法中的重要作用,探索了私人利益与理性国家观之间产生的断裂和碰撞。正是这篇文章推动了马克思将对现实生活的思考与国家观深度结合,这是马克思第一次对普鲁士国家这一国家共同体进行了反思。在1843年秋至1844年春,马克思连续发表了《论犹太人问题》和《〈黑格尔法哲学批判〉导言》等经典性作品。在这些文章中不难看出马克思大量使用"共同体"概念对政治国家和市民社会以及政治解放和人类解放等进行分

---

① 共产党宣言[M]. 北京:人民出版社,1949:46.
② 马克思恩格斯全集(第30卷)[M]. 北京:人民出版社,1960:638.

析，并进一步揭露建立在私有制基础上的资本主义社会"共同体"的虚假性。在举世闻名的《1844年经济学哲学手稿》中，马克思确立了共产主义共同体是人类社会共同体的最高阶段的唯物史观基础。1848年，《共产党宣言》的发表，标志着马克思对"共同体"思想的认识达到成熟。通过对马克思"真正的共同体"思想形成过程的梳理可以发现，尽管在马克思那里从来没有对什么是"共同体"进行过明确的界定，但是马克思不同时期的著述能够清楚地表明，"共同体"离不开人作为生物体的类的存在，而且正是人的存在形成了各种复杂的社会关系，即人的本质，而各种社会关系的相互作用又促成了人不断向更高层次发展。因此，从人的生存、本质与发展等角度出发对共同体进行分析阐述是马克思一以贯之的思想。鉴于此，"共同体"概念可以界定为："现实的人"基于共同经济利益和共同精神自由诉求而形成的一种共同合作关系模式，它是人类作为生物体的类生存基本方式，充分体现人的本质作为"一切社会关系的总和"，人类只有通过"真正的共同体"即自由人的联合体才能实现自身的解放，到达实现全人类自由的理想彼岸。

值得一提的是，马克思主义"真正的共同体思想"与马克思的"世界历史"思想密不可分。马克思最早揭示了作为"人的历史"的世界在全球范围内如何随着经济的发展而不断打破空间距离的隔绝而日益建立起紧密的联系。马克思从唯物史观出发观察"世界"于人的意义，从而在空间向度展开对"世界历史"的分析，被学界公认为最早的全球化思想。随着历史进入21世纪，经济全球化正以前所未有的进程突飞猛进，信息技术的发展更是直接将整个世界变成了一个"地球村"，马克思所处时代那种远隔万水千山的空间隔绝已经远远挡不住人们瞬间跨越时空的交流，不管这种交流是精神的还是物质的，而这种交流导致的全体相关性也远远超出了马克思所处时代的所有想象。从根本上讲，全球化的发展实践已经完全验证了马克思所揭示的"历史向世界历史转变"。但不可否认的是，在全球化将人类利益连接在一起的同时，世界范围内与所有人相关的全球性问题也日益突出，人类社会发展面临的不确定性也在上升，一些涉及作为"类"的人的生存发展重大问题和挑战的解决，同样也需要通过国际社会多边的协调和沟通并依赖于世界各国以及各种国际性和区域性国际组织携手一致。这也是自马克思时代以来"历史向世界历史转变"给予人类最具前瞻性和战略性的深刻启迪和昭示。在这种历史发展的关键时刻，构建人类命运共同体理念正是基于深刻总结近代以来世界历史发展的经验教训、谋定人类社会发展历史大趋势的基础上提出的闪耀着马克思主义光辉的科学理论，这种理论显示了深厚的理论渊源和实践基础，丰富和深化了唯物史观对人类社会发展的规律性认识。由此可以看出，习近平总书记提出构建人类命运共同体理念无疑继承并拓展了马克思"真正的共同体"的思想和方法论基础。可以说，构建人类命运共同体理念是在中国日益重新走近世界文明舞台中央过程中中国共产党对人类社会发展规律认识的丰富和深化。就此而言，推动构建人类命运共同体的理念为人类社会进步，为文明更加多元化的包容性发展开辟了新境界。

习近平总书记提出的人类命运共同体理念作为马克思"共同体"思想的现实逻辑和理论逻辑延续与拓展，毫无疑问生动反映了当今人类社会作为"历史向世界历史转变"的历史真实画面，这不能不说与马克思进行了一场跨越时空的"对话"。具体来说，构建人类命运共同体理念首先追求的是人的存在价值及与这种价值相关联的整个人类的利益价值。它从人作为生物体的"类共同体"的角度出发，以整个人类命运未来共同发展为关怀指向，在尊重不同族群已有文明基础上，追求建立一个共商、共建、共荣、共享、共赢、共生的"天下大同"世界。其蕴含的基本价值内涵包括：建设一个不仅对各个国家负责，而且也对其他国家负责的责任共同体；构建一个不仅有利于各个国家而且有利于全世界共同利益的利益共同体；共建一个"世界好，中国才能好"和"中国好，世界才更好"的价值共同体；形塑一个将世界各国人民命运和当代人和后代人的命运紧密联系在一起的命运共同体，等等。当今世界早已经被发达的生产力和先进的信息技术编织为一个你中有我、我中有你不可分离、无可隔绝的利益关联网，正处在前所未有的大发展大变革大调整时期，既有陈旧的全球治理体系和国际秩序改革已经刻不容缓，而一些西方国家近年来出现的逆全球化思潮不断涌动，"人类命运走向何处"成为时代之问。中国共产党人善于因时顺势、革旧出新，为推动中国和世界发展不断作贡献。早在新中国成立之初，毛泽东就发出了"中国应当对于人类有较大的贡献"①的庄严宣告。现如今，世界面临百年未有之大变局，走进中国特色社会主义新时代的中国因应时代之问而提出构建人类命运共同体理念，顺应并引导世界和人类未来发展之大势。毫无疑问，马克思共同体思想的形成建立在他

---

① 毛泽东文集(第7卷)[M]. 北京：人民出版社，1999：157.

对所生活时代阶级和国家冲突分析的基础上之上。时间尽管已经过去了将近两百年，但基于不同阶级以及国家利益间冲突在以生产力水平和技术高度发达为主导的全球化今天依然是一个不可回避的尖锐问题。就此而言，习近平总书记提出人类命运共同体理念不仅直接继承了马克思所阐释的人类未来"自由人联合体"的思想，而且更加反映了当今人类社会发展真实状况并为世界各国未来发展方向设定了更具实际操作性的合作目标。当然，以构建人类命运共同体为重大历史使命的宏伟目标不可能一蹴而就，它需要全人类共同的毅力、意志、耐心锲而不舍地去实现。也就是说，构建人类命运共同体是一个不断发展、逐渐趋近的动态过程，这个动态过程既反映了事物发展的一般规律，同时也体现出人类作为具有高级智慧的生物群体实现共荣共生、和睦相处之理想社会的必要环节。从更为广阔的视角看，构建人类命运共同体理念内涵所指及由此而形成的理论传播和当代实践，无疑将为"自由人联合体"的实现提供更为广泛而现实的新路径和新动能。

特别值得一提的是，2017 年 2 月 10 日联合国社会发展委员会经过协商一致把充分体现相互依存国际权力观、共同利益观、可持续发展观和全球治理观的构建人类命运共同体理念首次写入决议中。这一具有划时代意义的举动标志着一种真正属于中国首创、体现中国智慧的关于人类社会未来发展理念的理论创造和价值追求，对于指导协商解决人类面临共同问题、合作共建和谐世界、共同分享发展成果具有重大现实和理论意义。地球作为人类共有家园，只有一个，关键是人类如何在这个家园中和睦相处、各得其乐。为此，"各扫门前雪"处理加剧矛盾冲突和利益分歧，不可能从实质上解决和排除威胁人类文明整体发展的问题和障碍，只有世界各国"共建百花园"才能相互间求同存异、共谋发展。因此，构建人类命运共同体理念适应了全球化不断深化的历史大趋势，契合了全球化时代的不同国家和民族的重大关切。和谐共生是人类生命共同体基本的伦理原则，而生命共同体是人类历史发展到特定进程所必然出现的生态文明形态，它超越了货币共同体发展的狭隘范畴，是人类文明向着自由人联合体方向发展的必然结果，因为自由是生命共同体的核心价值。中国不仅是这样说的，而且在实践中也是这样做的。经过改革开放 40 多年的快速发展，中国特色社会主义进入新时代，这个新时代是中华民族再次实现复兴、日益走近世界舞台中央、不断为人类文明作出更大贡献、世界更是面临百年未有之变局的特殊时代。从总体上说，构建人类命运共同体的内涵不仅体现在对共同体的理解，而且具体呈现在各种合作举措上。因此，习近平总书记提出推动构建人类命运共同体的思想内涵继承创新了马克思"真正共同体"思想。

4.3.2　新时代中国国际传播丰富发展了中国化马克思主义对外传播内容

中共十八大以来，习近平总书记多次强调对外传播工作要牢牢把握服务民族复兴、促进人类进步，建设新型国际关系和构建人类命运共同体这条主线，在不断提高战略自信基础上，不断增强与大国、周边邻国和广大发展中国家之间的战略互信，积极推动"一带一路"倡议，以公正平等、相互尊重、合作共赢、共建共享为基础走和平发展道路，在全球范围内深化合作伙伴关系，创造性引领全球治理体系改革，坚定不移维护国家主权、安全、发展利益，塑造中国国际交往独特风范等方面取得一系列理论和实践创新成果，走出了一条具有鲜明中国特色对外传播之路。近年来，习近平总书记亲力亲为，指导新时代中国特色对外传播工作从容应对国内国际局势发生的历史性深刻变革，在全面深度参与全球治理体系改革创新和重大国际行动中，及时主动发出中国声音、提出中国方案、贡献中国智慧，开展了广泛、深入、创新、有效、奋发有为的对外传播实践和行动，进行了一系列重大对外传播决策机制和对外传播政策与策略的创造性改革发展。全面广泛的对外传播实践和丰富有效的对外传播成果推动了新时代马克思主义中国化国际传播思想的历史性形成和发展，也成为进一步发展和更加丰富完善习近平新时代中国特色社会主义思想的重要组成部分。十八大以来的中国特色对外传播不是信口开河，而是在以习近平同志为核心的党中央精准把握世界百年未遇之变局的时代背景基础上，积极推进社会主义国家对外传播理论和实践创新，成功指引中国特色对外传播话语体系和国际话语权构建达到新境界。习近平总书记关于对外传播工作的一系列重要论述和实践继承并创新发展了中国共产党在不同历史发展时期的重要对外传播思想，紧紧把握世界百年未遇之变局的时代特征，积极推进对外传播话语体系理论和实践创新，具有扎实的马克思主义理论基础，是中国化马克思主义对外交往理论和中国共产党在新时代中国特色社会主义实践中形成的一系列重大对外交往政策主张和战略思想在新的历史时期的最新发展。

新时代马克思主义中国化国际传播思想坚持以实现中华民族伟大复兴、构建人类命运共同体和新型国际秩序为使命全面推进中国特色对外传播，这也是新时代赋予对外传播工作的重要历史使命。这种历史使命要求对外传播工作者，胸中时刻装着国内国际两个大局。中国已经进入实现中华民族伟大复兴和再次走向人类文明舞台中央的关键阶段。很显然，随着中国特色社会主义进入新时代，中国与世界的关系无论在广度还是深度上都在发生前所未有的深刻变化，这种变化不仅体现了中国自身的变化，而且还呈现了中国传统天下大同优秀思想的时代转化。与此同时，在全球化不断深入、信息技术迅猛发展的前提下，中国与世界各国的互联互动也已变得空前紧密。中国对国际社会的依靠、对世界事务的参与和担负的国际义务与责任在不断加深，而世界对中国的依靠也越来越多。对外传播工作要深刻认识和准确把握这个历史性变化，积极进取，敢于担当，积极顺应历史发展大势，在集中精力对外讲述好、传播好中国故事的同时，还要处理好同国际上其他舆论场之间的关系。习近平要求新时代中国特色对外传播工作必须构建具有中国特色的对外传播话语体系，提升中国国际话语权。

新时代马克思主义中国化国际传播思想是一个系统宏大的理论体系，内涵丰富、博大精深，贯穿于这个思想体系的核心内容就是对外阐释好、讲述好中华民族伟大复兴中国梦、构建新型国际关系和"人类命运共同体"，这也是贯穿新时代马克思主义中国化国际传播思想提纲挈领的主线。为适应不断发展变化中的中国与世界各国合作共建、利益共享的需要，习近平总书记在多种场合提出了两个重大对外传播战略理念和国际观：新型国际关系和"人类命运共同体"。这是中国特色社会主义进入新时代对外传播工作重要的原则遵循，也是引领新时代人类社会发展命运趋势朝着顺应时代潮流的方向前进的重要理论指导，更是习近平总书记对中国化马克思主义对外传播理论体系的创新发展。概括起来讲，构建新型国际关系的核心内容就是促进不同国家、不同民族间的合作共建、互利共赢，真正形成国家不分贫富和大小、文明不分高低、发展不分先后、责任和义务相当、利益共享、公正平等的人类社会发展"百家园"。正如前文所述，自威斯特伐利亚条约以来西方大国主导的国际关系中残酷的排他性利益竞争在国际关系格局调整中一直占据主导地位，国与国之间尽管有合作，甚至有时合作非常广泛、深入，但这种合作带有明显的利益排他性和尔虞我诈特征。特别是进入19世纪以后的世界格局变化中西方国家对广大殖民地和发展中国家的盘剥压榨已经被历史明确记录在案。不仅如此，西方对 20 世纪人类历史上出现的新型共产主义意识形态的社会主义国家的围追堵截更是不择手段。简单来讲，几百年来由西方国家主导的国际关系格局变迁就是一支西方大国不断轮番登场任意宰割世界其他弱小国家并对这些国家资源进行残酷掠夺和压榨的进行曲，尽管这种残酷变化中不乏以合作为名进行的所谓不平等的国家间密切交往。新型国际关系就是倡导世界各国以合作为主轴谋发展、改变残酷的排他性利益竞争，从而实现国际关系向着和谐共处、共建共享利益成果的方向转变。客观地讲，只要阶级和国家还存在，国与国相互之间的竞争就永远不会消失，而且有时也会非常激烈，但是只要从本质上把握人类作为生物体的一个"类"，整体命运休戚与共，就能从实质上理解平等合作给全人类带来的共同利益远大于通过残酷性竞争获得的排他性利益。特别是对大国关系来说，合作是唯一出路。历史已经证明，大国对抗不仅使对抗双方两败俱伤，而且最终受害者还是两国普通民众，同时也给世界带来不可估量的重大灾难。因此，在全球化发展不断深入、信息技术日新月异的新时代，世界各国唯有改变旧有国际关系中唯我独尊的残酷性竞争关系，人类社会未来发展才会有前途和希望，而协商合作、共建共享代替残酷的排他性利益竞争则是改变创新旧有国际关系的唯一正确路径。当然，这里倡导合作不是放弃应得利益而只要进行"佛系"的合作，而是提倡相互尊重彼此利益关切、实现共赢的合作。也就是说，如果想让合作真正成为国际关系中可持续的主旋律，从而保持旺盛的生命力，就必须在合作中实现共赢，这样国际关系行为主体在合作中才会有积极性、主动性。在现有的世界格局和国际关系秩序框架下，西方发达国家往往凭借其自身雄厚的经济实力、先进的技术优势、垄断的知识产权和霸道的国际话语权等因素，与广大发展中国家开展非均衡性合作，如以限制技术、切断资金链或其他理由迫使发展中国家廉价出卖甚至无偿提供资源的所谓合作方式，从中谋取远远超出自身付出成本的不均衡利益。新型国际关系就是要从实质上摒弃这种不合理的国际合作关系，从根本上消除国际合作中呈现出来的傲慢、独断以及由此带来的不平等、不合理现象，开创国际合作中共建共享共赢的国际关系新秩序，从而达到国际交往关系发生质的变化。而实现新型国际关系的目标模式就是构建人类命运共同体。习近平总书记多次强调构建人类命运共同体与建立新型国际关系密不可分。这即是说，构建人类命运共同体就是构建新型国际关系努力的方向和目标。

可以说，全面阐释构建人类命运共同体是新中国成立后对外传播工作70多年来继创造性传播"和平共处五项原则"等一系列重要国际关系理念和国际交往准则之后的又一重大理论和实践创新，也与世界大多数国家面临大变局的期待相契合，在国际社会引起了高度重视，具有广泛的适应性和高度的包容性。这一重要对外传播理念客观准确地反映了世界各国各地区、各民族、各文明和谐共处、共建共赢的普遍性意义，科学指明了人类文明发展的最高理想和不懈追求方向。正是因为如此，构建人类命运共同体理念提出后，已多次写入联合国多个组织的多种决议中，成为中国改革创新全球制体系凝聚全球共识，提供中国智慧和中国方案，为全球治理贡献的重要国际公共产品。放眼当今世界，在全球化和信息化把地球变成一个村的同时，人类安全所面临的威胁和挑战前所未有，这不仅体现在来自传统安全和非传统安全领域的挑战，而且还来自人类自身由于技术发展而带来的导致生存危机的一系列挑战。如何有效应对这些挑战是世界各国必须回答的重要现实问题。构建人类命运共同体理念的形成是中国优秀传统文化当代价值转化的最好体现，既是中国人民的理想愿望，也是世界大多数国家和人民的共同愿望和梦想。构建人类命运共同体的核心价值理念旨在维护和追求世界各国自身安全和利益时兼顾国际社会的合理关切，在谋求本国自身发展的同时推动世界各国共同发展，这一对人类文明整体利益发展具有巨大促进作用的价值观蕴含着世界范围内理性协调和谐的安全观、合作共赢的正确义利观以及包容互鉴的新型文明观，与习近平总书记关于改革创新全球治理体系目标和构建新型国际关系的主张一脉相承、互为补充。

新时代马克思主义中国化国际传播思想是新时代中国对外传播工作实践的理论升华，是中国特色社会主义理论体系和习近平新时代中国特色社会主义思想的重要组成部分，集中体现了鲜明的中国特色、强烈的时代特征和深邃的战略视野。这一重要思想从理论上科学回答了新的历史时期中国对外交往的原则立场和政策举措等重大问题，明确了新时代中国对外传播工作的形势任务、目标原则、路径手段、战略策略、体制机制，创新了中国化马克思主义对外传播理论，形成了科学、系统、完备的思想体系，是新时期中国对外传播事业的重要理论指导和宝贵精神财富。系统把握研究新时代马克思主义中国化国际传播思想对中国化马克思主义对外传播理论体系的创新发展，就必须对这一思想体系进行全面、系统的梳理。其中，需要特别注意的是，必须认识到新时代马克思主义中国化国际传播思想是新时代中国特色社会主义对外传播实践和理论在世界面临百年未遇之变局的大背景下不断形成和发展起来，这一背景对于深入思考和理解变化的中国和世界如何更有效互动以适应中国不断重新崛起走向世界文明舞台中央具有前所未有的重要理论和现实指导意义。正如前文所述，新时代马克思主义中国化国际传播思想是一个博大精深、创新开放的理论体系，要系统把握组成这一重要思想的主要理论支柱，就必须明确新形势下对外传播工作战略目标、提出一整套对外传播战略策略指导原则、确立中国特色国际话语理论体系、深化中国对外传播的全方位战略布局、强化党对对外传播工作的集中统一领导、展现开拓进取和勇于担当的鲜明风格等。新时代马克思主义中国化国际传播思想指引下的中国特色对外交往，不断在国际舞台上改进和完善发出中国声音的方式方法，提出中国方案、中国智慧、中国倡议，展示自信开放、包容合作的中国文化底蕴和中国风格、中国气派，赢得了国际社会和中国与世界大多数国家人民的高度赞誉与广泛支持，对中国国际地位和声誉的提升发挥了关键的舆论引导作用。总体上讲，新时代马克思主义中国化国际传播思想积极推进对外传播理论和实践创新，开辟中国特色对外传播新境界，其对中国化马克思主义对外传播理论内容的创新发展体现在以下几个方面：

第一，始终以坚持发展新时代中国特色社会主义建设这个"牛鼻子"为根本，在国际社会和世界舞台上展现中国共产党和中国应对世界百年未遇之变局的战略自信。改革开放之后很长一段时间，由于受限于中国综合实力，中国对外传播因应中国在国际关系交往中遵循的"韬光养晦，不打头"原则，基本上展现不出中国在重大国际事务中的战略自信。这样的情况导致西方主导的国际舆论场对中国的发展指手画脚、无事生非、造谣中伤甚至蓄意抹黑、恶意打压，使中国在国际舆论中常常陷于有理说不出、道不明的困境。十八大以后，习近平总书记以战略家的政治勇气和胆魄多次强调必须改变中国在国际舆论场上的被动状况，主动向国际社会传播好中国声音、讲述好中国故事，构建具有中国特色社会主义对外传播话语体系，提升国际话语权。什么是中国特色？坚持中国共产党在中国社会主义建设中的领导核心地位就是中国特色，中国特色社会主义是人类文明史上最伟大的创造发明。经历过近代以来一百多年民族屈辱的中国人民在中国共产党领导下完全有信心和决心为人类对更好社会制度和发展道路的探索提供中国方案和中国智慧。"咬定青山不放松，立根原在破岩中。千磨万击还坚劲，任尔东西南北风。"①中国共产党带领中国人民沿着中国特色社会主义道路奋勇前进的意志和毅力坚不可摧。与此相应的是，在推进新时代中国特色对外传播理论和实践创新中必须坚定"四个自信"，对外展示新时代中国的国家意志、民族精神和国际形象，这是构建中国特色国际话语体系的力量之源和信念之基。

第二，对外传播好、讲述好以共商共建、共享共赢为原则的"一带一路"倡议，让国际社会充分理解中国自古以来形成的和而不同、天下大同、美美与共理念所蕴含的博大胸怀。习近平总书记准确把握新时代国际舆论格局和舆论生态新变化和新特点对对外传播工作的影响，不失时机提出将建设"一带一路"的重大倡议作为对外传播工作的重要内容。习近平总书记要求全方位对外宣介"一带一路"倡议对世界各国实现各自建设发展目标的重大实践支撑。从根本上说，"一带一路"虽然是中国首倡的，但并不是中国一家的事，而是一项造福沿途各国人民和整个人类社会的大事业。新时代对外传播工作必须传承和弘扬伟大的丝路精神，及时准确地向世界各国和国际社会全面阐释"一带一路"倡议成为和平之路、繁荣之路、开放之路、绿色之路、创新之路、文明之路、廉洁之路所具有的独特内涵。

第三，新时代中国特色对外传播坚持在国际舆论场中以相互尊重、合作共赢为基础，倡导世界各国走和平发展道路，在国际社会积极唱响全球治理体系改革创新协奏曲，提倡全球治理"合则强，孤则弱"②。习近平总书记指出，合作共赢应该成为各国处理国际事务的基本政策取向。世界各国应该把本国利益同各国共同利益结合起来，不断寻求扩大各方共同利益的汇合点，不能这边搭台、那边拆台，要相互补台、好戏连台。同时，利用各种对外传播手段全面阐释国际关系交往中双赢、多赢、共赢的新理念，摒弃你输我赢、赢者通吃的陈旧国际关系思维，鼓励世界各国做到"各美其美，美人之美，美美与共，天下大同"。从历史

---

① （清）郑燮：《竹石》。
② 《管子》。

角度看，中国之所以不认同"国强必霸论"，这与中国人的血脉中没有称王称霸、穷兵黩武的基因密不可分。中国不会忘记近代以来曾经遭受战争以及西方列强欺侮的惨痛历史，所以绝不会重蹈西方崛起的战争之路，也绝不会将自己的意志强加于人。新时代中国特色对外传播着力于配合国家对外交往大局为依托，努力在全球范围内广交朋友、善结缘，为打造全球性战略伙伴关系摇旗助威，应该紧紧围绕中国外交布局，有针对性地开展工作。在中国外交布局中，大国关系是关键，与周边国家关系处于首要地位，与广大发展中国家关系是基础，而发展多边关系则是舞台。习近平总书记以上关于新时代中国特色大国外交的工作重点无疑为新时代对外传播工作奠定了坚实的理论基础并指明了努力的方向。

第四，中国特色国际传播旗帜鲜明地坚持以公平正义为理念引领全球治理体系改革创新。以西方"二战"后主导的全球治理体系历经 70 多年发展，正处在深刻演变的重要阶段，存在一些问题和弊端，已经严重阻碍了新时期世界各国相互之间的合作与发展，全球治理体系改革创新日益成为中国对外传播工作的前沿和关键问题。这就要求新时代中国特色对外传播利用各种方法和手段在国际社会大力弘扬共商共建共享的全球治理理念，积极倡导改革国际关系民主化中不合理不公正的现象，以多边主义、公平正义作为新型国际关系构建的核心内容。必须看到，中国倡导对全球治理体制机制进行相应的改革创新，既不是以对抗为目的将现有全球治理的所有规则全部推倒重来，也不是另起炉灶，让西方国家走人，而是引导新型国际关系与时俱进、不断创新完善，推动它朝着更加公正合理的方向发展。新时代马克思主义中国化国际传播思想关于强化引领全球治理体系改革创新的理念不仅丰富拓展了新中国成立以来外交理论和实践，而且是自鸦片战争以来中国第一次提出要改革创新国际规则，这种改革创新并不是将西方主导的现有规则完全抛弃，而是对之进行科学全面的"扬弃"，这在中国对外传播史上具有划时代的里程碑意义。

第五，新时代国际传播突出坚持国家核心利益为底线，坚定维护国家主权、安全、发展利益不动摇。当今世界正处于大转型、大发展的剧烈变动之中，伴随着这种转型和发展的不稳定不确定因素也在不断增加，而中国也正处于走向世界舞台中央的关键时期，发展面临的机遇和挑战并存。坚持底线意识和底线思维是新时代构建中国特色社会主义对外传播话语体系须臾不可放松的底线原则。如果说以前中国为寻求和平稳定的外部发展环境，对国际上极个别挑战中国底线的行为做出针锋相对的回应不够充分有力，那么新时代中国对外传播的一个重要任务就是要对那种试图侵害中国国家核心利益的言行和考验中国底线的企图进行毫不留情的回击，这样做既是在维护中国的国家利益，也是在维护世界和平与正义。中国现在的国家主权、安全和发展利益是近代以来数代仁人志士和千千万万先烈用鲜血和生命铸就的，绝不容许任何人、任何集团、任何国家对之有任何的图谋不轨言行。对此，新时代对外传播工作应该以承担起历史和时代赋予的重任为己任，在维护国家核心利益上不断探索创新对外传播的新路径、新方法。

第六，新时代中国特色国际传播工作坚持以对外工作优良传统和时代特征相结合为方向对外塑造全面、立体、多元的东方大国独特风范。正如罗素所言，在中国数千年的文明发展史上，野蛮的武力攻击显然不是中国文明血液中流淌的基因。中华民族自古以来爱好和平举世皆知，在数千年历史积淀中所形成的坚韧不拔的精神品质和天下为公的世界情怀更是惊天地泣鬼神，包容相长历来是中国优秀传统文化的本质体现。新中国成立以来，中国在对外交往实践中逐渐形成了以独立自主、和平发展、合作共赢为鲜明特色的外交理念和优良传统。习近平总书记继续创新发展中国对外交往新理念、新思路，形成了具有鲜明特点的习近平外交思想。与此相应，习近平总书记强调中国对外传播工作要在坚持"有原则、重情谊、讲道义、谋公正"①基础上，不断总结实践经验、继承弘扬中华优秀传统文化和新中国成立以来对外传播优良传统，进一步丰富和发展对外传播理念，拓展对外传播新方式、新手段。在这种思想指导下，习近平总书记相继提出推动构建新型国际关系等一系列国际交往新理念，进一步丰富创新了新时代中国对外传播工作的内容，塑造了新时代中国对外传播特有气质和风格，从而把中国特色对外传播工作推向更高境界。

时代呼唤使命，责任呼唤担当。站在新的历史起点上，开创历史的使命需要有与之相应的伟大思想做指引，而丰富多彩、奋发有为的实践又孕育着伟大的思想。新时代马克思主义中国化国际传播思想既深刻总结近年来尤其是中共十八大以来中国对外传播工作取得的重大进展和各项理论与实践创新，又前瞻性地全面

---

① 习近平. 在金砖国家领导人第六次晤上的讲话[N]. 人民日报 2014-07-12.

规划和部署了今后一个时期中国对外传播的使命任务与前进方向，创造性地提出了新时代中国对外传播贯穿于中国特色的对外关系、国际秩序、全球治理等一系列重大政策主张，讲述好中国故事、传播好中国声音、提升中国国际话语权，全面丰富发展了中国特色对外传播理论体系，有着鲜明的时代性、创新性、先进性。在新时代马克思主义中国化国际传播思想的指引下，新时代的中国特色对外传播将在重点阐释实现中华民族伟大复兴中国梦、构建新型国际关系和"人类命运共同体"的新的历史征程中必将给世界各国带来更多实现民族梦想和世界梦想的理论和实践创新。

4.4 彰显中国优秀传统文化魅力是新时代中国国际传播创新发展马克思主义中国化对外传播理论和实践的重要内容

对外传播好、阐释好中国优秀传统文化以及中国优秀传统文化与马克思主义中国化之间的关系，从而为世界提供解决全球问题以及人类文明未来走向的中国公共产品是新时代马克思主义中国化国际传播思想创新发展马克思主义中国化对外传播理论和实践的重要内容。习近平总书记自青少年时期起即博览群书，特别是对中国优秀传统文化具有深厚的知识积淀和素养，这种知识积淀和文化素养体现在他治国理政的理念和实践中。尤其是在对外交往中，无论是与外国政要会见还是发表署名文章和重要演讲，以及与普通社会公众进行近距离交流，习近平总书记总是将中国优秀传统文化中所昭示的丰富的哲理用他特有的"习式风格"深入浅出地信手拈来，让人感觉如沐春风、余味无穷。梳理和分析习近平总书记发表的相关系列讲话和文章以及与外国政要会见时的谈话可以清晰地发现，他对中国优秀传统文化传承、运用与发展的重视已经为新时代中国对外传播树立了经典性的标杆。他善于用中国传统文化的内涵来阐释中国道路选择并在国际上呈现中国负责任大国形象。近年来，中国对外传播工作理念和实践的一个重要创新点和突破点就在于对外集中彰显中华优秀传统文化所蕴含的深邃的哲学思想内涵和当代价值转换的无穷魅力。

文化自信来源于中华民族几千年连绵不断、源远流长的历史记忆和包容圆融、和而不同的中国智慧，来源于对当代中国特色社会主义道路的坚定信念。2014年9月11日，在前往塔吉克斯坦的专机上，习近平总书记在万里高空聊传统文化时说道："古诗文经典已经融入中华民族的血脉，成了我们的基因。"①对外传播面临世界百年未遇之变局如何凝心聚力，向国际社会宣示坚守中国特色社会主义道路自信、制度自信、理论自信和文化自信的信心和决心，习近平总书记不仅在国内多个场合而且在重要的国际交往中多次给出了明确的答案，这就是：中国不能全盘照搬别国的政治制度和发展模式，否则会水土不服，甚至会带来灾难性后果。他在布鲁日欧洲学院以及其他演讲中多次引用家喻户晓的俗语和经典名著以阐释中国为何要坚定不移地走自己的路。这些引用不仅极为准确，而且把严肃生硬的政治性话题用话家常式语言生动形象地表明中国的坚定立场，不仅给人一种鲜活的画面感，而且从这些无可辩驳的语言中透露出中国对原则性立场的坚守。中国特色社会主义道路不仅是一种历史的抉择，更是中国人民自近代以来经过血雨腥风的奋斗和争取才选择出来的适合本国国情的道路，中国有何理由不坚定不移走下去？同样，对外传播如何回应把握世界大势与推动中国全面深化改革问题上，习近平总书记更是以时不我待的紧迫感和时代感借古喻今，催人奋进。当今世界，以美国为代表的西方主要势力面临内部发展理念和发展方向的调整，导致民粹主义和单纯民族主义势力不断抬头，国际形势也伴随全球化和信息化发展的不断深入而处于深刻的变革之中，世界各国对改革创新全球治理体系的呼声更是一浪高过一浪。中国对外传播应该紧紧抓住时代赋予的机遇期在国际社会广泛传递中国声音、讲好中国故事，更好回应"一带一路"倡议广泛展开和构建人类命运共同体理念不断深入人心大背景下世界期待更多中国智慧、中国方案的声音。

中国优秀传统文化中不乏对"义""利"关系的哲学深思。习近平总书记在对外传播中充分利用中国古代哲人关于"义利"关系的深刻思考，在各种重要国际场合倡导世界各国在国际关系行为中积极践行正确的义利观问题上，他强调，

---

① 听习大大讲传统文化［EB/OL］．［2016-01-31］．新华网，http://www.xinhuanet.com//politics/2016-01/31/c_1117948387.htm.

"国不以利为利,以义为利也"(《大学》),讲信义、重情义、扬正义、树道义是自古以来国与国交往的基本道义要求和行为准则。在当代国际合作中,民族国家寻求"利"目标指向可以理解,但是在实际操作中更应该注重"义"。与此同时,习近平要求新时代中国特色对外传播工作必须对外展示中国如何向国际社会回应坚定不移走和平发展道路的问题。他多次用中国优秀传统文化中关于人与人、人与社会和国家与国家之间的经典论述阐明中国文明发展史中没有对外武力扩张的传统和历史以及对走和平发展道路的坚定承诺。习近平反复重申,坚定不移走和平发展道路,永不称霸、永不扩张是中国对国际社会所作的"君子一言,驷马难追"的庄严承诺,这种承诺既不是权宜之计,更不是欺世盗名。不仅如此,他积极将中国优秀文化传统中关于天下大同、美美与共思想运用于对外传播中,特别是用来阐释推动实现"人类命运共同体"的国际关系新理念问题上。他指出,在当今全球化将世界各国变为你中有我、我中有你不可分割的互联体的过程中,世界上不同国家和民族之间已然形成了"一荣俱荣,一损俱损"的连带效应,"各家自扫门前雪,莫管他人瓦上霜"①不仅不能解决世界面临的共同问题,而且如果放任这些问题肆虐,任何一个国家和地区都不能独善其身。因此,当今世界,各国之间唯有合作才能实现共赢。地球已经成为人类共同生活的一个村,任何国家的任何行动都可能会牵一发而动全身,树立牢固的命运共同体意识是促进人类进步、文明发展的唯一正确的选择。

纵观新时代马克思主义中国化国际传播思想,"中国梦""世界梦""构建人类命运共同体"等理念可以说是习近平总书记对中国优秀传统文化最能反映时代发展特征和顺应时代发展要求的运用和最与时俱进的创新,这无疑是丰富拓展了马克思主义中国化对外传播内容。这些理念和创新既凸显了对中华民族优秀传统价值观的传承与弘扬,也向世界展示了中国优秀传统文化所蕴含的智慧结晶,更深刻体现了新时代马克思主义中国化国际传播思想对马克思主义中国化对外传播理论和实践的创新发展。新时代马克思主义中国化国际传播思想中创新性运用中国优秀传统文化知识体系和丰富内涵,从而对马克思主义中国化对外传播理论的创

---

① 蔡纯琳. 习近平这样回答时代之问[EB/OL]. [2014-04-11]. 央视网, http://news.youth.cn/sz/201804/t20180411_11596072.htm.

新发展可以梳理归纳为以下几个方面：

第一，习近平总书记强调，将中国传统文化中关于联系的、动态的观点用于解决人类面临共同问题，以提供中国智慧、中国方案并作为开展新时代国际传播工作的重点内容。中国优秀传统文化的一个突出的特点就是认为世界上的万事万物都是相互联系、相互影响、相互作用的，正是事物的相互联系、相互作用才使各种事物处于不断发展变化中，不断变化的动态过程是事物的基本属性。习近平总书记要求新时代中国对外传播工作以联系的观点在世界范围内阐释中国倡导构建共商共建、共享共赢的新型国际关系和构建人类命运共同体理念对促进人类社会整体发展的现实性、必要性和紧迫性具有强烈的战略前瞻性。新型国际关系和"人类命运共同体"的客观基础就在于世界各国在全球化和信息技术推动下已经成为一个密不可分的统一体，各国相互之间的有机联系不仅关涉到各个国家自身命运，而且也牵动着全世界共同的神经，因此各国之间只有强化协调与合作，世界才能变得更加美好。与此同时，对外传播在把世界作为一个相互联系、相互影响的统一整体的同时，必须以不断变化着的动态的眼光观察分析世界各国因应变化着的时代而做出的与时俱进的观念和政策调整。中国传统文化强调任何事物都处于不断的动态变化中，没有任何事物处于一成不变的静止状态，其中最具代表性的观点当属《周易·系辞》"生生之谓易"。凡变化皆包含创新，只不过创新程度有多少之别和大小之分。新时代马克思主义中国化国际传播思想与时俱进，强调以联系的、不断发展的观点对外传播好中国声音、阐释好中国与世界的关系。面对复杂多变、乱象横生的国际舆论局势和全世界面临日益增加的共同问题，新时代中国的对外传播比以往任何时候都更加需要理念及手段创新。"不日新者必日退"（《二程遗书》），创新既是一个国家、一个民族兴旺发达的不竭源泉，也是中华文明数千年连绵不断屹立于世界文明之林的根本动力。"凡益之道，与时偕行。"（《周易·益卦·象传》）正如习近平总书记所说，和平、发展、合作、共赢仍是当今时代主流，尽管当今世界矛盾丛生、冲突不断。也就是在这样的时代背景下，习近平总书记高瞻远瞩提出"一带一路"和"亚投行"倡议，这既适应习近平总书记所提出的建立新型国际关系和构建人类命运共同体的理念，也为新时代中国对外传播工作创新发展指明了基本方向和着力点。

第二，习近平总书记从中国"和合"传统文化本质出发要求新时代中国国际传播要强化中外人文交流中不同文明间交流互鉴互补和求同存异。既要看到不同文明在促进人类社会进步中发挥的引领作用，也要看到各种不同文明相互之间的差异性，积极倡导各种文明之间既要求同存异，也要聚同化异，更加注重与其他文明的交流借鉴和互补。习近平总书记指出："加强中外人文交流，以我为主、兼收并蓄。"①对外传播中加强人文交流的目的就在于倡导和推进不同文明和睦共处，"和合"思维历来是中国传统文化的本质特征。中国传统文化历来重视"和合"对人类发展的重要性。"和合"意指不同事物间多样性的统一。任何事物都具有其他事物所不具有的长处，也有其他事物所不具有的短处。正如《楚辞·卜居》所说："夫尺有所短，寸有所长，物有所不足……神有所不通。"和合的核心在于"和"，这种"和"就是指各种事物之间相互取长补短。中华文明本质上是一种"和"的文明，这已经是被历史和现实所证明过的，这种"和合"文明包含包容、和谐、互鉴、开放、融通等多项意涵。和合性最本质的要求就是承认和接受各种事物本身所具有的多样性，同时还要认识到任何事物都不可能孤立于其他事物而单独存在，这也就需要各种事物能够容忍和接纳其他事物的差异性，并与其他事物做到和睦相处，融为一个在共同相处环境中的统一体。寻找不同事物间的和合性最关键就是先撇开事物间的"异"，找准事物之间的同，以"容"和"融"的气度最大限度地减少相互之间的差异性，这就是求同存异。求同存异一直是新中国成立以来处理与世界上其他国家交往时的基本立场和主张，不管中国与其他国家在一些重要问题上看法有多的不同。世界上任何文明的生成和延续都有其一定的合理性，这种合理性建立在不同国家和民族的人民在长期的历史实践中创造的物质财富和精神财富总和基础上，并被这些国家和民族甚至世界人民长期作为一种习俗、传统和价值尺度在历史长河中被保留下来，而各种文明要想有长久的生命力和广泛的影响力就离不开与其他文明互相交流，从交流中互学互鉴、互为补充。

辩证唯物主义认识论首先要求从普遍的、联系的观点看待世界。中国传统文化一向崇尚见贤思齐、海纳百川，而且诸多优秀传统思维中的许多基础性概念存

---

① 习近平. 决胜全面建成小康社会　夺取新时代中国特色社会主义伟大胜利——在中国共产党第十九次全国代表大会上的报告[N]. 人民日报，2017-10-28.

在着某种形式和程度的互联互动关系，如乾坤、日月、刚柔、阴阳等从不同侧面说明了事物的相互依赖、相互转化关系，体现出朴素的辩证唯物主义思想。鉴于此，新时代对外传播必须充分认识到历史上和现实中各种文明互补的重要性，特别是要强调不同文明互学互鉴，不仅要求同存异，而且也要善于聚同化异。特别是面对世界格局处于剧烈调整变动的关键时期，一些地区间或涉及全球性的热点问题不断出现，中国承担国际义务和责任日益增多，对外传播更要以"和合"的视角和智慧完整展现中国社会主义大国、悠久文明历史的东方大国和负责任大国形象。比如，对外全面阐释中国梦的科学意涵以及中国梦与世界梦的关系、"一带一路"倡议、构建人类命运共同体及新型国际关系理念等，还有针对地区和全球性事务中的热点问题，如伊核问题、朝鲜半岛问题、中东问题以及全球化趋势不断加深背景下的贸易保护主义问题等对外旗帜鲜明地表明中国立场观点及解决问题的思路和具体路径等。

第三，习近平总书记从整体性观点出发要求新时代中国国际传播工作及时准确精准把握世界和平发展的整体趋势，科学阐释中国特色社会主义发展对世界所具有的普遍意义的启发性功能。将世界作为一个整体观察和分析人类不同文明未来发展趋向，是新时代马克思主义中国化国际传播思想的重要特色。按照辩证唯物主义认识论观点，整体和部分之间是辩证统一的关系。事物的整体居于主导地位，发挥着统领事物各部分之间相互联动的作用，它具有部分不具备的特殊功能；而事物的整体也离不开部分，整体由部分所组成，部分在一定程度上制约整体，特别是关键部分的功能及其变化甚至对整体的功能起决定作用。这就要求人们在重视整体功能的同时，还要重视部分的作用，搞好局部与局部、局部与整体之间的各种关系，以整体的思维推进事物的各个部分有序前进，同时注意用局部的发展推动整体的发展。新时代中国特色对外传播工作更应该从整体性和联系性的观点出发进行工作谋划和实践。对于处于复杂多变的国际局势而言，必须以整体性思维对全局进行判断和把控，这样才不至于顾此失彼，挂一漏万。中国优秀传统文化的一个显著特点就是从整体而非局部把握事物的性质、相互联系及其发展规律。其中，反映这种整体思维的集中体现就是"天人合一"的哲学观，"天"就是道、真理和法则，"天人合一"就是与先天本性相合，回归大道，归根复命。这种哲学观认为人与世间天地万物，即人与人、人与社会、人与自然共同构成和谐共生的整体。以整体性思维把握新时代对外传播首先就要在国际舆论场中表明人类共同利益大于个别国家和民族利益的观点，倡导世界各国谋求自身利益最大化的追求应该与尊重他国或他人利益放在一个整体中加以综合考虑。如今"鸡犬之声相闻"的"地球村"仍然很不太平，特别是近年来美国单方面宣布不再履行《中导条约》的相关规定以及其他"退群"行为直接导致大国关系面临更多的不确定性，究竟何去何从无疑已经成为大国之间关系博弈的焦点。与此同时，近年来传染性疾病对人类的频繁"骚扰"、地区局势紧张加剧以及气候不断变暖和生态环境持续恶化等全球性问题日益突出，任何负责任的国家面对这些全球共性问题都要从全世界整体利益、而非一国或一己之私利来制定和实施与世界其他国家的交往规则。可以说，在事关人类文明向何处去的关键历史时刻，新时代马克思主义中国化国际传播思想无疑体现了一个负责任大国的担当和胸怀。不仅如此，从整体性观点出发思考问题、分析问题要求新时代对外传播必须具有全局性、前瞻性、战略性的眼光。新时代中国特色对外传播应该树立世界全局眼光，紧紧围绕党和国家统一部署强化谋局布篇，通盘考虑，梯次推进，既整体布局又突出重点，既多点开花又精准发力，发挥综合积极效应，要善于在各种纷乱复杂的国际关系现象中发现人类社会整体发展的本质，尤其要认清和把握世界文明长期进步的大势，发挥对外工作的耳目喉舌功能。新时代马克思主义中国化国际传播思想基于对国际关系历史传统和现实世界形势的总体把握，有机地将中国传统文化优秀内核与当前对外传播实践相结合，显现出对马克思主义中国化对外传播论承前启后、继往开来的整体战略观念。

第四，习近平总书记以中国传统文化中"道法自然"的和平观要求新时代中国特色国际传播围绕为国际社会提供世界性中国公共产品开展工作。对于处于百年未有之变局的世界而言，旧有世界格局无疑面临调整和改变的剧烈震荡中，这种震荡给包括中国在内的世界各国既带来了机遇，也带来了挑战。机遇主要指世界变化大势势不可挡，正可谓"江山代有人才出，各领风骚数百年"，对原有全体治理体系改革创新已经时不我待；而挑战主要指垄断世界事务和格局的旧有势力不甘心退出历史舞台以及人类面临的各种共同问题所需要的解决之道仍然面临严峻形势。从整体上说，当今世界处于新的治理体系确立和变化前的混乱时期，国际社会呼吁改革的声音越来越大，旧有势力与新势力、旧有势力之间的各种力量的交织角逐日甚一日。虽然和平与发展仍是当今时代发展主题，但和平、发展、共商、共建、共享也是时代的命题。今天的世界纷乱不已，影响和干扰中国实现民族复兴中国梦的外部因素还有很多，以美国为代表的旧有国际秩序的维护者和留恋者从没有放弃采取任何手段干扰中国的发展，自2018年以来美国对华发动贸易战就是最好的说明。另一个最能说明问题的例子就是，新冠疫情本是人类共同面临的公共安全挑战，却被一些别有用心的美国人拿来大肆做文章，甚至叫嚣中国向世界道歉以及所谓对中国追责等突破人类情感底线的荒唐抹黑炒作，彻底暴露了个别美国人做惯了"老大"，不仅对出现在中国的突发事件幸灾乐祸、落井下石，而且枉顾全人类面临疫病巨大挑战仍然不择手段满足其一直膨胀的自私自利心理。这些情况表明，当今世界存在的严重和平赤字已经威胁到人类的基本生存权利和发展权利。尽管如此，和平发展不仅是国际社会发展和中国自身发展的历史大趋势和必然要求，也是中国数千年优秀传统文化积淀的必然要求。儒家提倡博爱、厚生，公平、正义、诚实、守信、革故、鼎新、文明、和谐、民主、法治等价值观陪伴中华文明延续了数千年，一直是民心稳定、社会进步的基石，而仁爱、仁政的思想则突出反映了用仁爱的精神来实现"天下大同"。尽管墨家创始人墨子深谙战争之道，但他在政治上提出了"兼爱""非攻""尚贤""尚同"等主张。其中，"兼以易别"是他社会政治思想的核心，"非攻"是其具体行动纲领。他认为只要大家"兼相爱，交相利"，社会上就没有强凌弱、贵傲贱、智诈愚和各国之间互相攻伐的现象了。这说明墨子更执着于追求人世间的和平。不仅儒家、墨家追求和平、仁义、公正等思想，中国其他传统文化派别也无一不是从"爱、和"的视角对世界提出期待。例如，以"无为无不为"（《道德经》）为核心的道家思想认为天道无为、道法自然，进而提出无为而治、以雌守雄、以柔克刚、刚柔并济等政治、军事策略，这些思想无不具有朴素的辩证思维，从根本上讲仍属和平思想范畴。庄子进一步继承和发展了老子思想，其核心思想是"道"，主张"道德"。从总体上看，道家哲学主张世间万物由道而生，人与自然源出一处，通天下一气等核心观念，对人类本源上的平等进行了逻辑上的推理论证，并由此而提出了社会平等、经济平等的诉求。庄子则更是强调"物无贵贱，至仁无亲"（《庄子》），凸显出与儒家提倡的尊卑有等的等级制度以及亲亲尊尊观念的根本差异。和平既是兵家赢得战争的战略，也是兵家齐家治国平天下的方略。兵家和平思想的基本内涵可以以归结为五个方面：一是战争的终极目的是禁暴除乱和安国保民，而不是以涂炭生灵为旨趣；二是将战争获胜的理想结局定位于"不战而屈人之兵"，而不是以嗜杀成性为目标；三是决定获得战争胜利的基础在于赢得人心和"修道保法"，而不在于武器优劣；四是高度重视智谋的作用并以之作为克敌制胜的重要手段，而不是靠莽夫的勇猛拼杀；五是维持长久和平的方法是依靠强大的经济、军事实力和常备不懈作为威慑力量。兵家的和平思想对于新时代中国对外传播仍然具有极强的借鉴意义。

第五，在精准判断和把握国内和国际变化发展大势基础上，用中华优秀传统文化高屋建瓴阐释中国与世界交往之道。新时代马克思主义中国化国际传播思想根植于中国优秀传统文化精髓，不仅在理论和实践上创新发展了马克思主义中国化对外传播理论，而且为新时代中国对外传播明确了方向，并给国际社会提供了妥善处理国家间关系的应有之法。比如，在与周边和非洲国家交往上，习近平总书记分别提出"亲、诚、惠、容"①和"真、实、亲、诚"②的对外工作理念和具体方针，既是对新中国成立以来中国对外政策和中国优秀传统文化的继承和弘扬，也丰富拓展了中国共产党对外交往理论。从实践层面来说，新时代马克思主义中国化国际传播思想基于共商共建、互利共赢的原则提出一系列对国际社会交往具有开创性的倡议，如：推动构建人类命运共同体理念，并将这一理念作为人类社会持续发展的目标；提出一系列推动改革创新全球治理体系的主张建议，并以此构建新型国际秩序规则；积极应对全球范围内日益频繁的突发公共卫生安全事件；以坚决的手段和果断的措施打击并遏制恐怖主义势力在全球范围内的蔓延。中国的上述倡议建立在人类社会发展的制高点上，以中国智慧、中国方案向世界提供的公共产品。不可否认，作为世界第二大经济体，中国未来走向引发世界关注既是一种现实，也是情理之中。新时代马克思主义中国化国际传播思想以战略家的思维运用中国优秀传统文化精华，创新性地继承弘扬马克思主义中国化对外

---

① 习近平. 决胜全面建成小康社会　夺取新时代中国特色社会主义伟大胜利——在中国共产党第十九次全国代表大会上的报告[N]. 人民日报, 2017-10-28.

② 习近平. 永远做可靠朋友和真诚伙伴——在坦桑尼亚尼雷尔国际会议中心的演讲[EB/OL]. [2023-03-25]. 中央政府门户网, http://www. gov. cn/ldhd/2013-03/25/content_2362201.htm.

传播理论，及时回应世界关切，消除国际社会的疑虑和歧见。"达则兼济天下"是中华民族优良传统，新时代的中国欢迎各国搭乘中国经济发展快车或便车，中国愿与世界各国分享发展经验与成果，与国际社会一道共襄合作盛举，以自身发展实践践行构建人类命运共同体理念。

4.5 新时代中国国际传播以更加开阔的格局观和历史观开辟了当代马克思主义国际传播理论新境界

作为反映时代特征、把握时代脉搏、回应时代命题、指引时代航向的具有划时代意义的科学理论，新时代马克思主义中国化国际传播思想以开阔的视野、全新的视角、宏大的格局审视新时代中国共产党人承载的实现民族复兴中国梦和人类社会进步世界梦的历史重担，使中国共产党人再一次从时代赋予的思想制高点上创造性地展示马克思主义中国化理论的时代引领力和实践感召力。这种引领力和感召力最基本的立足点和出发点及其逻辑依据就是围绕新时代如何创新构建中国特色社会主义对外传播话语体系并提升中国国际话语权以及如何创造性运用马克思主义的基本立场、观点和方法在世界范围内科学系统地揭示实现中华民族伟大复兴中国梦构建人类命运共同体的必然历史进程，这一理论逻辑不仅开辟了马克思主义中国化对外传播新的理论境界，而且引领了新时代中国特色对外传播新的生动实践，从而为实现中国梦与世界梦的有机联结提供科学指南，在引领科学社会主义运动进程、推动人类进步事业中贡献独特的中国智慧、提供中国作为负责任大国应有的中国方案。从整体上看，新时代马克思主义中国化国际传播思想以更为开阔的历史观和宽广的格局观把握时代变迁的主动脉，在深刻揭示新时代中国特色对外传播进入新的历史进程、书写新的历史篇章中展示马克思主义中国化对外传播理论原创性贡献，显示了中国共产党人在历史巨变的关键转折期不断与时俱进、勇于创新并不断打破陈规旧俗、实现自我更新自我修复自我完善的理论勇气。新中国成立以来特别是改革开放以后，中国的对外传播工作为增进中外交往、争取中国发展的和平稳定外部环境取得了卓有成效的突出成就；但是随着时代的变化、技术的发展、世界格局的变迁以及"地球村"在人类社会成为现实，原有对外传播理论和举措已不能适应新时代赋予中国的新的历史使命。正是在这样的时代背景下，新时代马克思主义中国化国际传播思想在继承和发展马克思主义中国化对外传播理论基础上，结合变化着的国内国际局势，不断拓展创新新时代中国特色对外传播理念和实践，开创了中国特色社会主义对外传播新格局。

马克思主义理论创立形成的一个重要逻辑起点就是运用辩证唯物主义和历史唯物主义立场观点分析洞察人类历史进程和世界发展大势，这种逻辑起点也是马克思主义理论之所以成为一种科学理论而不断创新发展的基本路径。正是马克思、恩格斯在对社会基本矛盾的深刻分析中逻辑地揭示出推动人类社会形态演进的历史规律并阐明了人类社会发展的必然趋势和全人类解放的正确方向，马克思主义基本理论才得以确立。20世纪初，列宁领导的布尔什维克之所以能够取得胜利，一个最根本的原因就在于将马克思主义基本原理运用于当时的俄国革命实际，获得了人民的广泛支持。以毛泽东为代表的中国共产党人以对中国社会历史状况和社会状况的系统分析为基础，创立了以实事求是为核心的毛泽东思想。邓小平在深刻洞察国际国内发展潮流和历史大势的基础上，科学回答了如何认识社会主义以及在落后国家怎样建设和发展社会主义的一系列基本问题，形成了以解放思想、实事求是、摸着石头过河为思想内核的邓小平理论。总结分析马克思主义理论和实践发展及其中国化的历史进程可以发现，其创新发展一以贯之的显著特征就是以开阔的历史眼光和敏锐而深邃的洞察能力把握国内和国际历史大势。"不畏浮云遮望眼，自缘身在最高层"。新时代马克思主义中国化国际传播思想立足于新时代中国特色社会主义对外传播实践，以对马克思主义辩证史观和唯物史观为指导，突破惯常的历史认识、社会认识和思维模式，为新时代中国特色对外传播领航掌舵，体现了马克思主义中国化理论发展中一种更为开阔的历史视野和宏大的格局意识。

4.5.1 新时代中国国际传播以开阔的历史视野和宏大的时代格局厚植新时代中国特色国际传播理论体系

毫无疑问，新时代马克思主义中国化国际传播思想以马克思主义中国化实践和当代中国所处历史方位及世界发展大势为分析观察的现实基点，从中国数千年连绵不断的文明史、中国共产党百年奋斗史、新中国成立以来的发展史和改革开放成就史以及世界近代以来国际格局变迁史的宽广视角出发，把中国古往今来的文明智慧史与现在和未来光明发展前景以及世界百年未遇之变局的时代大势融会贯通，构成一幅既脚踏实地，又顶天立地的宏伟分析框架，把新时代中国特色社会主义实践同世界科学社会主义运动、人类文明发展前途命运紧密联系在了一起。因此，新时代马克思主义中国化国际传播思想"以全新的视野深化对共产党执政规律、社会主义建设规律、人类社会发展规律的认识"①。这个视野之所以是"全新的"，最为根本的原因就在于以恢宏的历史气势和宽广的格局意识为中国和世界发展把脉问诊，体现了一种"在历史前进的逻辑中前进、在时代发展的潮流中发展"②的心胸、眼界和情怀。正是因为有了更为开阔的历史视野和宏大的格局意识，新时代马克思主义中国化国际传播思想以睿智的洞察力梳理统揽古今中外成败兴衰史，科学回答"面对复杂变化的世界，人类社会向何处去？世界前途在哪里？"③这个充满哲学智慧的时代之问，系统而深刻阐明了当代中国所处的历史方位、发展大势和趋势，向世界展示了中国共产党百年来勠力奋斗的历史轨迹和不同时代肩负的历史使命以及未来的历史追求。中共十九大提出中国特色社会主义进入新时代，新时代也正是世界局势处于深刻变革、迅速发展、激荡调整时期。处于新的历史方位的中国共产党提出推进伟大斗争、伟大工程、伟大事业、伟大梦想，实现"两个一百年"的奋斗目标和中华民族伟大复兴的中国梦，就是从根本上体现了一种宽广的历史观和宏阔的格局观。正是基于这种历史观和格局观，新时代马克思主义中国化国际传播思想科学回答了新时代中国特色对外传播如何深刻阐释中国坚持和发展什么样的中国特色社会主义、怎样坚持和发展中国特色社会主义以及中国对全人类社会未来发展命运的思考等一系列基本问题，系统展示了中国坚定不移走和平发展道路、推动构建人类命运共同体、构建新型国际关系坚强决心和具体行动举措，以富有卓越历史远见和强烈时代引领性的思想理

---

① 习近平. 决胜全面建成小康社会　夺取新时代中国特色社会主义伟大胜利——在中国共产党第十九次全国代表大会上的报告[N]. 人民日报，2017-10-28.

② 习近平. 开放共创繁荣　创新引领未来——在博鳌亚洲论坛 2018 年年会开幕式上的主旨演讲[EB/OL]. [2018-04-10]. 新华网，http://www.xinhuanet.com/politics/2018-04/10/c_1122659873.htm.

③ 参看习近平. 开放共创繁荣　创新引领未来——在博鳌亚洲论坛 2018 年年会开幕式上的主旨演讲[EB/OL]. [2018-04-10]. 新华网，http://www.xinhuanet.com/politics/2018-04/10/c_1122659873.htm.

念和政策主张得到世界上大多数国家的普遍认同，引发了国际社会广泛共鸣。

新时代马克思主义中国化国际传播思想的一个显著特点即是透过新时代中国和世界发展现象揭示未来人类文明整体走向和趋势的本质，以更具科学性、系统性、全面性的原理性思维回答当代世界对中国关注的焦点问题并阐释中国智慧、中国方案对处理人类面临共同问题的本真性意义及其实质，不仅有效地向世界宣介了中国，而且让世界更清晰准确地判断中国现在及未来的走势，在更大范围内稳固了与老朋友的友谊并结交了更多的新朋友。同时，在理论上也以更具有本质性和原理性的思维方式架构起一个经得起逻辑上可以演绎推敲、实践上能够验证的科学理论体系，不仅开辟了新时代中国特色对外传播理论的新境界，而且在厚植马克思主义中国化对外传播思想体系中展示了原创性的理论贡献。更重要的是，近年来实践证明，新时代马克思主义中国化国际传播思想已经成为对外释疑解惑、驳斥西方对中国恶意造谣中伤的有力思想武器。马克思曾经对理论的本质功能及其对社会实践关系进行过深刻揭示。在《思想如何变成物质的力量》一文中，马克思写道："在历史运动中，事物的本质，照我的理解，一是时势发展大趋势，一是大众心理。把握到这两条，就是抓住了事物的根本。"①即是说，理论的价值不在于语言如何动听优美，关键在于是否能够深刻揭示隐含在事物表象内部的本质性东西，亦即能否对事物与事物、事物内部各部分之间的表象关系经过科学的抽象并归纳演绎成既揭示事物本质属性又能系统性地利用一定语言框架达致完整的、科学的、原创性的理性表达。马克思主义基本原理之所以具有科学真理性并能在世界范围内长盛不衰、开花结果，最根本的原因在于它能透过纷繁复杂的社会现象的分析，通过对人类社会现实斗争的分析演绎归纳出人类社会发展的一系列规律性和根本性问题，并作出本质性、原理性的阐释。比如，通过对世界本源问题的探究及与此密切相关的存在决定意识、生产力决定生产关系、经济基础决定上层建筑等不同范畴从哲学角度进行本质性的归纳。再比如，马克思、恩格斯等经典作家在关于人民群众与领袖人物在历史中的作用以及政治与经济的关系、国家和阶级统治的关系等都做了一系列具有本质性、原理性的逻辑分析等，这些都是马克思主义历经不同时代变迁始终保持光辉灿烂的思想力量和理论

---

① 马克思恩格斯选集(第1卷)[M].北京：人民出版社，1995：9.

魅力，并引领和指导不同文化传统国家和民族在不断探求自身解放道路中彰显永恒价值的充分体现。

对规律性东西的探索必然涉及对事物自身内在本质的探究以及对这种本质所呈现出来的纹理进行分析归纳，不仅要搞清楚一种事物何以成为这种事物，还必须弄明白这种事物区别于其他事物的根本属性是什么，这既是科学研究工作的现实需要，也是理论创新发展的必然要求。就此而言，新时代马克思主义中国化国际传播思想所呈现出来的鲜明的时代特征以及这种思想之所以创新性丰富发展了马克思主义中国化对外传播理论的根本原因，就在于习近平总书记对新时代中国对外传播工作观察思考的维度突破了就对外传播论对外传播，而是将对外传播置于宏大的历史叙事与现实的国内国际发展大趋势、大潮流的格局中进行检验与判断，进而逐渐形成并不断完善新时代对外传播历史方位、根本任务、主要内容、路径选择。新时代马克思主义中国化国际传播思想的科学性、系统性、完整性、本质性、原创性思想观点厚重而丰富，始终贯穿习近平新时代中国特色社会主义思想的主题主线，涵盖范围广阔，既包括国内治党治国治军、内政外交国防、改革发展稳定等治国理政新思想，也包括在全球范围内构建人类命运共同体和新型国际关系、全球治理体系改革创新等新理念，对外突出展现中国精神、中国价值、中国力量，充分体现了不忘本来、吸收外来、面向未来的新主张新要求新判断。这些新理念新要求新判断既指出了新时代中国对外传播存在的短板及其原因，也明确了努力的重点方向，还强调了具体的实施路径，如：指出"更深层次地看，我们在国际上有理说不清的一个重要原因，是我们的对外传播话语体系没有完全建立起来。话语的背后是思想，是'道'"①。

正是这些新理念新要求新判断不仅为中国特色社会主义对外传播话语体系构建进入新时代提供了立论依据，而且也是运用辩证唯物主义和历史唯物主义方法论把握新时代对外传播根据国内国际发展大势而不断调整完善的带有根本性质的新论断。比如，习近平指出："'中国威胁论''中国崩溃论'等论调不绝于耳。同欧美一些国家受困于金融危机、同一些发展中国家陷入发展陷阱相比，同西亚北

---

① 中共中央文献研究室. 习近平关于社会主义文化建设论述摘编[M]. 北京：中央文献出版社，2017：86.

非一些国家政治动荡相比，我国发展可以说是风景这边独好。但是，西方仍然在'唱衰'中国。国际舆论格局是西强我弱，西方主要媒体左右着世界舆论，我们往往有理说不出，或者说了传不开。这个问题要下大力气解决。"①论断无疑是对新时代中国特色对外传播与当代中国实际国情和世界发展现状内在关系的深刻揭示，进一步丰富和拓展了中国特色社会主义对外传播本质的思想。再如，提出构建人类命运共同体和新型国际关系、倡导并引领全球治理体系改革创新、推进"一带一路"倡议以及成立亚洲基础设施投资银行等理念和举措，实际上是确立了新时代中国特色对外传播新的历史方位和时代特征的马克思主义对外交往理论；而将"三个自信"扩展为"四个自信"，提出文化自信是更基础、更广泛、更深厚的自信，是更基本、更深沉、更持久的力量等，则是更加突出当代对外传播中对文化地位和功能认识的重大突破，是对推进中国优秀传统文化和当代中国价值观走向世界、在国际社会广泛传播的精神支撑和力量源泉的崭新阐释，丰富了社会主义国家国际传播的基本维度。又如，提出信息技术推动的世界各国"越来越成为你中有我、我中有你的命运共同体""建设持久和平、普遍安全、共同繁荣、开放包容、清洁美丽的世界"②等，从历史的经验教训和现实的发展状况把握人类社会未来发展大势和"天下大同""美美与共"博爱情怀相结合的思想创见，回答了"世界向何处去"的重大命题；强调提出做好新时代中国对外传播的坚实基础"要把新时代坚持和发展中国特色社会主义这场伟大社会革命进行好，我们党必须勇于进行自我革命"③等。这些充满睿智的理性思想深刻揭示了人类社会历史进程中主体与客体之间的辩证统一关系，揭示了当代中国对外传播在实现自身历史使命中要做到自我强身健体、保持清醒的自我认识的内在逻辑和内在机理。马克思指出："哲学家们只是用不同的方式解释世界，而问题在于改变世界。"④改变世界的前提首先要认识和了解世界，新时代对外传播首先需要在清醒

---

① 中共中央文献研究室. 习近平关于社会主义文化建设论述摘编[M]. 北京：中央文献出版社，2017：102.

② 习近平. 决胜全面建成小康社会 夺取新时代中国特色社会主义伟大胜利——在中国共产党第十九次全国代表大会上的报告[N]. 人民日报，2017-10-28.

③ 习近平新时代中国特色社会主义思想学习纲(19)[EB/OL]. [2019-08-15]. 人民网，http://theory.people.com.cn/n1/2019/0815/c40531-31296054.html.

④ 马克思恩格斯选集(第1卷)[M]. 北京：人民出版社，2012：140.

认识到中国发展最大的优势和特色就是中国共产党领导和走中国特色社会主义道路，并能够在与外界沟通中自觉做到以党的领导统揽一切，同时还要用辩证唯物主义观点冷静理性地把握影响即将到来的世界百年巨变之各种可能潜在的因素，从而将自身的认识转化为现实的行为，进而投身于构建新型国际舆论场，真正为全人类谋福祉的宏伟事业中。

总之，新时代马克思主义中国化国际传播思想所深刻揭示的新时代中国与外界关系的一系列创造性、本质性的思想理念和行动举措，无论是从理论所需的框架构建还是实践所需的可检验标准都从根本上贯穿于新时代治国理政新理念新判断新主张的思想灵魂和理论基石之中。这一系列充满马克思主义理性光辉和广阔博爱情怀的本质性、原理性思想观点不仅闪耀着新时代中国特色社会主义美好发展前景的光芒，而且使得新时代马克思主义中国化国际传播思想展现出内在的逻辑思维力量和理论穿透力量。这是一种顺应时代大势、理性定位自我、客观把脉世界、科学归纳演绎、谋福祉于全人类的具有深厚文化理论根基的全新原理性思想体系。这一思想不仅能更加激发中国人民投身新时代中国特色社会主义建设实践的想象力和创新力，而且在全世界范围内也激起了严肃对待人类未来前途命运的思想共鸣、打下了不同文明向往互学互鉴、包容融通、和谐共处的深刻烙印，给人以思想的启迪和行动的指引。德中友协前主席、波鸿-鲁尔区孔子学院副院长托马斯·海贝勒教授（Thomas Heberer）评价道："习主席是一个富有感染力和宽广胸怀的领导人，构建人类命运共同体理念显示了他非凡的想象力和对人类文明前景的关注，这应该是自马克思以来对人类发展前途最有启发性和借鉴意义的思想之一。"①人类思想史上任何一种科学理论体系都不是凭空想象出来的，都建立在对时代感性的客观认知和理性的精准分析基础之上。如果不是以带有偏见的情感和"有色"眼镜来看待新时代马克思主义中国化国际传播思想，那么任何一个持有客观立场的理性人都可以清晰地发现，习近平对中国和世界历史、现状的精准分析把握以及对人类未来发展前途的路径勾画不仅可以和任何负责任的历史学家和战略家相媲美，而且最关键的是能够因应这种历史和现实纹理以及未来的

---

① 2019年7月22日，德国波鸿-鲁尔区孔子学院副院长、杜伊斯堡-埃森大学资深教授 Thomas Heberer 接受笔者采访。

发展大势揭示其蕴含的内在机理并进行逻辑性的因果关系归纳，从而阐明问题呈现表象内涵的本质规律性，为不同文化背景、思维模式、意识形态价值立场的人们提供了认识和解决问题的分析框架，真正从理论和实践上发挥了拓展厚植马克思主义中国化对外传播理论根基的重大作用。创新性理论的魅力就在于以科学的思维、严谨的态度、规律性的把握事物本质客观发展的内在规定性，当现有理论阐释受某种因素制约不能揭示事物这种内在本质规定性而以一种新的理论阐释方式进行创造性的思想观点阐发。这就从本质上理解了新时代马克思主义中国化国际传播思想为什么能系统地丰富拓展、厚植深化马克思主义中国化对外传播理论，并能从内心深处增强贯彻落实新时代对外传播决策部署的主观能动性和时代担当感。

4.5.2　强化以辩证思维和底线思维为导向是新时代中国国际传播创新发展当代马克思主义中国化国际传播方法论的重要体现

底线思维是习近平总书记多次强调的一个重要方面。2019 年 1 月 21 日，习近平总书记在省部级主要领导干部坚持底线思维着力防范化解重大风险专题研讨班开幕式上发表的重要讲话中，强调坚持底线思维，增强忧患意识，提高防控能力，着重防范化解重大风险。中国共产党百年奋斗历程已经充分证明，中国之所以能够取得革命战争、社会主义建设和改革开放事业伟大胜利和巨大成就，与在各个不同时代运用"居安思危、未雨绸缪"的底线思维应对重大挑战、抵御重大社会风险、克服来自不同方面的重大阻力和解决各个领域重大问题及矛盾密不可分。科学理论的功能不仅在于能够揭示事物的本质规律，更重要的是在实践中能够指导人们以什么样的方法结合不断变化的规律开展工作。方法论是人类认识世界和改造世界的重要手段，科学的方法论既能抓住事物的本质，又能在实践中达到事半功倍的效果。恩格斯曾经说过："马克思的整个世界观不是教义，而是方法。它提供的不是现成的教条，而是进一步研究的出发点和提供这种研究使用的方法。"①唯物辩证法是马克思主义哲学的核心方法。也就是说，马克思主义方法论是关于科学世界观、价值观的一般指导意义上的方法论体系，而不是一种条条

---

① 马克思恩格斯选集(第 4 卷)[M]. 北京：人民出版社，1995：228.

框框。马克思主义方法论是中国共产党在革命战争年代和社会主义建设探索时期以及改革开放实践不断取得举世瞩目伟大成就的重要法宝，对于新时代中国特色社会主义对外传播工作同样具有普遍的指导意义。习近平总书记高度重视唯物辩证法在实际工作中的运用。2012 年 12 月，他在广东考察时指出："改革也要辩证施治，既要养血润燥、化瘀行血，又要固本培元、壮筋续骨，使各项改革发挥最大效能。"①在中共十八届三中全会第二次全体会议上，他再次提出："在推进改革中，要坚持正确的思想方法，坚持辩证法。"②在此次会议不久之后召开的中央工作会议上，他又一次强调："'稳也好，'改''也好，是辩证统一、互为条件的。一静一动，静要有定力，动要有秩序，关键是要把握好这两者之间的度。"③辩证唯物主义认识论首要的、基本的问题就是要回答世界的本原到底是什么的问题，这既是世界观问题，更是价值取向问题。马克思主义认为，世界是不以人的认识而存在的物质所构成，这一世界物质统一性问题要求在工作中必须坚持一切从实际出发，实事求是地看问题。不仅如此，唯物辩证法还认为，客观世界是物质多样性的统一、多样性的发展。也就是说，关于世界的状况是多样性的观点，既体现了唯物辩证法的方法论的实践价值，也为人们开展工作提供了具体方法，它要求人们无论做任何工作必须善于根据矛盾的特殊性及其运动规律进行具体问题具体分析，不能搞一刀切，要用不同质的方法对不同质的矛盾进行分析判断，并采取不同质的手段最终处理问题、解决矛盾。具体来讲，对任何事物的认识先有一个"是什么"与"怎么样"的问题，这是关系到事物发展进程中前后相继、一脉相承的两个环节，二者是一对因果关系和逻辑关系范畴辩证统一、不可或缺的两个要素。人们只有通过自身多样性发展及主观能动性的发挥，才能积累并丰富创造历史、发展历史的基本动力，也只有在尊重各种客观历史条件和不同历史规律的基础上才能形成辩证地思考问题，才能在实践上体现出直接的现实性。

---

① 中共中央文献研究室. 习近平关于全面深化改革论述摘编[M]. 北京：中央文献出版社，2014：32.

② 中共中央文献研究室. 习近平关于协调推进"四个全面"战略布局论述摘编[M]. 北京：中央文献出版社，2015：73.

③ 习近平. 在中央工作经济会议上的讲话[EB/OL]. [2012-12-14]. 共产党员网，http://news.12371.cn/2013/12/14/ARTI1386968513713965.shtml.

新时代马克思主义中国化国际传播思想正是建立在辩证思维基础上，运用马克思主义辩证法和方法论对新中国成立以来对外传播理论和实践方法进行系统总结，彰显了中国共产党顺应历史大势、坚持实事求是和底线思维、一切从实际出发的思想路线。根据不断变化的时代特征，从实践中来，再到实践中去，将个人和集体实践经验中习得的新认识、新成果，用富有自己特色的语言表述出来并让实践进一步去检验是新时代马克思主义中国化国际传播思想在方法论方面提出的总要求。辩证唯物主义认识论认为，物质及其运动规律是客观的，是不以人的意志为转移的；但是，物质及其运动规律不是一种神秘不可测的存在，而是能够被人的认识所认知。当事物及其运动规律还没有被人所认识和支配的时候，就表现为一种必然；反过来，如果事物及其运动规律被人所揭示，并且人凭借自身理性的认识有计划地改变事物及其规律沿着人们所设计的目标变化的时候，就表现为自由，这是一种被人的意识所自觉支配的力量。所以，马克思将人的自由看作是对于必然的认识和运用。无论是人同自然界的关系还是人与人、人与社会的关系都会受到自然界或社会关系的制约。由此，即便在人尚未认识和支配自己的社会关系的范围时，社会历史作为一种与人相对应的必然存在也是客观的。这就是说，代表社会历史观范畴的必然王国，在人们未认识它之前一定会以它固有的盲目必然性支配着人们，特别是对人们进行着社会关系的奴役这样的一种社会状态。与此相反，一旦人们认识了事物及其规律，就会摆脱必然性的奴役，成为自己社会关系的主人，当然也能够成为自然界的主人和自身的主人。就此而言，人类社会发展的历史就是一部不断地从必然王国走向自由王国的历史。新时代中国特色对外传播要想真正实现从必然王国向自由王国的跃进，就必须善于把握主要矛盾和矛盾的主要方面。古人曾经说过"得其大者可以兼其小"。当前中国对外传播正处于构建中国特色社会主义国际话语体系的关键期，面临来自外部环境的挑战和错综复杂的问题，西方主导的现有国际舆论场域反应激烈，东西方之间国际传播方式和内容的交手前所未有，遇到的困难相对以前更加艰巨。在这样的情况下，对外传播必须在关键点上找准重点、抓住关键，在具有标志性的关键点和症结点上出实招、出妙招，坚决避免自娱自乐的语言游戏或者闭门造车，滥造新术语、新词汇，应该聚焦西方思维习惯有针对性地重点传播中国当代价值观和中国智慧、中国方案。

习近平总书记特别要求对外传播工作要精准把握国际舆论格局走向以及国际舆论场发生变化的内在规律，制定中国对外传播的发展战略，要以宽广的世界眼光和开放的胸怀科学谋划对外传播的中长期发展目标。需要指出的是，人类对事物及其规律性的认识和通过实践获得的真理性认识永远都是相对的，永远都不会完结，但人类的认识一直随着实践的深入而不断加深，即：人们对事物及其规律的认识随着实践发展到一定阶段不仅不会停止，反而会随着实践的不断发展深化，从而呈现出一种螺旋式上升的势头。在认识不断深化的过程中，实践中的问题也随着一定程度认识的发展得到解决之后再出现新的问题，然后人们再去认识新问题解决新问题，认识与实践就这样循环往复、不断向前。因此，要在实践中不断总结经验，通过经验性的发现、发明、创造推动人类社会不断向前进步，并在新的起点上不断开辟新的道路。一切形而上学的片面的、固化的、静止的观点，不仅是错误的，而且本质上是无所作为、消极自满的推辞，完全违背了科学方法论。特别是在遇到困难和问题时，更需要以全面的、运动的观点解决问题、排除困难。从另外一个角度来讲，办任何事情都包含着成功与失败、困难与顺利等两种情况，这也是中国共产党人历来讲究的"二分法"。在"一分为二"的基础上扬长避短、化危为机，自觉发掘自身工作的比较优势。以 20 世纪上半叶中国共产党领导的中国革命为例，中国革命的胜利是无数中国共产党人在正确认知革命发展形势的基础上知难而上、不怕牺牲、排除千难万苦而获得的。特别是其中几个特殊时期，如：第一次国内革命战争和解放战争前期，很多人对中国共产党的前途充满迷茫甚至感觉没有了希望，即便是党内也有人发出了"红旗到底还能打多久"的疑问。然而，以毛泽东为代表的中国共产党人坚持运用马克思主义普遍原理分析中国革命实际情况，以"星星之火可以燎原"①铿锵有力地回答了那些意志消沉的人。经过 28 年艰苦卓绝的斗争，中国共产党终于带领人民取得了全国的胜利，并突破帝国主义国家对新生共和国的围追堵截，顺利走上社会主义道路，为中国特色社会主义道路打下了坚实基础。当下，中华民族实现几代人夙愿的伟大复兴中国梦目标越来越近。随着事业的不断进步和发展，对外传播遇到的新情况和新问题就会越多，面临的风险和挑战甚至很多不可预料的事情肯定会越

---

① 毛泽东选集(第 1 卷)[M]. 北京：人民出版社，1991：99.

来越多。越是在这样的情况下，越需要工作中更加冷静沉着地认识自身所处的内外环境。凡事多考虑有可能出现的不利情况以及这些不利情况对中国的形象塑造会造成什么样的后果，以最大努力争取最好的结果。换句话说，针对纷繁复杂的国内外形势，新时代对外传播应该在充满自信的基础上，有效利用底线思维方法对各种可能的情况作出符合实际的科学预断，即着眼于潜在的负面效果，筑牢防范体系，以不变应万变，全力在国际社会构建具有新时代中国特色的社会主义国家对外传播话语体系。

应该说，善于运用底线思维把控和判断现时代中国特色面临的复杂国际形势和人类社会未来发展大势，沉着冷静应对对外传播实践中潜在的一系列的挑战是习近平总书记创新发展马克思主义中国化对外传播理论和实践的突出特色。他强调，对外传播工作要坚持底线思维和风险意识。面对当前国内外形势和环境发生的前所未有的变化，对外传播肩负着各种巨大的挑战，只有从思想上、认识上、方法上高度重视底线思维，充分估计和考量潜在的困难、问题和挑战，才能把握有效化解各种复杂矛盾、谋求创新发展的路径和方法；只有牢牢地把握住事情有可能出现的负面效果，牢固确立底线思维，才能临危不乱、遇事不慌，才能在前进道路上不走弯路、不碰钉子、不摔跤。习近平总书记特别重视信息技术引发的国际舆论格局和媒体形态的变化，多次强调对外传播要占领互联网传播阵地，明确指出过不了互联网关就过不了执政关，对外传播应该充分运用互联网思维建立起具有强大传播力、影响力、引导力和公信力的大型传媒集团，改进和提高工作方法，做到内外有别、各有重点。这些观点充分体现了习近平总书记的底线思维，这也是他关于对外传播理论的新的思维方法和工作方法。面对世界格局即将出现的剧烈变动，新时代中国对外传播在全面把握人类社会又一次巨大变革的基础上，应该做到有备无患，只有这样才能牢牢把握事物发展的主动权，做到真正遇到了突发紧急情况而不至于手忙脚乱。底线思维作为一种思维方法和工作方法，在近些年世界范围内的治理改革中显得尤为突出，许多国家公共事务管理及社会风险控制领域中体现得特别明显。

那么，对于新时代中国特色对外传播来说，树立底线思维的关键和基本要求是什么？习近平总书记纵观国内国际两个全局，要求在对外传播工作中应该坚持胆子要大、步子要稳的基本立场，既要大胆探索、勇于开拓对外传播的新路子、新方法、新局面，也要对国际形势变化稳妥慎重、三思而后行。其中，"稳妥慎重"以及凡事从坏处着手，强调的是底线思维与忧患意识密切相关。习近平总书记强调，新时代中国特色对外传播工作在正确把握当下中国所处外部环境的同时，既要有的放矢、聚焦重点，又要统揽全局、把控整体，有效防范各类风险连锁联动。那么，究竟在实际工作中如何用好底线思维？他要求对外传播要坚持守土有责、守土尽责，把防范和化解重大国际舆论风险工作做实做细做好。对外传播工作涉及领域广、舆论影响大，是一项牵一发而动全身的工作，应该科学预判国际形势和国际舆论生态发展走势和隐藏其中的风险挑战，特别是在新兴媒体技术不断发展情况下不能低估西方强大利益集团控制下的主流媒体翻手为云、覆手为雨操控国际舆论的能力，做到未雨绸缪。不仅如此，更要在对外传播中应该坚定"四个自信"，敢于斗争、敢于担当、敢于负责，在复杂的国际舆论格局和生态中明辨是非，在重大国际舆论斗争中敢于出手、敢于真刀真枪地干。

必须强调的是，新时代中国特色对外传播要形成底线思维的思想方法和工作方法本身就离不开改革创新。当然，改革意味着某种程度的创新，与守旧形成鲜明的对立。很显然，改革创新的目的就是化解和克服社会发展过程中累积的矛盾和问题。中国历史上从不缺乏改革派与守旧势力之间的激烈斗争，众所周知的北宋王安石变法，就是力图改变北宋长期积累的沉疴旧疾，进而达到富国强兵的目的，这些变法措施也确实能够达到增加赋税收入的目的。但是，新法的实行毫无例外地触动了大官僚、大地主、大商人、高利贷者的既得利益，所以朝野上下守旧派势力以司马光等人为代表强烈反对实施变法。宋神宗在守旧派的强大压力下，不得不两次罢黜王安石的宰相一职。宋神宗薨后，以太后为首的守旧势力更是把改革派悉数驱逐出中央政府，改革最终失败。30多年以后，内有方腊、宋江、高托山等农民起义此起彼伏，外有金兵大举进入中原，徽钦二帝被掳北上，北宋就此政亡人息。由此可见，改革如果处理不当，不仅会使改革失败，而且还会导致社会重新陷入动乱。自中国改革开放之初，有关所谓保守派与改革派的争执在国内外专家学者的理论研究中从来就没有消失过。中国历史上也从不缺乏守旧势力对改革的弹压。很明显，在中国文化语境中，守旧是一个贬义词，而且是故步自封、抱残守缺的代名词。中国历史的实践也证明，不管在任何时候只要守旧，社会矛盾就会加剧。中国共产党历来是一个勇于自我革新、自我修复、自我完善的政党，自成立以来百年时间内就是不断在革命、改革和创新中同一切不求进取、落后、保守、习惯势力划清界限、进行坚决斗争的努力奋斗历程。正如邓小平所说，改革也是一场革命。因此，习近平总书记多次强调，对外传播要在全面深化改革基础上将"创新"作为有利于实现两个一百年宏伟目标的坚强抓手。

总之，习近平总书记关于新时代中国对外传播必须强化辩证思维和底线思维的理念丰富拓展了马克思主义中国化对外传播理论思想宝库，特别是关于对外传播认识方法、思想方法、工作方法等相互之间不仅重点突出，而且互为融通、各有倚重。习近平总书记以其特有的接地气的语言方式，使对外传播领域工作者领悟到在诸如认识与实践、学习与工作、主观与客观、积极与消极、主动与被动、前进与倒退的各种关系中如何掌握主动，从而更好地聚焦对外传播工作的整体凝聚力、战斗力和领导力。特别需要指出的是，习近平总书记有关新时代对外传播的思想方法和工作方法的一系列重要论述之所以丰富了马克思主义中国化对外传播理论体系，主要基于五个方面：一是以高度的思想自觉坚定不移坚持马克思主义科学认识论和方法论在对外传播领域的指导思想；二是以高度政治自觉继承弘扬百年来中国共产党形成的优良传统，尤其是从毛泽东思想和邓小平理论中直接汲取理论滋养；三是以高度的学习自觉充分吸收数千年来中国优秀传统文化思想精髓，并将中国传统文化进行当代价值转换；四是以高度的技术警觉充分利用现代信息技术和其他科学技术发展最新成果，准确把握发展变化中的国情、世情和舆情；五是以开阔的胸怀吸纳当代政治理论、社会管理、公共事务管理以及其他人文社会科学领域的其他最新科学成果。习近平总书记正是基于上述情况进一步丰富拓宽了马克思主义中国化对外传播视野，向世人展示了新一代中国领导人渊博的知识基础、触类旁通的思维方式，以及灵活多样、富有战略眼光的沟通手段。从某种意义上说，无论做什么工作，方法都发挥着至关重要的关键作用。邓小平曾经说过，党是人民的工具，而不是把人民作为自己的工具。全心全意为人民服务是党的初心和不变的宗旨，相应地，在对外传播各个领域的思想方法、工作方法、领导方法以及由此衍生而出的其他各种各样的具体方式方法都必须落脚到服务于党和国家工作大局的出发点和立足点，并以此为基准考察对外传播对党和国家的贡献大小。从制度角度讲，中国有个成语"熟能生巧"，就是说方法使用得当并经常在实践中能够大显身手，那么时间长了自然也就能把握规律性的东西,而制度就是对规律性东西的相对固化。就此而言,方法与制度也就一步之遥,方法的经常性运用并完善形成一定的惯例,然后从惯例确立为制度也就是必然的事情。必须指出的是,任何经验性的东西都建立在实践基础上,而规章制度也是如此,一般也由习惯延伸而至。新时代提高中国对外传播效能,就必须从科学化入手,以认识论和方法论为抓手,形成经常化、制度化和法制化的创新。重视方法问题,丝毫不意味着忽略科学方法的经常化、持续化和制度化。但是,由于国际形势往往是瞬息万变,所以任何方法都不是静止不前、固定不变的,都必须随着国际形势和国际舆论格局和国际舆论生态的变化而不断地进行改革、完善和创新,这既是新时代中国特色对外传播话语体系构建和提升国际话语权的必由之路,更是新时代马克思主义中国化国际传播思想的根本要求。

4.6　新时代中国国际传播以强烈的时代性、民族性、世界性对马克思主义中国化对外传播理论的原创性贡献

马克思主义理论区别于其他理论的最主要的区别就在于其强烈的时代感和现实感,这也是为什么说马克思主义是开放的、包容的、不断发展的科学理论的重要依据。当今世界在技术推动下正处于大变革、大调整、大发展的时期,国际形势变化莫测,以美国为代表的西方国家为了确保其在全球范围内可持续的绝对主导地位,不惜代价对发展中国家采取超乎寻常的各种手段进行遏制及打压。中国作为发展中国家中重新崛起的大国,如何在风云突变的国际形势和国际舆论格局变化中登高望远、审时度势,在适应全球化不断加剧和信息化日益高涨的前提下,做出既有利于实现中华民族伟大复兴中国梦、更有利于人类社会整体进步的对外传播选择?毫无疑问,习近平总书记关于对外传播工作的一系列重要论述为新时代中国特色对外传播指明了方向,规划了未来,提出了路径,体现出鲜明的时代感和现实感。新时代马克思主义中国化国际传播思想最重要的成果标志,就是以马克思主义交往理论为指导思想,确立具有强烈时代特色的新时代中国特色对外传播战略布局、目标任务和行动举措。作为习近平新时代中国特色社会主义思想的重要组成部分,新时代马克思主义中国化国际传播思想是新时代与世界各国沟通交流的根本遵循和行动指南,集时代性、现实性、世界性、民族性于一

体，不仅紧紧围绕服务于中华民族伟大复兴的宏伟目标创新构建富有强烈时代特征和中国特色的国际传播话语体系，而且谋划了人类社会文明共同发展的美好未来。就此而言，凸显时代特征、顺应时代发展大势，为实现中华民族伟大复兴中国梦和人类社会共发展繁荣指明方向是新时代马克思主义中国化国际传播思想创新发展马克思主义中国化对外传播理论体现的一个重要亮点。在新时代马克思主义中国化国际传播思想中，"继续为实现中华民族伟大复兴而努力奋斗，使中华民族更加坚强有力地自立于世界民族之林"①"坚持以维护世界和平、促进共同发展为宗旨推动构建人类命运共同体"②是其重要时代内涵和鲜明时代特色，是时代性在当代中国特色对外传播领域的突出呈现。

早在 19 世纪 40 年代和 50 年代的德国，马克思和恩格斯就提出了世界历史是一个不同国家和民族相互间频繁交往（德语中的"Kammmunikation"被翻译为中文的"交往"）的历史，这也是最早以"全球化"视角分析人类社会变化的思想，可以视为全球化概念和思想的萌芽。马克思在分析资本循环时，重点从多方面分析了生产资本的扩张能力。马克思、恩格斯指出，由于资本主义的资本循环的需要，这就使得资本主义生产资本在全球的扩张成为一种必然，使"过去那种地方的和民族的自给自足和闭关自守状态，被各民族的各方面的互相往来和各方面的互相依赖所代替了"③；而正是资本主义生产方式在世界各地的扩张在客观上促成了全球化的逐渐形成，这种全球化趋势不仅有助于资本主义在更为广阔的范围内满足对剩余价值的追求，而且也从传播的角度有助于实现人的全面发展和普遍交往，从而将人类的整体命运紧紧连接在一起。马克思、恩格斯生活的时代正是欧洲资本主义发展处于上升期，其主要社会矛盾呈现为资本家的剥削与工人阶级联合起来反抗资本家的斗争。马克思、恩格斯之后，世界资本主义发展在内部产生了巨大的利益之争，全世界为此经受了两次世界大战的惨痛经历。虽然近代以来世界的发展经历了一些血雨腥风的战争和人为的分裂，但是世界的全球化发展趋势却成为不可阻挡的历史潮流。随着 20 世纪 90 年代的冷战结束，世界各国之

---

① 习近平. 习近平著作选读(第一卷)[M]. 北京：人民出版社，2023：60.

② 习近平. 决胜全面建成小康社会　夺取新时代中国特色社会主义伟大胜利——在中国共产党第十九次代表大会上的讲话[N]. 人民日报，2017-10-28.

③ 马克思恩格斯选集(第 1 卷)[M]. 北京：人民文学出版社，2012：404.

间为谋求发展而进行的交往越来越紧密，超越了历史上任何时期，而全球化的不断深化也已经在事实上使得各个国家间形成了"你中有我，我中有你"不可分割的依存关系。在这种势不可挡的发展趋势下，习近平总书记要求对外传播为世界提供中国智慧、中国方案，构建人类命运共同体，紧紧扣住了人类社会历史发展规律，无疑是顺势而为的有道之举。但是，尽管和平、合作与发展是这个时代的主流，而且全球化已经是无可逆转的时代发展趋势，个别西方国家却逆全球化潮流而动，从狭隘的国家利益出发，不仅在全球范围内拉帮结派、划势力范围、搞对抗冲突，而且极力推行贸易保护主义。这些做法毫无疑问不仅与当今时代背道而驰，而且引发了一切有正义感国家的强烈反对。习近平总书记提出世界各国共同努力，实现合作共建、共赢共享的世界梦、构建人类命运共同体的理念，不仅顺应全球化时代人类社会整体发展的根本要求，而且体现出历史发展之"势"、世界各国追求繁荣之"梦"，突出体现了新时代中国特色社会主义大国对外传播的担当精神，与个别国家为一己之私逆时代发展大势的做法形成了鲜明对比。做任何事情如果没有清晰的思路和理念，就必然会混混沌沌、糊糊涂涂，不可能做好事情。同样，新时代中国对外传播如果没有科学的理念作指导，就必然认不清楚国内外形势的变化，也就谈不上努力的方向，没有明确方向的对外传播必然会迷失在前进的道路上。习近平总书记为新时代中国特色对外传播指出了努力的明确方向，这就是以实现中华民族伟大复兴中国梦为核心、以构建人类命运共同体、改革创新全球治理体系为主线，这也是全球化时代人类社会未来发展的方向，有了这个方向，加速推进中国特色对外传播话语体系构建就有了坚定的信心。

4.6.1　时代发展大势体现鲜明的民族性、世界性是新时代中国国际传播创新发展当代马克思主义国际传播理论的重要内容

新时代马克思主义中国化国际传播思想以积极倾听时代发展最强音为立足点，在遵循时代发展规律基础上，精准把握时代发展脉搏，深刻揭示时代特征，逻辑严密、思想深刻，体现出思想引领的时代性、回答时代课题的及时性、紧扣时代主题的鲜明性等突出的时代特征。中共十八大以来，习近平总书记以卓越的战略眼光和政治胆略在布局谋划新时代中国特色社会主义发展前途的同时，以辩证唯物主义认识论为出发点，科学谋划实现中华民族伟大复兴中国梦实施路径，

并积极顺应世界各国求和平、谋发展、促合作、图共赢的时代潮流，提出构建新型国际关系和"人类命运共同体"及改革创新全球治理体系。中国共产党自成立之日起就将自己的初心和使命确定为不仅实现中华民族再次复兴的千秋伟业，还立志为实现全人类的解放和世界文明向更高层次发展作出新的贡献。历史已经证明，中国共产党是这样想的，也是这样做的。比如，2020 年年初在世界范围内蔓延的新冠疫情，中国在采取各种果断措施、刚刚扭转疫情蔓延势头的同时，就积极伸出援手向那些疫情发展迅猛而且比较严重的国家施以物质和精神上的帮助，获得了国际组织和世界上大多数国家的好评。这与个别国家平时好话说尽、关键时刻想办法逃避国际责任的做法形成了鲜明的对比。以天下为公的精神既是中国自古以来天下观在新时代的积极传承和弘扬，也是推动构建人类命运共同体、改革创新全球治理体系、搭建为世界提供公共产品的最大平台——共建"一带一路"，编织全球最大伙伴关系网络的思想理念。面对新时代新格局新环境新任务新挑战，习近平总书记明确要求新时代中国对外传播必须聚焦人类命运共同体，以时代变迁特征为目标选择依据，在国际舞台上积极为更好沟通中国和世界搭台唱戏，谱写新篇章。这也是对马克思主义"共同体"思想的继承和发展。

马克思主义产生的时代背景是当时已经开始的英国产业革命及其所显露出来的后果、法国轰轰烈烈的大革命及其在整个欧洲所引发的广泛影响、历史向"世界历史"的转化以及由此而造成的资本主义社会基本矛盾的尖锐化。西方思想界和学术界将马克思称为"千年思想家"。有学者指出，马克思主义是引发西方学术界对近代以来所形成的社会思想研究最为广泛、也最为丰富和深入的思想流派。这说明，即便在资本主义社会也有很多人认为马克思主义是正确的，马克思主义不仅没有过时，而且其基本思想内涵及其体现出来的基本精神、基本立场观点方法和由此而形成的对资本主义社会基本矛盾的深刻剖析对现实的影响并没有过时。被称为后现代主义大师的德里达对马克思的评价在一定程度上反映了西方思想界对马克思的基本态度，他说，"不能没有马克思，没有马克思，没有对马克思的记忆，没有马克思的遗产，也就没有将来"，"马克思是唯一不可超越的意义世界"。① 法国著名的存在主义大师萨特在评价马克思主义时也说"它仍然是

---

① ［法］德里达. 马克思的幽灵：债务国家、哀悼活动和新国际［M］. 何一，译. 北京：社会科学文献出版社，2011：21.

我们时代的哲学，它是不可以被超越的"①。时间又过去了100多年，新时代中国对外传播坚持和发展中国特色社会主义就是坚持马克思主义，就是要把习近平新时代中国特色社会主义思想这一当代中国马克思主义向世界阐释好、传播好。习近平总书记站在时代发展高度，在明确新时代中国特色社会主义建设所处历史方位、主要任务、实施路径的基础上，系统思考"建设一个什么样的世界、怎样建设这个世界"②等具有显著时代特征的重大课题，提出了一系列为世界上大多数国家所关注并接受和认可的人类社会未来发展新理念、新举措，赢得了国际社会尊重和支持。新时代中国对外传播以新时代马克思主义中国化国际传播思想为指导，高举和平、发展、合作、共建、共赢、共享的旗帜，恪守维护世界和平、促进共同发展的对外交往宗旨，不断创新对外传播内容和手段，在对外全面客观立体展示中国共产党和中国建设成就、发展目标战略选择的同时，在世界范围内积极倡导并推动建设相互尊重、公平正义、合作共赢的新型国际关系并改革创新现有全球治理体系，尊重各国人民根据本国国情自主选择发展道路的权利，引领发展中国家维护国际公平正义，广泛倡导新时代国际关系民主化，反对个别国家把自己的意志强加于人，反对强权干涉别国内政，反对以强凌弱的霸权主义行径。在世界面临百年未有之巨大变化的时代剧烈变迁中，中国主动发挥负责任大国作用，加大对广大发展中国家为实现追求美好生活目标所采取努力的支持力度，以"一带一路"倡议、亚洲基础设施建设投资银行为平台，欢迎广大发展中国家搭乘中国发展快车或便车，引导发展中国家积极参与全球治理体系改革和建设，提出共同建设持久和平、普遍安全、共建共享、共同繁荣、开放包容、清洁美丽的世界。

新时代马克思主义中国化国际传播思想立足于实现中华民族伟大复兴中国梦，着眼于中国国家利益，为新时代中国特色对外传播提供了科学的行动指南、明确了具体的行动方向。"联接中外、沟通世界"③"坚持以实现中华民族伟大复

---

① ［法］萨特. 辩证理性批判［M］. 徐懋庸，译. 北京：商务印书馆，1963：24.
② 习近平. 论坚持推动构建人类命运共同体［M］. 北京：中央文献出版社，2018：8.
③ 习近平. 在党的新闻舆论工作座谈会上的讲话［EB/OL］.［2016-02-20］. 新华网，http://www.xinhuanet.com//politics/2016-02/20/c_1118106502.htm.

兴为使命推进中国特色大国外交"①是中国对外传播的当代追求和使命，这些使命和担当，体现了中国共产党一以贯之的道路自信、理论自信、制度自信和文化自信，更体现了坚定的民族自信。当今世界，任何国家不可能孤立存在，因为这从根本上违背了人类社会发展规律。就此而言，中国的发展为世界提供的是机遇，而不是挑战和麻烦。这种情况实际上已经不是一个口号，而是一个被世界上越来越多国家和民族所认可和肯定的事实。因此，习近平总书记多次就对外传播工作强调了"角色观"的问题，就是要在中国更加深入地融入世界这个大家庭以及让世界更好地体会到中国这个家庭成员传统美德和博大胸怀，进而在国际社会中进一步明确中国的地位和作用。不可否认，处于纷繁复杂剧烈变化的世界局势中，所有国家的发展都不可能照抄照搬一种放之四海而皆准的模式，世界各国由于各自独特的历史进程和文化传承习惯，在全球化发展过程中不可能做到所有国家的同质化，无论是经济还是文化的发展，都不可能有一种标准化的"模板"供世界各国一起"抄作业"。因此，新时代中国对外传播是具有中国特色社会主义的对外传播，构成其话语体系的内容、目标、任务乃至方式、方法、手段，都必须适应于生它养它的土壤，这种土壤就是在中国共产党领导下坚持马克思主义基本原理与新时代中国实际国情和悠久的历史文化传统相结合，坚定不移走中国特色社会主义道路。坚持了对外传播中的中国特色就坚持了中国对外传播不受国际舆论场中其他因素干扰的自主性空间，既不盲目地与所谓现有国际规则接轨，也不受其他任何国家和舆论场的左右和干涉。近代以来的历史已经证明，中国的命运不能被任何其他国家所把控。中国过去在任何时候、任何情况下不会受外国势力摆布，现在和今后也不可能看任何国家眼色行事，更不可能拿中国的核心利益做交易。

随着中国承担的国际义务和责任也越来越多，中国在国际重要事务中的决策力和影响力也日益增强。与此同时，中国所面对现有国际格局中旧势力的挑战也越来越多，中国对外传播就是要解决如何引导国际社会正确看待中国重新崛起并再次走向世界文明之巅中的道路选择，如何激励世界抓住中国发展机遇、迎接人

---

① 中共中央党史和文献研究院. 习近平关于中国特色大国外交论述摘编[M]. 北京：中央文献出版社，2020：89.

类社会共同面临问题的挑战。因此，新时代马克思主义中国化国际传播思想立足人类文明不断进步的视野，在国际舆论场中积极展现和阐释中国为实现国际社会公正与发展担负起大国责任的国家形象。习近平总书记多次强调，对外传播充分体现了中国对外传播话语体系的全球视野和大国责任的担当意识，反映了中国关于构建人类命运共同体思想的世界整体性、一致性，向世界表达构建新型国际关系和改革创新全球治理体系的信心和决心一直是当代中国的不懈追求和负责任大国的努力方向。当今世界发展变化速度之快已是百年未见。现有全球治理体系及大部分国际规则和国际制度是在"二战"结束后西方主要发达资本主义国家根据自身的利益需求而建立起来的，具有浓厚的意识形态色彩和强权政治的显著特征。随着技术和时代背景条件以及殖民地国家实现民族独立的发展变化，国际关系民主化思想和平等合作观念越来越深入人心，世界各国特别是发展中国家要求与国际社会成员交流中注重平等协商，反对零和博弈思维和强权政治。

习近平总书记提出"一带一路"倡议是最能体现新时代中国特色对外传播实践中"合作共商共建共赢共享"的理念，也突出地体现出新时代马克思主义中国化国际传播思想中的开放性、包容性、普惠性、平等性、担当性。不仅如此，近年来中国在对外传播其他实践中也在全力践行这些思想理念。如：中国经济的强劲发展为全球范围内金融危机之后的世界经济稳定注入了活力；在处理恐怖主义、难民危机以及地缘冲突的安全问题中，习近平总书记在多个国际场合宣示中国坚定不移维护人类文明和世界和平的理念及主张，也向全世界展现了一个发展中负责任大国的正面形象。因此，新时代中国特色对外传播之所以立足于全球视野，并不是要谋求与西方国家在国际舆论场中的终极对决，而是以多元化的世界文明需要和谐互鉴的理念肩负起中国国际传播必须承担的大国担当。不仅如此，新时代马克思主义中国化国际传播思想还生动地体现了路径开辟的时代性。中国提出建设持久和平、普遍安全、共同繁荣、开放包容、清洁美丽的世界，那么如何认识建设这样的世界？建设这一世界的具体路径是什么？建设这样世界中的大国又该如何担当？这些问题无疑是构建新时代中国对外传播话语体系的突破口。中共十八大以来，习近平总书记着眼于从战略上布局谋篇，着力在关键处对症下药，为人类社会发展开拓出顺应时代潮流的、符合世界各国共同愿望的新路。这条道路之所以是新路，主要体现在以下几个方面：首先，这是一条通往和平合作、共商共建、共赢共享的新路，而不是狭隘利己、零和博弈、有你无我的老路；其次，这条道路倡导世界各种文明和而不同、兼收并蓄、交流互鉴，而不是充满文明歧视、文明冲突、文明优越的老路；再次，这条道路是尊崇自然、绿色发展、人与自然和谐共处，而不是以掠夺资源、牺牲环境为代价的乌烟瘴气的老路。这些无疑都成为新时代中国特色对外传播的重点内容。从根本上说，一个民族最博大的胸怀和最深沉的精神追求，一定根植于其经过长期历史积淀的薪火相传的民族精神基因中。建设新型国际关系、构建人类命运共同体、改革创新全球治理体系，不仅要立足现实实践，还必须从历史的过往中汲取智慧。

总之，新时代马克思主义中国化国际传播思想既与马克思主义关于人类"真正的共同体"思想和实现全人类解放的目标追求一脉相承，又深刻地打上了中华民族自古以来追求"天下大同""和合"的文化烙印。除此之外，中国优秀传统文化中的"天下一家""协和万邦""天下为公""和而不同"等优秀思想，在全球化日益深入的今天仍具有旺盛的生命力和强劲的震撼力，这也是新时代中国特色对外传播取之不尽的思想源泉。习近平总书记正是站在时代发展的制高点，将中国人民对美好未来的期待与世界人民普遍要求和平进步发展的共同愿望有机统一起来，充分体现了当今世界所处历史方位的时代性、世界性与民族性，使新时代中国特色对外传播不仅把脉中国与世界共同的希冀，而且立足于现实的国情世情的不断变化；不仅有统揽全人类的视野，而且有独特的中国风格；不仅有负责任大国担当，而且有中国始终秉持的原则。这种时代性、世界性和民族性也体现了中国传统文化的天下观念，正如习近平总书记所说："一百年来，中国共产党筚路蓝缕、求索奋进，为中国人民谋幸福，为中华民族谋复兴，为世界谋大同。"①

4.6.2 精准确立新时代中国的世界定位是新时代中国国际传播创新发展当代马克思主义国际传播理论的突出表现

近代以来，中国社会剧烈变迁所经历的风云激荡历程一方面反映了西方列强曾经强加于积贫积弱中国的苦难和屈辱，另一方面则反映了百年来在中国共产领导全国人民顽强斗争、不懈努力所取得的一个又一个不朽的丰功伟绩。与此相

① 习近平. 习近平外交演讲集(第二卷)[M]. 北京：中央文献出版社，2022：342.

应，中国在世界上的地位也经历了近代以来曾被西方将"中国人与狗"荒唐地相提并论的屈辱历史以及在中国共产党领导下实现从站起来到富起来的光辉历程。如何在对外传播中向国际社会传递确立新时代中国从富起来到强起来这个伟大历史进程中的世界定位无疑成为一个重大的时代命题。对此，新时代马克思主义中国化国际传播思想作出了明确回答。这就是：构建具有鲜明中国特色、中国风格、中国气魄的国际话语体系主动向世界准确客观呈现中国再次走上世界舞台中央距离越来越近的坚实脚步。而中国日益走近世界舞台中央势不可挡的进程也意味着中国承担起越来越多的国际责任和义务，责任和义务的增加意味着中国已经逐渐成为引领人类文明未来发展的重要航标，这就要求新时代中国特色对外传播必须在有关人类社会未来发展和文明进步的关键问题上勇于发出中国声音、亮出中国方案、提供中国智慧。这种创新性的世界定位一方面反映了新中国成立以后特别是改革开放以来逐渐发展起来的中国特色道路自信、理论自信、制度自信和文化自信不仅具有坚实的实践根基，而且也结出了丰硕的果实；另一方面也反映了具有悠久文明传承的中华民族重新接过历史的接力棒再次为世界文明贡献自己的聪明才智。不仅如此，对新时代中国做出这样的世界定位既不是在实践上与西方争夺所谓的世界"领导权"，也不是中国为了在世界上出风头而自吹自擂的舆论先导，而是一种国际社会发展的现实需求和历史发展的大势，这一点从 2020年年初全球应对新冠疫情的实践中就已经明显体现出来。新时代马克思主义中国化国际传播思想关于新时代中国的世界定位建立在改革开放 40 多年来中国自身综合实力的强力增长和国际关系格局发生的巨大转变基础上，这既是对中国改革开放以来对外传播理论体系的继承，更是对新的历史时期中国特色社会主义国际传播话语体系的创新拓展。

新时代中国重新进入世界舞台中央的世界定位是近代以来数代仁人志士期望实现民族独立、国家富强、人民幸福夙愿的真实再现，也是改革开放以来中国对外传播逐渐实现历史性变化的关键转折点。20 世纪 80 年代末 90 年代初，以邓小平为核心的第二代中国领导集体以敏锐的政治观察力和睿智的政治智慧将刚刚经历改革开放第一个 10 年的中国与当时国际形势的变化相结合，确立了以冷静观察、韬光养晦、有所作为为核心的中国对外传播战略。30 多年来，中国对外传播紧紧服务于国内改革开放大局和配合中国独立自主和平外交方针，将对外营造睦邻友好的周边环境和和平稳定的国际大环境作为开展工作的首要目标，高举科学社会主义大旗，沉着应对由"东欧剧变"带来的对国际共产主义运动的冲击和考验，在坚定维护国家安全和主权的同时，积极寻找各种方法揭露并破解西方以所谓人权为幌子对中国内政的干涉及外交孤立和经济制裁。与此同时，中国对外传播开始广泛参与并积极评价联合国和区域组织在国际事务中发挥的作用和功能，利用各种方式加强中国在联合国及多边组织和机制中的发声。通过 G20、亚太经合组织、上海合作组织等新的多边机制和平台，中国以更加积极、务实的态度主动参与地区和国际舆论场，不断提升发言的影响力。正是这种韬光养晦、有所作为的对外传播策略，既改变了新中国成立以来在国际舆论场上单纯以意识形态划界的僵硬思维和形象，也使中国成功地避开国际事务中矛盾的焦点和中心，为中国的改革开放创造了较好的国际氛围和宝贵的发展机遇，而且为中国进入新时代构建中国特色社会主义对外传播话语体系、提升国际话语权打下了坚实的基础。进入 21 世纪以后，随着中国综合国力日益增强，中国对外传播工作也取得了一定的进展。但是，由于国际舆论场上西方国家的打压，中国声音传播不出去、传出去影响效果不明显、有理说不清甚至经常被西方污名化的问题仍然非常严峻，尽管中国仍然在坚定不移地高举独立自主的和平外交政策，而且就国际社会尤其是周边国家对中国快速崛起的忧虑和误解，中国政府和中国领导人多次庄严承诺，具有和为贵、和而不同、天下大同优良文化传统的中国绝不会走近代以来西方国强必霸的老路。中共十八大以后，为了扭转中国这种在国际舆论场上的不利情况，新时代马克思主义中国化国际传播思想首先对中国在世界所处位置进行了精准界定。在中共十九大上所做的工作报告中指出，新时代"是我国日益走进近界舞台中央、不断为人类作出更大贡献的时代"①。

从辩证唯物主义和历史唯物主义视角看，新时代中国在实现民族伟大复兴的前进道路上必然还会面临各种难题和挑战，这些难题和挑战中有的是人类共同面对的客观存在的，有的是西方国家为了阻止中国发展人为设置的，还有的是中国自身在前进道路上必须克服的一些体制机制上的问题。这就要求新时代中国对外传播在准确理解和把握习近平总书记关于中国在世界定位的基础上，勇于从国内

① 习近平著作选读(第二卷)[M]. 北京：人民出版社，2023：9.

国际结合的战略支点上配合国内工作大局，积极主动进行具有许多新的历史特点的伟大斗争。首先，在确保国家安全和国家利益不受损害前提下，在韬光养晦基础上，以实现中华民族伟大复兴、努力建设新型国际关系、构建人类命运共同体，改革创新全球治理体系为核心，积极凝练和构建在国际舆论场上有传播力、引导力和影响力的中国特色对外传播话语体系，不断推进人类和平与发展的崇高事业。其次，针对国际和地区热点和焦点问题敢于发表中国观点和态度，敢于亮明解决问题的中国方案，敢于在国际舆论场上有理、有力、有节地开展针锋相对的斗争，敢于维护广大发展中国家利益、为发展中国家仗义执言，敢于在国际事务中发挥更大作用、积极参与全球治理，敢于从世界和平与发展的大义出发，贡献处理当代国际关系的中国智慧。再次，要深刻洞悉和精准判断中国与世界发展新变化，客观认识、全面把握中国与世界关系新内涵，透过现象揭示中国与世界互动新规律，积极驾驭中国与世界共同进步新方向，重构中国对现有国际体系的基本认知和理解，超越西方传统国际关系理论认为国际社会是一个无政府社会的理论假设和前提造成的唯利是图的僵化思维，积极为破解国际体系安全与发展、和平与稳定的难题擂鼓助威。从总体上看，新时代马克思主义中国化国际传播思想是对由西方主导的国际舆论场中以空洞的民主、自由口号为名，实际上行"双重标准"霸权欺凌之实的传统国际关系理论的历史性超越。现实主义和自由主义作为传统西方国际关系主流理论，一直将诸如权力、安全、利益、势力均衡等核心概念作为支撑的基础，从根本上反映了西方哲学二元对立的基本理念，这也是造成近代以来国际关系格局变迁中弱肉强食、尔虞我诈、强权至上的不公平与不公正现象的最主要思想根源，这种思想指导下的国家与国家关系考虑标准是权势和利益，很容易导致民族国家之间政治和军事的结盟，其直接后果就是在国际事务中不可避免地进行意识形态划线和残酷的阵营对立，从而最终导致国际体系始终不得安宁。在这种情况下，和平与稳定也因此一直是国际社会的奢侈品。特别是在当前急剧变革的时代背景下，世界面临的不稳定性不确定性不稳定性突出，和平赤字、发展赤字和治理赤字积重难返，对国际社会的和平稳定与人类的共同发展构成了严峻挑战。人类面临的这些严峻挑战正如 2000 多年前恺撒所生活的罗马共和国时代，当时旧有的贵族阶层的扩张不仅严重剥夺了公民阶层的财产，而且公民的权利受到了严重的挤压。于是，罗马共和国引以为荣的平衡，即贵族和平民都应该享有的由政府和法律所决定的各方利益平衡被贵族的腐败和堕落打破了。这也就直接导致了成熟的共和制度成为代表参议院的贵族的工具。当时的罗马人不是没有尝试改革，但是只要改革中一有触及贵族既得利益的议题，改革就会无疾而终，并使得各种矛盾不断得到激化。这一严重的社会状况表明，罗马共和社会确实已经到了一个新的历史关头，需要改变体制以突破瓶颈时期。这就是当时的恺撒为何率领他的军队敢于打破"任何在外面作战的军官都不能过河进入罗马本土，否则这将被视为叛国"的法律禁令，穿过卢比孔河进入罗马。可以说，穿越卢比孔河对恺撒本人来说是一小步，但也是西方历史上的一大步。当今世界超级大国肆意所为的状况与2000多年前的罗马共和国何其相似。正是在这样的背景下，新时代马克思主义中国化国际传播思想对西方传统国际舆论场所展示的理论上的历史性超越，主要在以下方面得到鲜明体现：

一是从话语体系上打破西方对国际舆论场的垄断，努力寻求构建能够代表人类共同发展利益的国际传播话语体系，即中国特色社会主义的对外传播话语体系，不仅在国际事务中能够发出中国的声音，而且要使中国的声音能够广泛传播并具有强大的影响力，这种传播话语体系的实质就是要在国际社会积极倡导走出一条国与国交往的新路径，这种新路径不仅能够超越西方传统国际关系理论下国家之间通过缔结政治或军事同盟来追求权力和安全的窠臼，而且能够打破以意识形态划界而产生的主从之分、阵营之别的旧有思想藩篱，倡导国家之间相互结伴而行但不结盟，倡议以人类社会整体发展为重并推动建立全球伙伴关系网络。亨利·基辛格在《世界秩序》一书中指出："评判每一代人时，要看他们是否正视了人类社会最宏大和最重要的问题。"①

二是突出了在全球范围内广泛传播、积极倡导推动建立以合作共赢为核心的新型国际关系，以及改革创新全球治理体系对于人类社会整体发展的重大现实意义和可行性路径选择则。这种做法实质就是超越了近代以来为西方白种"文明人"霸权提供借口的"非此即彼、非彼即此"的二元对立思维模式，突破了西方国家关系理论中有关国家只能在绝对收益和相对收益范围内徘徊的桎梏。不仅如

---

① ［美］亨利·基辛格. 世界秩序［M］. 胡利平，林华，曹爱菊，译. 北京：中信出版社，2015：76.

此，新时代马克思主义中国化国际传播思想中最为突出而且能够引发世界上大多数国家共鸣的特质就是超越了强权政治中零和博弈、赢者通吃、义利失衡的狭隘思维瓶颈，以更加深邃的哲学思考、更加恢宏的气魄、更加开阔的视野、更加宽广的维度、更加长远的目光、更加全面的视角、更加理性的智慧、更加科学的路径，向世界各国传递合作共建、共赢共享的全新国际关系交往理念最强音。

三是以辩证的思维将实现中华民族伟大复兴中国梦与构建人类命运共同体和改革创新全球治理体系以及构建新型国际关系有机统一起来。现有以西方为主导的国际传播的一个突出特点就是其观察问题视野仍以白人至上主义的陈旧意识形态思维，对世界上新生力量的崛起不仅从狭隘片面的民族主义立场进行打压，而且不愿意正视人类社会命运共同体这个被历史和现实所证明的客观存在，特别是对迅速发展的中国以各种方式进行质疑、抹黑和打压。这一点从应对新冠疫情过程中美国一些政客发表的无理言论中就可窥见一斑。因此，冲破旧有国际关系理论中那种"我尊你卑"以及以意识形态进行划界的陈旧思维，建立平等、公正、合理、合作、共赢，实现人类社会共同美好幸福生活的新型国际关系已经成为世界上绝大多数国家和民族的追求和梦想。中国梦之所以不同于西方国强必霸的逻辑，就在于将中华民族的发展命运与人类社会整体命运紧紧联结在一起。

四是新时代马克思主义中国化国际传播思想关于中国梦与世界梦二者辩证关系的定位不仅突破了西方主导的国际舆论场中民族优越论、文明优势论的"霸权"话语模式，而且确立了实现世界梦的关键要素，即构建人类命运共同体和新型国际关系二者之间的定位。具体来说，在新时代中国对外传播中，构建人类命运共同体与构建新型国际关系二者之间既紧密相连，也存在一定差异，二者间相辅相成的关系构成了新时代马克思主义中国化国际传播思想中一对重要的概念内核。其中，构建人类命运共同体是新时代中国特色社会主义对外传播话语体系的价值追求，而构建新型国际关系则是实践中国特色国际话语权的可行路径。后者为前者的实现开辟道路、创造条件；前者为后者提供了指引，规划了目标。离开人类命运共同体的指引，全球治理体系改革创新和新型国际关系构建就无法摈弃丛林法则和消弭意识形态带来的鸿沟与隔阂。同样，如果不去构建新型国际关系，国际社会仍然是一个强权政治控制下的"唯我独尊"；二者作为一个整体，突显了中国在世界百年未有之变局的关键历史时期建设什么样的世界、中国对人类社会未来走向的思考以及如何开展国与国交往等重大问题。

五是新时代马克思主义中国化国际传播思想突破了西方将文明差异性与意识形态和文化优越论直接相联系的形而上学思维定势，提出了以文明多元和互鉴交流为导向的新时代中国对外传播理论。近代以来，世界上有关文明差异化的理论不胜枚举，其中具有较大影响的观点分别是苏联理论界和西方国家关于文明差异的论述。前者对文明差异简单地进行概念化甚至意识形态化处理，进而将不同文明类型之间的差异和区别直接与社会制度相联系，是一种典型的形而上学理论。这种做法的直接后果就是导致其与其他国家交往中呈现出显著的大国沙文主义特征。后者对文明差异的分析更是有过之而无不及，干脆在苏联理论基础上直接得出以福山和亨廷顿为代表的"文明同质论"及"文明冲突论"，粗暴地将文明分为优质文明和劣质文明。这种理论导致的突出后果就是加剧了东西方之间的裂痕和对立乃至人类社会的分裂。而习近平总书记通过对人类不同文明发展进程的系统考察，提出了"文明是多彩的""文明是平等的""文明是包容的""文明交流互鉴"①等科学论断。这些论断既独到又精辟，且相互之间又有着严密的逻辑关系，为不同政治制度、不同社会治理模式和不同文化历史传统的民族之间交流互鉴、和平共处奠定了坚实的认识论基础。历史进程发展的客观事实也证明，由于受地理位置、种族、气候、文化传统和风俗习惯的影响，人类社会形成了形态各异的不同文明，这些文明之间毫无疑问在内涵与外延上存在很大的差异甚或矛盾，正是各种不同文明之间的相互影响、相互促进构成了丰富多彩的人类生活，在事实上形成了中国传统文化倡导的"和而不同"。

六是新时代马克思主义中国化国际传播思想明确指出新时代中国正处于日益走近世界舞台中央、实现中华民族伟大复兴的关键历史时刻。"世界舞台中央"而非"世界舞台中心"，是对中国在世界所处地位的重要判断。这一重要思想充分反映了中国对外传播在助力实现新时代中国特色社会主义现代化强国的目标之后，力求推动建设的是一个多极化的世界，体现出中国不会像近代以来西方列强崛起中那样为谋求"世界舞台中心"而致生灵涂炭，表现出中国反对霸权主义和

---

① 习近平. 在联合国教科文组织总部的演讲［EB/OL］.［2014-03-28］. 新华网，http://www.xinhuanet.com/world/2014-03/28/c_119982831.htm.

强权政治，不搞单边主义。除此之外，这一重要思想一方面向世界明确表明了中国未来发展趋向，另一方面回答并阐释了新时代中国的世界秩序观和新时代中国的世界定位，历史性地超越了近代以来西方传统国际关系理论。用"日益走近"而非"已经走进"世界舞台中央的阐释①，凸显了在当前世界格局加速演变和中国国际地位快速提升的时代背景下开展对外传播工作的前提。当前错综复杂多变的国际环境对新时代中国对外传播作提出了更高的要求：既要解放思想、目标明确，更要措施精准、传播有力；既要避免主观描绘出"一个衰朽的西方"，更要精练具有鲜明民族特色的话语体系；既要提防西方舆论场充满陷阱的各种"捧杀"，更要展示强大的战略定力和自信。

总之，新时代马克思主义中国化国际传播思想的重要目标就是向世界客观准确全面呈现当代中国促进世界和平和共同发展的努力。新时代中国特色社会主义建设实践也表明，快速崛起的中国必将加快"走近世界舞台中央"的步伐，这也是"实现中华民族伟大复兴中国梦、不断为人类作出更大贡献"②的中国对外传播话语表达。因此，向世界传递中国"走近世界舞台中央"的客观进程，是中国特色对外传播的目标之一，也是中国开展特色对外交往的必然结果。但在现阶段，中国对外传播也必须清醒地认识到，中国国际地位与"进入世界舞台中央"还存在一定的距离。这是客观冷静思考之后应该有的基本态度，也是新时代马克思主义中国化国际传播思想对中国国际地位作出的重要论断，更是在准确把握和深刻分析当前世界格局演变和中国现实国情及国际地位，并科学认知世界格局走向和发展规律基础之上形成的中国对外传播工作的顶层设计。在新时代马克思主义中国化国际传播思想的指引下，新时代的中国特色对外传播将努力高举实现中华民族伟大复兴中国梦、构建人类命运共同体和建立新型国际关系的伟大旗帜，为促进人类和平与发展作出无愧于时代和历史的崭新贡献，实现中国人民和全人类共同发展的美好理想。

---

① 习近平. 决胜全面建成小康社会　夺取新时代中国特色社会主义伟大胜利——在中国共产党第十九次全国代表大会上的报告[N]. 人民日报，2017-10-28.

② 习近平. 决胜全面建成小康社会　夺取新时代中国特色社会主义伟大胜利——在中国共产党第十九次全国代表大会上的报告[N]. 人民日报，2017-10-28.

5. 新时代中国国际传播的境内外影响

新时代马克思主义中国化国际传播思想是在人类社会面临未来走向的关键时期逐渐形成并发展起来的，不仅开辟了新时代中国特色社会主义对外传播的新境界，而且逐渐开始向世界展现完整、客观、真实、立体的再次崛起并不断走近世界舞台中央的新时代中国形象。这也是在全球化一方面向纵深方向发展，而另一方面"逆全球化"思潮在世界范围内渐成气候的大背景下向国际社会传递中国声音、表达中国态度、提供中国方案、贡献中国智慧的科学理论指南及根本的原则遵循。全球化加深的主要表现体现在经济、政治、文化、公共卫生等各个领域的不同层次上。如：在公共卫生层面，2020 年年初在全球范围内迅速蔓延的新冠疫情给世界各国带来的最大现实考验就是人类社会能否从命运与共的理念出发，全球合作共同抗击疫病给人类带来的灾难性危害；在经济层面，任何国家的经济危机都会迅速波及世界上其他国家，都会从一个产业链转移到另一个产业链，从而形成多米诺骨牌效应；在政治和社会层面，以美国为代表的西方国家在中东地区对主权国家的蛮横干预导致一些国家乱象横生，而社会动荡导致的难民潮又给西方国家的社会治安带来巨大隐患。这些现象清楚地表明，全球化的发展已经宣告由西方主导的你输我赢的世界格局行将就木，而人类命运休戚与共的新的全球化时代已经势不可挡。但是，一个不容忽视的现象是近年来随着西方主要国家内部矛盾不断增加以及综合实力的日趋衰弱，"逆全球化"思潮在人类进入 21 世纪的第二个 10 年后逐渐成为一种引人注目的发展趋势，一些阻碍全球化的行动和事件逐渐增多，与此相对应的极端民族主义及民粹主义势力不断抬头。比较典型的"逆全球化"事件有英国的脱欧以及美国的不断"退群"。其中，英国脱欧不仅改变了自 1973 年英国加入欧盟后近半个世纪双方的关系，也改变了西欧国家 60

多年来从欧洲煤钢联营到欧洲共同体、再到欧盟的欧洲一体化发展态势。毋庸讳言，英美等西方国家在推动全球化进程中发挥了巨大作用，而在这个进程中它们自然也充分享受到了全球化的红利。现如今，作为西方主要发达资本主义国家的领头羊则带头否定全球化、逆世界潮流而动，重新退回到保守主义的巢穴，在政治上回归孤立自守、煽动民族主义，经济上进行新型贸易保护、实行经济保护主义政策，在文化上采取排外封闭、人为制造文化排斥，不仅引发了严重的世界混乱，而且导致全球化进程遭遇巨大冲击，极大地增加了世界发展前途的不确定性和不稳定性。在西方主要资本主义国家发生的这种政策转向，反映出在全球化浪潮冲击下，由于资本主义发展过程中累积的内在结构性矛盾凸显所导致的社会矛盾不能进行有效的自我调节，进而引发社会发展受阻、经济增速严重下滑。实际上，2008 年爆发的全球金融危机从根本上动摇了以美、英为代表的西方发达国家发展的内在驱动力，很多西方国家一直未能走出经济疲软的阴影，其直接后果便是社会内部出现经济增长乏力、贫富差距拉大、社会矛盾加剧等危机。与此同时，从某种意义上来说，以中国为代表的新兴市场国家不仅在经济上成为全球增长的引擎，而且其大力主张在深层次范围内开放市场，并积极倡导文化上交流互鉴，从而推动了全球化的深入发展。对此，新时代马克思主义中国化国际传播思想指导新时代中国对外传播工作积极应对时代变化，在国内国外产生了广泛而深刻的影响。2017 年 1 月 18 日，在瑞士日内瓦联合国总部的演讲中，习近平总书记旗帜鲜明地提出，"经济全球化的大方向是正确的。当然，发展失衡、治理困境、数字鸿沟、公平赤字等问题也客观存在。这些是前进中的问题，我们要正视并设法解决，但不能因噎废食"。针对面对经济全球化中出现的问题，他强调中国方案是"构建人类命运共同体，实现共赢共享"。①

　　人类历史上伟大思想和科学理论之所以能够改变历史发展的进程，根本原因就在于人们能够不断增强对这些思想和理论的认知并将它们运用到社会实践中。仰望人类文明的浩瀚星空，那些在推动文明进化发展历程中出现的一个个经典理论宛如点点繁星，照亮了整个人类社会的精神世界，指引着人们不断向前进步。

---

　　① 习近平. 共同构建人类命运共同体——在联合国日内瓦总部的演讲［EB/OL］.［2017-01-19］. 新华网，http://www.xinhuanet.com/world/2017-01-19/c_1120340081.htm.

换句话说，任何科学理论必须在实践中发挥思想引领和实践推动功能，其中的一个重要前提就是其关键性理论内核和具体实施路径必须被人认知并得到支持。纵观人类文明史，凡是能够给人以智慧启迪并推动历史发展进程的伟大思想无不因为其揭示时代前行之内在规律性，反映蕴含时代精神之精华而被人所广泛传播并在人类社会活动中得到践行。而人们对某种科学理论的学习、认知和应用不能依靠强制的办法来实现，而必须以人们对这种思想的自觉需要为提前和动力。在这样的基础上通过适当传播方式为人们提供认识世界、把握规律、追求真理、改造世界的强大思想武器。法国大革命思想先驱、启蒙运动卓越代表人物、哲学家、教育家、文学家卢梭曾经说过："你千万不要干巴巴地同年轻人讲什么理论。如果你想使他懂得你所说的道理，你就要用一种东西去标示它。应当使思想的语言通过他的心，才能为他所了解。"①中国共产党领导中国人民经过革命、社会主义建设探索和改革开放的伟大历程，之所以能够实现从无到有、从小到大、从弱到强的一个又一个历史性跨越，一个重要原因就是把以马克思主义为代表的科学理论当作"真经"来学、看家本领来用。新时代马克思主义中国化国际传播思想体现了中国共产党大党胸怀和中国数千年优秀文化传统的当代价值转换，充分展现了新时代中国在中国共产党领导下实现"两个一百年"奋斗目标的过程中，所体现出来的全心全意为中国人民谋幸福、为世界人民求和平的文明大国胸怀。作为位居世界第二的巨大经济体，中国的发展既是实现中华民族近代以来强国富民的愿望，也是为人类文明和进步事业不断奋斗的领航者。当代中国对外传播以中国特色社会主义进入新时代为全景画卷，意味着向世界人民充分展示近代以来久经磨难的中华民族迎来了如何站起来、富起来到强起来的伟大飞跃，以及通过何种途径实现中华民族伟大复兴的光明前景，意味着马克思、恩格斯预言的科学社会主义在21世纪的中国焕发出强大勃勃生机和活力。中国无意标榜为世界的榜样，但中国带给世界和平与进步的希望与路径选择必须告知世界，中国也愿意与世界各国共同分享成功的经验与努力。中国特色社会主义道路、理论、制度、文化不断发展，开辟了新兴国家崛起的新蹊径，拓展了发展中国家走向现代化的新思维，打破了近代以来西方列强崛起过程中的掠夺式的强盗逻辑，为世界上那些饱

---

① ［法］让-雅克·卢梭. 爱弥儿［M］. 胡以娜，译. 天津：天津人民出版社，2008：518.

受西方欺凌压榨的国家和民族提供了既希望加快发展又希望保持自身独立性的全新选择，为应对人类共同面临的严峻挑战开启了智慧之门。正因为如此，新时代马克思主义中国化国际传播思想以全新的理论境界和胸怀天下的宏大视野在短时间内赢得了国内外各界人士的认同和赞赏。为了准确把握国内外受众对新时代马克思主义中国化国际传播思想的认知和指导新时代中国对外传播的状况，笔者从境内外精英阶层、媒体、普通民众和从事对外传播的机构等不同领域，以新时代马克思主义中国化国际传播思想的认知现状为切入口，以期全面系统深入了解新时代马克思主义中国化国际传播思想对实际对外交流活动的指导及效果。

5.1 新时代中国国际传播的境内影响

对外传播是指一个国家利用一定对外交往形式和媒介渠道及相关路径向国际社会展现该国内政外交以及形塑国家形象的综合性信息传递和沟通活动，在一定程度上直接影响到国家在国际上的地位，是一个国家软实力和国际话语权的重要体现，它与国家硬实力及软实力一起构成了当代民族国家的综合国力。自近代以来，国际话语权已经成为民族国家综合国力的重要组成部分，话语权领域的博弈实际上也反映了国家与国家之间国际地位和实力的角逐。国际社会对国家对外传播效果的回应在一定程度上能够体现出该国在世界范围内的影响力和在国际事务中的行动力。影响民族国家对外传播效果的因素有很多，除了传播内容和传播手段以及传播方式之外，其关键要素之一就是受众对象的信息接受意愿及认知和评价。同时，作为传播主体的该国公众对相关对外传播政策、策略的认可度、支持度以及积极性和主动性也至关重要。因此，准确掌握新时代马克思主义中国化国际传播思想在境内的影响及受众的认知状况对于更好地指导新时代中国特色对外传播工作实践具有重要的现实意义。

新中国成立以来的对外传播工作经历了一个艰难曲折的发展历程。新中国成立初期，为了打破西方国家的围堵，不得不与当时的苏联结盟，在对外传播口径上与作为老大哥的苏联保持意识形态上的某种一致性，这种情况持续到 20 世纪 50 年代末中苏两国因为意识形态分歧而开始的公开分裂。"文化大革命"时期，对外传播工作与其他战线相比受到的冲击虽然没有那么严重，但是所遭受的破坏也令人扼腕叹息。改革开放以后，中国对外传播工作开始走入正轨，并逐渐形成了一系列具有中国特色的对外传播理论体系。中共十八大以后，新时代马克思主义中国化国际传播思想的形成和发展开辟了新时代中国特色社会主义对外传播的新境界，不仅给人耳目一新的感觉，而且在对外传播实践中形成了许多具有新时代中国特色对外交往的新举措，在国内各个行业、各个领域引发了巨大反响。笔者通过对武汉、北京、郑州、兰州、重庆、昆明、哈尔滨、上海、深圳、广州、成都、西安、南京等 21 个城市和河南省临颖县南街村、河北省平山县西柏坡、陕西省延川县梁家河等 5 个乡村进行的问卷调查和深度访谈发现，受访主管意识形态领导干部、省及省辖市政府部门外宣办和网信办官员、政府和企业组织新闻发言人以及高校和研究机构专家学者、媒体从业人员、大学生、工人、农民等总体上认为新时代马克思主义中国化国际传播思想提升了中国在世界上的话语权和影响力以及民族自豪感，用被访农民的话说"让中国在世界上很有面子"。此国内调研共发放问卷 3500 份，其中受访男性占比 56%，女性占比 44%，收回有效问卷 3390 份；受访者中 50 岁以上占比 22%，40～50 岁占比 24%，30～39 岁占比 28%，25～29 岁占比 20%，18～24 岁占比 6%。

根据调查结果，境内精英阶层（包括政府官员、专家学者、媒体人士等）中 68% 的受访者认为新时代马克思主义中国化国际传播思想已经形成并在新时代中国特色对外传播实践中发挥思想引领和原则遵循作用；全部受访者中的 95% 认为新时代马克思主义中国化国际传播思想维护了中国的尊严并提升了中国的国际地位；受访者中的大多数关注习近平总书记对外传播新理念新思想新方略对国计民生所带来的重大利好，比如：很多人认为"一带一路"倡议在提高中国国际威望的同时，也能促进中国国内的经济发展，特别是受访者中 85% 以上的农民发出了"一带一路"倡议能为农民工提供更多国内外工作岗位以及从中享受更多建设福利的声音期待；在回答有关如何认识习近平总书记对外传播方式时，78% 的受访大学生和工人以及城市农民工认为习近平总书记在重大对外场合的演讲及与受众的互动增强了民族自豪感，更有超过 90% 的大学生希望新时代中国特色对外传播能为年轻人提供走向世界的更好氛围和更多机会；超过 98% 的省和省辖市外宣办主要领导认为习近平总书记对外传播方式起到了率先垂范的作用；对于受访的专家学者来讲，他们更多的是关注习近平总书记在对外传播理念、内容和方式等方面如何创新发展了新中国成立以来的对外传播理论成果。在对精英阶层进行的有关他们关注新时代马克思主义中国化国际传播思想内容的哪些具体领域的调查中，分别超过80%和70%的受访者表示，他们更关注经济、对外交流与合作在习近平总书记对外交往中的分量。值得一提的是，超过65%的受访者认为向世界传播实现中华民族伟大复兴中国梦以及"一带一路"倡议对于实现美好生活的个人梦二者之间并行不悖，这为规划自己的个人现实生活发挥了很好的启迪作用。有关本章研究相关的境内具体调研结果可以概括为以下几个方面：

第一，从接受调研的相关政府机构官员以及大型企业领导情况看，他们更多的是从宏观层面理解和认知新时代中国国际传播的基本内涵。比如：在对省级和省辖市外宣办领导所做的其对新时代马克思主义中国化国际传播思想的认识的调查时，他们普遍谈到习近平总书记关于对外传播工作的系列重要讲话和论述是习近平新时代中国特色社会主义思想的重要组成部分，反映了新的历史时期中国角色的世界地位和作用在发生巨大变化，同时也是对西方强势国际话语权的有力回击。云南的一个大型国企负责人认为，"一带一路"倡议和亚投行的运行不仅提升了中国企业走向世界的适应能力，而且能够让利益攸关方切身体验到习近平总书记关于构建人类命运共同体的理念不是空中楼阁，而是有具体明确并且切实可行的行动举措支撑这一伟大理念落地开花的。在对两个省级党委宣传部的一个正职和一个副职领导以及两个新闻出版处处长所做的调研中，他们均谈及学习和领会习近平总书记关于对外传播工作中如何坚持党的领导、如何充分利用互联网思维坚守意识形态领域阵地问题重要论述的体会，以及在工作实践中如何贯彻落实新时代马克思主义中国化国际传播思想。河南省网信办一位负责人对研究者谈到了工作中与国安、公安以及纪检部门配合打击个别打着对外交流的幌子实则向境外进行信息情报输送的典型案例，并对一些由谣言导致的对国家形象造成损害案件的查处原则。与此同时，许多受访者在接受调研中谈到了对"学习强国"的看法，他们一致认为这是一条提升自己理论水平的非常好的途径，很多人建议能否以"学习强国"为蓝本，设计开通一个可供直接对外的理论学习平台（即外国人也可以通过此平台高效及时地了解中国的内政外交），以此更好地向世界传递并交流中国特色社会主义发展进程中的理论成果。还有受访者表示，应该以某种方式增加地方社会治理成就在国际上的发声机会，即除了近年来采取的由外交部主导向外国驻华机构进行的具有"广告"性质的宣介外，还应该以更加灵活多样的方式为基层提供在世界舞台上发声的机会，让世界深化对中国基层的了解，从而助力新时代马克思主义中国化国际传播思想在国际社会的贯彻落实。除此之外，这些精英阶层对新时代马克思主义中国化国际传播思想领悟最深的就是新时代对外传播更加开放，也更富有感染力和引导力。调研结果表明，一方面领导干部具有较为成熟的政治鉴别力和政策领悟力，而且能够将政策性学习中获得的理论成果运用于现实的工作实践中，做到学以致用；另一方面表明领导干部对新时代马克思主义中国化国际传播思想的学习基本上达到了"学习理论知识上入脑，有收获；政治思想上入心，受洗礼；干事创业、为民服务上动情，有担当有作为"①的显著效果。

第二，在走访调研大学生、普通市民、中小型私营企业主、农民及在城市务工的季节工的过程中，针对不同行业的不同群体采取了形式各异、内容丰富的问卷调查和深度访谈。结果显示，超过50%受访的普通市民和农民不太了解习近平总书记关于对外传播工作的具体内容，但他们中超过95%的受访者非常关注习近平总书记对国外进行访问受到到访国接待的情况，认为这体现了中国日益提升的强大力量，并为此感到了作为中国人的骄傲和自豪。在被访的中小型企业主中，他们更关心新时代中国对外传播是否能够助力他们开拓更为开阔的世界市场，70%的受访者认为在他们开展国外业务时遇到的一个突出而非常重要的问题就是对这些国家的法律不熟悉，所以在业务办理中会走很多的弯路，期待中国相关部门在与外界打交道过程中能更加有针对性地提供对象国更多的人文风俗和法律方面的常识性内容，通过对外传播让中国更多了解世界。但不论是哪个阶层，民众最关注的就是新时代马克思主义中国化国际传播思想中涉及民生方面的问题。私营企业主和农民群体普遍对"中国梦"的理念及思想比较了解，而大学生群体则认为"新型大国关系""一带一路""中国梦"等属于新时代马克思主义中国化国际传播思想的精髓，作为大学生应该强化这方面的理论知识学习。同时调查还显示，无论是私营企业主还是农民群体普遍反映新时代马克思主义中国化国际传播

---

① 习近平. 在"不忘初心、牢记使命"主题教育总结大会上的讲话［EB/OL］.［2020-01-08］. 中央政府门户网，http://www.gov.cn/xinwen/2020-01/08/content_5467606.htm.

思想对于他们好像联系没有那么多，觉得理论性比较强，对于他们而言比较"高大上"。但是，他们普遍反映，习近平总书记对外交流的语言表达方式很亲切、很接地气。

在大学生群体中，90%的受访者认为习近平总书记关于对外传播的一系列重要论述已经形成了完整科学系统的思想体系。在对学生群体的访谈中，谈到习近平总书记在哪些方面如何创新发展了马克思主义中国化对外传播理论时，大家普遍反映，习近平总书记首先在形象传播上更加到位，与受众交流方式非常接地气，更加贴近普通社会公众，更能够深入民心。特别是在涉及严肃政治话题时有庄重严谨的一面，更有亲切随和的一面。同时，习近平总书记在国际交流中注重对中国传统文化的推介，出席的国际活动也更加丰富和多元化，比如参加国际重要体育赛事的开幕式等。还有受访者注意到习近平在公众场合发表讲话时语速平缓，不刻意放慢速度、不打官腔，用最为平实的语言拉近了与人民群众的距离。在出访外国时，他的穿着与夫人的着装都互为映衬，凸显脱俗气质。甚至，有受访学生建议成立以习近平总书记和夫人为主体人物形象的"对外传播民间粉丝团"，虽然这是一个较为敏感的问题，但希望相关主管部门能以宽容的态度看待这样的"群众呼声"。同时，很多受访学生提到，网络上出现的以习近平为主体人物的漫画形象也有助于中国文化的对外传播，新华社发布的英文版的"十三五"之歌对于让外国人更好地了解中国和中国共产党发挥了较好的传播效果，在国外一些网站引发了较大反响。在回答作为一名中国公民应该从哪些方面行动起来，为提升中国国家形象、增加对外传播效果做贡献时，学习新闻传播专业的受访者认为，在传媒业高速发展的今天，媒体当仁不让应该成为对外塑造中国形象的最好方式。作为学习传媒专业大学生，可以通过以下几种方式提升中国形象：一是中国作为四大古国之一，博大精深的传统文化是最吸引外国受众的重要内容之一。无论是古代文字、古代工艺还是古代建筑，都能引起国内外人士的浓厚兴趣。所以，应该拍摄针对中国古文化的系列纪录片，将一些被遗忘的传统文化的东西重新挖掘，呈现在世人面前，以彰显中国数千年来厚重的文化积淀。二是善于利用电影、电视来塑造中国形象。很多人对美国人的形象认知多半来自好莱坞电影，而美国在事实上也很善于利用英雄电影来塑造美国所谓勇敢正义的形象，中国也要把积极正面的国人形象和中国国家形象透过影视作品向世界各地进行传播。通过影视作品的传播塑造中国形象虽然近年来做出了一定的成就，但是做得还不够。三是很多外国人对于中国人的评价大多是保守、不开放，虽然这种看法并不全面，但也不是全无道理。就此来说，要改变外国对中国的认识，先要改变中国人对于世界的认识，所谓"知己知彼，百战不殆"。只有深入了解外国人的思想观念，才能很好地将当代中国特色社会主义核心价值观传播出去。还有受访学生回答道，在对外传播中全面塑造中国形象除了靠自身实力的增强之外，还要依赖软实力的对外展现。其中最重要的，一是文化传播方面应该减少文化折扣；二是更好地发挥新闻发言人的作用和功能，特别是作为发言人在对外传播上应提高反应速度和传播技巧；三是伴随新技术的发展，应鼓励新媒体客户端在国外上市，占据新媒体领地。另外，很多受访学生提到，作为年轻人要展现新时代马克思主义中国化国际传播思想中关于对外塑造文明、负责任的大国形象。

第三，媒体机构及其从业人员对新时代中国国际传播的认知主要集中在构建具有国际影响力、传播力、引导力、公信力的强大媒体集团和对构建人类命运共同体理念的解读以及中国在全球经济发展中的功能、习近平的媒介形象等方面。其中，超过90%以上的受访者认为新时代马克思主义中国化国际传播思想紧密结合日新月异的媒介技术，提出了在遵循新闻传播规律的基础上构建人类命运共同体和具有新时代中国特色社会主义国际传播话语体系以及引领全球治理体系改革创新等具有划时代意义的新理念新思想新实践，展示了在实现中华民族伟大复兴中国梦宏伟目标上的民族自信和大国责任担当。在收回的528份调查问卷（共发放550份）中以及对56人做的深度访谈中，95%的被访者认为习近平总书记关于对外传播工作的重要指示批示和论述以及在对外交往中的实践已经形成了结构完整、内容丰富、论述缜密、逻辑严谨的科学思想体系。在谈到对新时代马克思主义中国化国际传播思想的具体认识时，有几种较具代表性的观点：

一是受访者认为，自中共十八大以来，习近平总书记的外交活动十分频繁，足迹遍布五大洲，既巩固了老朋友，又结交了一大批新朋友，以高远的政治远见大手笔地绘就了"一带一路"合作共赢的宏伟蓝图并将之逐渐付诸实施，提出了包容性发展和共同协商、合作共赢等新型国际关系理念，不断让中国的高科技技术走出国门，既服务了世界，也给中国经济注入了新鲜血液和活力。在文化交往方面，习近平总书记巧妙地利用周边外交、双边外交、主场外交、大国外交等手段，向世界推介博大精深的中国传统文化，而构建人类命运共同体理念的提出，显现了中国传统文化与当代价值的完美结合，彰显了东方大国领袖独特的文化魅力。从访谈情况看，受访者普遍认为习近平总书记对外活动提高了中国的影响力、话语权和国际地位，向世界展现了一个令人耳目一新的中国。用受访者的话说，习近平总书记在对外交往中内外双修、兼善天下、频繁活动、撒播友谊的种子，足迹遍布全球，让世界看到了一个蓬勃发展、兼济天下的中国，在对外声明中国坚持走和平发展道路的同时，也一再强调中国绝不放弃自己的正当权益，绝不牺牲国家的核心利益原则底线。

二是超过 85% 的受访者谈到了如何看待习近平总书记及夫人彭丽媛的个人形象在中国对外传播和交流中发挥的示范作用。他们普遍认为，习近平夫妇在国际交往中打破了西方舆论场对中国领导人夫妇的刻板印象。有受访者谈到，习近平总书记在对外活动中体现出来的"习式幽默"令人印象深刻，特别是在访问美国的时候，收到了博卡青年队的队服，因为此前已经收到过阿根廷国家队的队服，所以他幽默地问"转会费多少"？很多受访者在访谈中表达了对习近平夫妇在外事活动中处处展现出的自信、豁达、睿智和真诚而感到骄傲与自豪，觉得他们对外呈现的亲民形象不仅赢得了与交往国的一片喝彩，而且激发了国外受众对中国文化的向往。彭丽媛在外事活动中所展现出来的"优雅"和秀外慧中，恰到好处地向世界传递了中国的真诚和友好，这种形象的塑造有利于消除由于中国经济迅速崛起而对普通公众形成的陌生感和距离感，尤其是她担任世界卫生组织"抗击结核病和艾滋病"亲善大使以及联合国教科文组织"促进女童和妇女教育"特使等后向国际社会展现了一个全新面貌的新时代中国形象。有受访者认为，不管是作为国家领导人，还是普通的市民，作为一个男人，扮演好一个好丈夫、好爸爸的角色非常重要，习近平给人的印象就是和蔼可亲，大家亲切地称他为"习大大"。他在国内吃庆丰包子，在国外吃汉堡快餐。这些行为特别接地气，而且他对足球的喜爱现在是人尽皆知，在爱尔兰访问的时候还小试脚法。这些接地气的对外传播效果肯定比高高在上的理论说教式的对外传播效果要好。受访者一致认为，习近平总书记在国际交往中展现得最为突出的个人形象就是有血有肉。他不仅是一个有着普通家庭生活和兴趣爱好的家庭顶梁柱，同时也是国家的顶梁柱，他向世界展现的不只是一位领导人的风范，更是一个拥有完整人格的人、一个透明程度更高的普通人，这让他在交往之中更加平易近人。彭丽媛的端庄、知性、大气令其具备了独特的个人魅力而成为国家形象的重要部分，更成为中国对外传播软实力的重要代表。

三是90%的受访者认为习近平总书记是新中国成立以后最为重视中国对外传播工作的最高领导人之一，他不仅在很多重要的会议上提出对外传播的重要性，而且亲自到人民日报社、中央电视台等媒体机构视察，作出重要批示。他所倡导的"一带一路"倡议，不仅为相关国家之间的经济交往带来好处，更重要的是能借助"一带一路"这个舞台进行深入的文化交流，全面增强与相关交往国之间的友好关系，这也是一种文化软实力的提升，展示了中国领导人远大的政治格局和人类共建美好明天的胸怀。

四是85%的受访者谈到作为一个普通人如何为国家对外传播贡献力量的问题，比如去国外旅游时不乱涂乱画，尊重当地习俗。还有受访者提出提升中国对外传播效果的方式可以多种多样。比如，改善国内很多不好的方面其实也是在更好地宣传中国，最简单和直接的问题如近年来日趋严重的雾霾治理。受访者们认为，外国人比较喜欢跑步健身，但中国的一些地方的严重污染让他们没法这样做。所以，提高空气质量，让全世界看到中国的蓝天白云也是一种国家形象正在变得越来越好的体现。一个国家的良好形象确实不仅需要综合国力的提升，更需要每一位国民的努力，这种努力是在日常生活中一点一滴培养起来的，从根本上说每个国民综合素质的提高自然就会在整体上提升国家在世界上的形象。不管面子活做得多好，当外国人来到中国长时间生活学习时，那些不好的一面早晚会逐渐显现，而只有当每一位国民的身体和文化素质都得到提高时，自然而然地就会为树立良好的国家形象作贡献了。

第四，受访专家学者大多从学理角度对新时代中国国际传播进行阐释和理解。随着新时代马克思主义中国化国际传播思想日趋完整和系统，学界的关注角度和视野更加丰富，对新时代马克思主义中国化国际传播思想的内涵、体系、地位、影响等各方面的学理性阐述更为系统深入，凸显了理论阐释需要着力突破的关键与落脚点。在调研中，有学者第一次全面盘点了新时代马克思主义中国化国际传播思想形成和发展的历程，并概括出其继承和创新之处。很多从事新闻传播学研究的受访者认为，2016 年 2 月 19 日习近平总书记主持召开党的新闻舆论工作座谈会和 2016 年 4 月 19 日其在网络安全和信息化工作座谈会上发表的讲话，放大了学界研究的视野。特别是以"新闻舆论"代替之前的"新闻宣传"等表述，展现出新时代马克思主义中国化国际传播思想的新理念和新认识，以及从网络治理、网络舆论等更广义的舆论视角看待国际舆论新格局。此外，2016 年 5 月 17 日习近平总书记在哲学社会科学工作座谈会上的讲话，更是为构建中国特色社会主义学术体系、对外传播话语体系提供了强大理论指导。从总体上看，学界以"2·19"讲话为总纲，从时代背景、理论创新、现实意义等视角解读新时代马克思主义中国化国际传播思想。很多受访者立足理论发展的历史脉络进行更具学理性的探索和阐释，一方面对新时代马克思主义中国化国际传播思想的理论和现实意义进行解读；另一方面深刻阐释新时代马克思主义中国化国际传播思想的科学性、指导性和时代性、创新点。也有受访者从更具体细化的议题和角度展开，如从构建人类命运共同体、新型国际关系、中国梦、网络宣传与网络管理、新媒体发展与媒体融合、人才队伍建设、典型报道等方面解读新时代马克思主义中国化国际传播思想。总之，受访学者对新时代马克思主义中国化国际传播思想的解读在理论高度上有指导性，在研究方法上有借鉴性。

从现有研究文献成果形态看，目前的研究成果形式多样、内容涉及面也非常广泛，但也存在研究聚焦点不足，也就是说面上整体把握得较多但从某一个切入点展开研究的纵深程度明显不足，或者说单点突破而不够系统，缺乏一部既完整又深入的集大成之作。如果能将"面"的把握与"点"的深化研究二者结合起来，做到既有单点的深度拓展，又有系统的整体把握，并用一条贯穿整个系统的逻辑主线将各个"点"之间有机联结起来，形成逻辑严谨、框架完整的话语体系，就可以做到点面结合、重点突出的科学理论体系呈现，从而为业界贯彻落实、学界研读阐释提供更系统的参考。从研究层次看，相关成果往往不在一个层面表述，模糊了研究本身具有的系统性和对话性。很多文章仍然停留在总体框架层面，细分课题、深度解读的潜力很大。新时代马克思主义中国化国际传播思想博大精深、体系完整，需要在系统把握的基础上进一步从中挖掘出具体的课题，深化细化研究。特别是可以用统一的研究框架、理论站位和研究方法切入，就各细化的研究课题分而述之，形成自成体系、彼此呼应、统筹兼顾的研究体系。从研究方法和取向上看，文献梳理和思辨层面的居多，方法和素材较为单一，理论阐述为主、结合实际不够，原则遵循为主、方法探索不足。对于一些焦点难点，不仅需要在实践中探索，也需要在研究层面及时总结、反思并有效回答。笔者根据调研及所进行的研究文献梳理比较，认为对新时代马克思主义中国化国际传播思想研究和阐释还可以从以下几个方面进行突破：一是充分展现新时代马克思主义中国化国际传播思想的继承性与原创性。既要将其与已有马克思主义中国化对外传播理论的逻辑关联梳理清楚，又要将其所特有的时代性、发展性、创新性解读透彻、阐释充分。二是充分阐释新时代马克思主义中国化国际传播思想的学理性、科学性和实践性。对新时代马克思主义中国化国际传播思想的把握和理解不能停留在心得体会式的观点梳理上，也不能为了便于实践操作而拘泥于案例印证上，应该以更扎实的时代背景和更开阔学术视野，在更为完整的框架体系中以更高理论站位对之进一步升华和完善。三是从全球治理创新和人类社会发展的全局高度，着力凸显构建人类命运共同体和新型国家关系的重要性和可行性。总之，学界普遍认为，新时代马克思主义中国化国际传播思想因应时代巨变、敢于直面严峻挑战，凸显了强烈的时代特征和精准的问题意识。

5.2 新时代中国化国际传播在境外的反响

新时代马克思主义中国化国际传播思想不仅全面反映了新时代中国特色社会主义建设的客观现实以及中国为人类社会发展的新理念新思想，而且从根本上对近代以来由西方所操控的国际舆论场进行了强有力的反击。自 19 世纪初以来，国际舆论场领域话语体系一直被西方主导，以美国为代表的发达国家在创造巨大物质财富的同时，也操控和垄断着世界话语的发展走向，同时利用他们掌控的强大传播集团，在世界话语体系内容与手段的双重操控中形成话语霸权，塑造了一个以西方价值观为核心理念的媒介世界现实图景，进而一直把控着"历史"和"文明"的生成。冷战结束以后，国际舆论场中的思想冲突更加隐蔽和严峻。从那时起，发展中国家媒体信源的内容多出自美联社、合众国际社、路透社、法新社四大通讯社。其中，全球超过80%以上的国际重大新闻和视频节目由美国传媒集团生产并在全球范围内进行传播，这些节目内容裹挟着西方意识形态在国际舆论场无孔不入。西方主要传播媒体在不断吞噬世界范围内传播商业利润的同时，也在不遗余力地向广大发展中国家渗透和散播西方思想文化和价值观。笔者所做的境外调查显示，当代西方国际受众超过70%以上对于中国信息的了解主要借助于美国、英国、法国等西方媒体，仅有不到10%的受众从中国媒体了解中国。这表明，当代中国在国际舆论场中的形象主要是由西方主要媒体塑造出来，中国媒体的话语空间既微弱又遭受西方媒体的严重挤压。福柯曾经说过"话语即权力"，他认为历史的命运由那些拥有权力和知识的人所掌控。近代以来，国际舆论场和世界话语体系基本上由西方发达国家所控制。萨义德在《东方学》中曾引用马克思的话说，"他们无法表述自己，他们必须被别人表述"①，以此证明西方列强对东方世界的操控和霸凌。即便是时光隧道进入21世纪，以所谓民主、自由、人权为幌子的西方价值观仍在向世界各地进行强行灌输。尽管一个迅速崛起、开放包容、文明谦和的中国正在重新走近世界舞台中央，但仍然在国际舆论场上时常受到西方无理而野蛮的污名化和妖魔化，一个最有力的证据就是西方个别政客和媒体置人类基本道义于不顾，无视中国应对2020年初在全球范围内蔓延的新冠疫情所作出的巨大牺牲以及为支持国际抗疫作出的巨大贡献而丧心病狂地对中国进行污名化，这些政客和媒体出于对自身在全球范围内实力和影响力衰弱的恐惧，歇斯底里地对中国所做一切都毫无底线地翻手为云、覆手为雨地进行诋毁和中伤。实事求是地说，以美国为代表的垄断资本所把控的西方话语体系已经成为世界全面客观准确理解中国的巨大障碍和绊脚石，而且这种话语体系也不可能在短时间内对有关中国形象在世界范围内的客观呈现有所改观。在西方话语体系主导的国际舆论场上，中国故事不仅被歪曲甚至被"妖魔化"，以至于国际社会产生对中国刻板的僵化印象。产生这种情况的因素有很多，主要的原因在于东西方之间历史传统和思维模式差异以及政治制度和意识形态歧见，另外就是以美国为代表的西方强权不甘心其自身实力衰弱所造成的恐惧心理，还有一个因素就是中国自身对外传播主管部门僵化的媒体管理理念和模式对构建具有强大影响力、传播力、引导力和影响力国际传媒集团在事实上所形成的自我束缚。

尽管如此，进入21世纪后的国际舆论生态和国际传播新秩序正在发生深刻

---

① 马克思恩格斯选集(第1卷)[M]. 北京：人民出版社，1976：629.

变化，呈现出新兴发展中国家媒体逐渐崛起、由互联网技术催生的新兴媒体形态不断出现、媒体的非国家传播行为逐渐增多等趋势。在国际舆论新格局不断形成和发展过程中，中国如何以正在重新走近世界舞台中央的大国形象因应国际传播新秩序的新一轮洗牌无疑也成为国际受众关注的重要议题。正是在这样的时代背景下，新时代马克思主义中国化国际传播思想因应时代呼唤，就新时代中国实现中华民族伟大复兴中国梦、构建人类命运共同体发出了提供中国方案、贡献中国智慧的时代最强音，提出构建中国特色对外传播话语体系、发出中国声音、扭转不公正国际舆论格局，在国际社会引起普遍而广泛的回响。鉴于此，笔者利用总计 1 年时间分别对德国、荷兰、法国、比利时、意大利、瑞士、奥地利、芬兰、丹麦、美国、俄罗斯、日本等 10 多个西方主要发达国家的 18 个城市展开实地调研，采用在大学生、专家学者和媒体从业人员中发放问卷调查以及对普通民众、专家、中国留学生、外国大学生和媒体机构进行深度访谈的方法获取新时代马克思主义中国化国际传播思想的国际反响，共发放问卷 2500 份，实际收回问卷 2196 份，访谈共 137 人次。之所以选择上述国家的部分地区作为调研样本主要原因有两个：一是主导现有国际舆论场发声的主要媒体及与之相关的信息源大部分出自上述国家；二是这些国家对中国形象的认知在很大程度上不仅能够左右国际舆论走向，而且对中国如何有的放矢地针对西方进行对外传播策略和手段调整具有较大的参考价值。通过调查发现，西方主要发达国家中的普通民众对中国的了解相对于 2005 年前了解得更多，特别是 18 ~ 35 岁的年轻人中对中国的了解明显多于其他年龄段的受访者。总共将近一半受访者表示他们了解中国和中国国家主席习近平相关信息主要靠社交媒体，通过政治人物或传统媒体以及外交活动了解习近平个人形象的占总受访者的 45%，其中受访大学生中对中国相对了解信息较多(占 42%)，欧洲国家大学生了解中国的程度高于美国大约 20 多个百分点；普通社会民众相对中国及中国政策了解比较少，只有大约 20% 的受访者了解中国梦，还有 28% 的受访者听说过中国倡议的"一带一路"，但是高达 65% 的受访者认为中国和美国之间是一种竞争关系，甚至超过六成受访美国大学生和一般民众认为中国对美国以后的发展形成了威胁。值得一提的是，在受访美国精英阶层中超过 80% 的人认为中国近年来所采取的一系列政策举措包括构建人类命运共同体、"一带一路"倡议和建立亚投行等对现有国际秩序造成了冲击，并将此看作是挑战美国全球领导地位的明证。实际上，数千年以来中国从不缺乏"天下大同"的传统思想，在处理自己与他人关系问题上基本延续了数千年来"天下一家"的心态。"四海之内皆兄弟"(《论语·颜渊》)就是这种数千年传统文化精神的延续。从这一角度讲，构建人类命运共同体理念体现出作为人类应该相互珍惜、互亲互爱，这与世界上其他文化传统也是相通的，比如古代至今流传在伊朗的诗句"亚当子孙皆兄弟，兄弟犹如手足亲"就是构建人类命运共同体理念的最好回应。尽管一些受访者对中国倡导的事关人类社会发展理念有成见，但很多受访者认为习近平的对外交往方式非常灵活，对外交往风格与新中国成立后其他领导人相比有着显著的自我特色，超出了他们想象中共产党国家领袖一贯的不苟言笑形象。需要注意的是，在回答有关孔子学院建设问题时，欧洲国家超过半数受访的精英阶层人士表示，孔子学院作为一种文化交流平台在促进对中国文化的认知和了解中发挥了其他渠道所不能相比的优势和作用。总之，境外有关当代中国对外传播状况的调研结果可以具体归纳为以下几个方面：

首先，国外受访普通民众中大部分对中国抱有好奇和新鲜感，但是对于中国了解不太多。在谈到是否听说过构建人类命运共同体、亚投行等近年来中国的政策主张时，超过70%的受访者表示没有听说过，只有大约13%的人从报刊上看到过这方面的报道，但对于具体意蕴所指不甚明了。需要指出的是，德国、法国民众对当代中国了解相对于其他国家来说比较多，特别是德国受访者中了解"一带一路"倡议以及中欧货运班列的情况明显多于其他国家的受访者。在受访的美国普通民众中，大多数人感觉中国很遥远，对中国的印象90%通过媒体获得。受访的一般民众超过80%没有听说过中国梦和"一带一路"倡议，他们认为中国很落后。不仅如此，受访者中超过半数认为，中国对美国不友好。但是，这些受访美国人也知道中国现在发展很快。他们认为，中国的发展对美国形成了竞争，也有将近一半的受访民众表示，如果有机会他们很想到中国来看看。有个别受访者表示出对中国的积极看法。在纽约一家沃尔玛访谈时，一位店员主动谈及最近几年在纽约明显感到看到的中国人多了很多，而且她认为中国人很和善，但就是英语不好，无论购物还是问路时，常常因为语言不通闹出一些不愉快或笑话。在被问到如何看中国和美国的关系时，她说这是总统的事情。在谈到她是否见到过时代广场上的中国形象宣传片并如何理解时，她认为那就是广告而已，并没有觉得和政治有什么关系，她说自己对政治的理解就是选举。无论是欧洲还是美国受访民众在谈到饮食文化时，超过60%的受访者会问中国人是不是喜欢吃猫、狗以及其他动物问题。与此同时，部分欧洲普通受访民众对于中国与他们国家之间的关系反应较为冷漠，认为这不是他们考虑的问题。他们认为，美国与他们国家之间的关系远比中国重要得多，而意大利、法国和德国以及荷兰的很多受访者同意中国数千年文明为人类社会作出了贡献，而且也认为中国与他们的国家发展较为密切的关系很重要。在受访的普通民众中，超过55%的受访者表示他们通过电视和其他媒体对习近平所参与的外事活动有一定的感性了解，他们感觉习近平温文尔雅、平易近人。在有关中国对于他们普通民众印象最为深刻的事情是什么时，超过90%的受访者认为中国商品物美价廉，在日常生活中很实用，还有就是对中餐比较感兴趣，但普遍反映中餐有点贵。当被问及对中国与他们国家关系有何期待时，很多人认为需要加强双方之间的了解，同时有60%的受访普通民众认为中国很神秘，表示如果有机会一定到中国看看。受访者中也有大约20%的普通民众对中国文化非常感兴趣。其中，德国杜伊斯堡市的 Hinrich Karlz 先生在一家酸奶厂的流水线上工作，他和妻子虽然没有到过中国，但他们对中国传统文化非常喜欢和了解，在接受访问时热情邀请笔者去他们家看他们收藏的中国"文化大革命"期间的袖章、领章以及服饰和纪念章，还有中国画、餐具、瓷器等。在维也纳，受访的出租车司机普遍对中国人比较热情，不仅知道习近平，而且大多会用中文说"你好、再见"之类的招呼语，他们认为现在中国很强大，中国人也很有钱。

其次，大学生群体是此次境外调研的一个重要组成部分。作为最富有朝气和比较有自我思想的一个群体，80%以上的受访大学生通过媒体（包括门户网站和社交媒体）以及与在其国家留学中国学生接触对中国进行认知。其中，德国杜伊斯堡-埃森大学东亚研究院中学习当代中国政治、经济和中国文化的学生对中国普遍具有正面和积极的认识。比如，他们普遍了解中国倡议的"一带一路"，认为这是中国对促进世界发展了不起的创意；而在对关于"人类命运共同体"的理解方面，受访者大多认为这是一个能够激发人们深入思考人类社会未来走向的理念。相对于德国大学生对于中国的认知，法国和意大利、荷兰以及奥地利大学生受访者中对于有关中国的认识态度较为分散，而且在一些问题上呈现出不同的极化现象。如，在关于对中国传统文化的理解方面，一部分受访者认为中国历史文明悠久，曾经为人类作出过很多贡献，但也有一部分受访者表示中国文化保守甚至落后。特别是对于那些接触有关中国信息较少的学生而言，中国是落后而且令人不可捉摸的代名词。很多受访学生谈到东西方文化比较时，普遍认为西方文明具有优越感，他们觉得中国在很多地方模仿西方，很多受访学生表现出对新疆、西藏等的关注。当然，超过90%的学生对中国的"功夫"文化展现出浓厚的兴趣。需要值得注意的是，受访的美国学生印象中的中国形象非常负面。大约70%的受访者将中国形象与社会制度和意识形态直接挂钩，认为中国的制度环境不利于人的个性自由施展，甚至有近一半受访者认为中国不仅落后，而且在很多问题上直接对美国在全球影响力形成挑战。一个令人感到非常吊诡的现象是，受访的美国学生中平常获取有关中国信息少的学生对中国的形象认知反而比那些平时较多涉猎有关中国信息的学生更加正面和积极，造成这种情况的重要原因与学生的信息接触渠道大致呈现一种正相关关系。也就是说，平时通过美国主要媒体来获知中国相关知识的学生在信息接收和过滤过程中无疑与其深受一些媒体对中国片面的报道和解读有关。在被访的欧美国家大学生中，欧洲国家学生展现出更加强烈的与中国进行交往的意愿，而那些到过中国北京、上海、成都等城市的学生认为中国的城市不仅摩登时髦，而且中国饮食也备受追捧。德国、奥地利的一些受访学生甚至认为中国的现代化程度，特别是电子支付和高铁等远远超越了欧洲。如果说美国受访学生更愿意从价值观和意识形态角度对中美两国进行比较的话，那么欧洲受访学生更愿意从文化视角探求中国对于他们的神秘之感，他们很少将意识形态因素与中欧关系挂钩，这是一种非常令人瞩目的现象。俄罗斯受访者普遍对中国持有好感，他们认为中国应该和俄罗斯一同对抗来自美国的压力。有65%的受访俄罗斯学生对于中国所取得的经济成就非常感兴趣，他们认为俄罗斯参与"一带一路"的建设还不够。在受访大学生中，有近80%的人提及中国和苏联时期的关系。在圣彼得堡，有受访大学生谈到，习近平总书记很平和而且非常睿智。受访日本大学生在谈到对中国的看法时，观点较为极化，认为中国是一个很不错的邻居的观点与认为中国不友好的观点基本持平。还有近10%的受访学生否认历史上日本曾经向中国学习过，甚至极个别受访者认为日本在"二战"时并没有对中国造成伤害。但是，超过60%的受访者表示，中日两国是搬不走的邻居，两国没有理由不搞好关系。

再次，受访的媒体机构及其从业人员更愿意从所谓新闻专业主义角度表达他们对中国的认知。其中，一些欧美驻华媒体工作人员与那些在本土从事涉华报道人员在对有关中国的评价上形成了鲜明的意见对比。前者对中国的评价相对更为客观而且全面，后者基本上从自身的对华想象进行理解和认知。在被问及对近年来习近平总书记对外交往活动有何评价时，超过55%的受访者认为，习近平展现了共产党国家领导人不同于其他领导人的新形象，他既有深厚的文化素养，也非常能够从容自信地应对媒体，并且能够在不同的活动场域针对不同的受众采取不同的交往方式，给人一种可以信赖、值得交往的印象。习近平对于德国、法国等欧洲国家受访者留下的较为深刻的印象就是他对所交往国家传统文化的深刻认知以及对现实社会思潮的敏锐洞察。对中国改革开放40多年来发生的变化，超过75%的受访机构和从业人员认为，中国经济上所取得的巨大成就显著而且富有重要的意义。在谈及对中国梦以及"一带一路"倡议和构建人类命运共同体的看法时，美国受访者认为，这是中国为了扩大自己在国际上的影响力而提出的主张，而且中国的主张更大程度上是为了削弱美国在国际上的领导地位，特别是成立亚投行和"一带一路"倡议明显触动了"二战"后形成的以美国为主导的全球秩序。其中一个受访者明确地说，中国之所以倡导成立类似上海合作组织、博鳌亚洲论坛以及亚投行等组织是想从根本上改变或削弱美国在全球的领导力，显示了中国崛起对美国确实形成了威胁。而受访的欧洲媒体人士则认为，"一带一路"倡议和亚投行成立也会在一定程度上有利于相关国家的合作和发展，构建人类命运共同体也是一个不错的理念和宏伟设想。通过调查分析，在对这个问题的回答上，欧美两国受访者表现出截然不同的观点，其中受访的美国人更多从意识形态和中美博弈角度来谈这个问题，而欧洲国家受访者更多是从国家间合作以及人的理性自觉角度看待这个问题。另外，在关于中国对非洲和发展中国家援助问题上，欧美国家受访者也显示出不同的态度。超过六成的美国受访者仍把它归结为中国为了扩大自己在世界上的影响力而采取的与美国争地盘的举措；而欧洲国家受访者认为，这种行动可以理解，它表明中国在自身发展的同时，也没有忘记巩固与传统朋友之间的关系，当然也是为了进一步扩大中国在发展中国家的影响力和号召力。

与此同时，笔者在对西方主要媒体和智库就"一带一路"倡议进行的相关报道及评论进行的分析中发现，超过半数以上媒体报道对中国提出的这个事关全球经济振兴的倡议给出了正面的评价，尽管也有一些媒体对这种倡议不断发出负面的鼓噪声。自 2013 年 9 月至 2019 年 6 月，境外媒体和智库就"一带一路"倡议发表的相关报道和评论共计 9800 多篇，这些文章中的 75% 以上以相对客观的态度进行事实性或新闻消息性的报道及评论。除此之外，笔者持续关注德国杜伊斯堡-埃森大学东亚研究院、欧盟战略安全研究院、美国战略与国际问题研究中心、美国詹姆斯敦基金会等近 20 家西方和俄罗斯主要知名智库近年来关于"一带一路"倡议所进行的研究状态。美国布鲁金斯学会网站 2019 年 4 月 19 日发表文章认为，在美国看来，"一带一路"倡议会不仅对相关国家构成风险，而且也肯定会损害到美国在海外的战略利益。但是，也有学者并不赞同美国的这一看法，他们主张美国在对待"一带一路"倡议问题上应该转向与北京商讨如何加入这一进程。为什么会有这样的结果？美国《外交》双月刊网站 2019 年 1 月的报道引述专家级观点认为，美国夸大关于"一带一路"的一些负面报道对美国来说不是什么好事情，并且中国在推进这一倡议过程中，还会根据受援国不同愿景和目标进行调整和完善。① 2019 年 6 月，总部设于德国慕尼黑的伊弗经济研究所发布《世界贸易大趋势："一带一路"——连接欧亚经济增长区域》报告。② 该报告对"一带一路"倡议进行了详尽分析，德国联邦政府、德国各州政府，乃至整个欧洲都主动创造必要的条件，积极对接"一带一路"倡议，加大在欧亚地区的基础设施投资力度，促进经济发展。通过这种方式，欧洲公司可以加强与相关国家的商贸往来，从"一带一路"中受益，并保持自身竞争力。③

最后，对境外西方学者和专家智库所做调查结果表明，把中国的崛起看作是对西方主导的现有国际秩序的战略竞争对手基本是一种共识，区别之处在于对这种战略竞争的认识角度和层次有所不同。被调研学者研究领域比较广泛，涉及哲学、经济学、政治学、历史学、法学、新闻传播学、伦理学、语言学、艺术学、宗教学、社会学等领域。此外，还有个别从事自然科学研究的学者。这些被调研

---

① 严瑜. 中俄建交 70 载 这是最好的一组大国关系［N］. 人民日报（海外版），2019-05-27.

② 冯雪珺. "共建一带一路带来新商机"［N］. 人民日报，2019-06-04.

③ 冯雪珺. "共建一带一路带来新商机"［N］. 人民日报，2019-06-04.

的学者结合自己所从事专业以及中国与他们所处国家关系的历史和现状发表了他们对新时代中国重新走向世界舞台中央的观点和看法。这些学者在对有关改革开放以来中国经济发展的评价上基本上形成了一致的共识，即中国所取得的巨大经济成就有目共睹，但在这些成就如何取得的问题上，他们基本上认为这要归功于西方对于中国改革开放政策的支持。在如何看待中共十八大以后中国社会的发展变化上，欧美学者之间产生了较为明显的分歧。对于欧洲学者来讲，超过半数的受访者认为，中国社会更加开放，人们能够享受到较大力度的言论自由以及中国共产党治理腐败成效显著。德国杜伊斯堡-埃森大学资深教授托马斯·海贝勒（Thomas Heberer）认为，习近平接任中国最高领导人以后更加注重将中国发展置于世界发展大环境中施展他的治国理政理念，"一带一路"倡议、构建人类命运共同体、改革全球治理体系等都显示出他对现有世界秩序和治理现状非同一般的敏锐的洞察能力。海贝勒特别指出，作为新中国成立后出生的领导人，习近平视野开阔、阅历丰富，既对中国传统政治文化谙熟于心，也对西方社会有着深刻的了解，这种特质有助于他在处理中国与其他国家棘手问题时能够收放自如、得心应手。荷兰鹿特丹大学政治学博士汉斯·特拉普（Hans Trapel）在访谈中谈到，构建人类命运共同体是一种非常具有思考意义和令人振奋的政治理念，这一理念引导人们思索，在过去所有人类社会发展历史以及未来进程中人类共享价值究竟是什么，这些共享价值该用什么样的方式让普罗众生能够体会到相互之间的紧密依存是必不可少的。就此而言，中国提出构建人类命运共同体不仅将古老中国所倡导的"四海之内皆兄弟"的思想继续延续，而且对于人们思考当今人类社会面临的各种问题无疑注入了强大的清醒剂。奥地利维纳大学的马克·戈贝尔教授（Mark Goebel）认为，"一带一路"倡议毫无疑问能给相关国家和地区带来经济上的实惠，而且也不可避免地对西方主导的现有世界经济格局产生重大影响，它体现了习近平深谋远虑的政治智慧及其外交新思路，凸显了习近平具有战略性和创新性的重大外交志向和抱负。戈贝尔同时提到，习近平是一位有远见的领导人，他作为领导人在精英和普通民众当中享有很高的声望。德国弗莱堡大学政治学家托马斯·贝格尔认为，习近平是知道如何利用正确策略的领导人，他拥有推进艰难改革所需的权力。习近平提出"一带一路"倡议不仅有利于促进相关国家和地区的和平与稳定，而且有利于区域经济合作带动的文化频繁交流，这种交流有助于化解冲突，消除宗教极端势力滋生的温床。很显然，习近平是一个不同寻常的改革者，他决意为中国的将来走出一条独特的道路的想法和举措不可避免地会使西方感到沮丧。在有关习近平提出构建新型国际关系的访谈中，法国图卢兹大学教授让-托马斯·雷索耶（Jean-Thomas Lesueer）认为，世界各国能否和谐共处的关键在于国际关系中的各个维度能否保持平衡。只有在各方保持平衡的、相互尊重的关系前提下，国际关系的和平与稳定才能依托务实、平衡和公正的对话才能得以实现。从一定程度上来说，世界各国只有形成一种"共赢"的关系，各方都能有所得，才能进一步推动国际合作，解决国际问题。因此，中国提出的构建"不冲突不对抗、相互尊重、合作共赢的新型大国关系"①非常契合世界发展趋势，实现习近平提出的"呼吁各国人民同心协力，构建人类命运共同体，建设持久和平、普遍安全、共同繁荣、开放包容、清洁美丽的世界"②。

在一些美国受访学者眼中，"一带一路"倡议与一般传统意义上的援助项目不同，它既是一种寻求收益的投资，也是中国加强与其他国家密切联系的载体。为此，这些学者建议，美国领导层应该调整美国的战略，将多边与合作作为努力的方向，而不是寻求脱离世界的"自我伟大"，同时推动与中国形成建设性的良性竞争关系，而非零和博弈。美国纽约州立大学布法罗分校社会学教授张杰认为，中国提出"一带一路"倡议不仅能够强化刺激相关国家的经济发展，而且对中国商品打通中亚运输通道也大有裨益，它的影响不仅仅局限于地缘政治意义上的能源补给。同时，对于打击"三股势力"也具有重要的现实意义，因为"三股势力"的一个重要目标就是破坏中国与中亚、欧洲等区域的经济合作，"一带一路"倡议发挥支撑作用的内容就是强化相关国家和地区以道路为核心的基础设施建设，从而将中国与欧洲直接相连，激发中国与相关国家的贸易潜能，为维护与促进沿线地区稳定与和平发挥重要作用。不可否认，受访的美国学者和专家超过一半以上直言不讳地承认美中之间在利益和价值观上存在严重分歧，而且认为美国在世界上独一无二的领导力不能受到挑战。同时，这些受访学者中有80%的人认为，建立在基督教教义基础上的美国价值观彰显了对人类正义和人性张扬的维

---

① 刘华. 习近平：把不冲突不对抗、相互尊重、合作共赢的原则落到实处［EB/OL］.［2014-11-12］. 环球网，https://world.huanqiu.com/article/9CaKrnJFOKa.

② 习近平. 决胜全面建成小康社会 夺取新时代中国特色社会主义伟大胜利——在中国共产党第十九次全国代表大会上的报告［N］. 人民日报，2017-10-28.

持，毫无疑问代表了自由、公正、合理的世界秩序。约翰·霍普金斯大学一位政治学教授直率地说，中国提出的"一带一路"倡议以及主导成立亚投行很明显是在挑战现有以自由市场经济为主导的世界经济秩序，它凸显了中国国家资本主义在世界范围内的扩张。美国布鲁金斯学会一位被访问的年轻学者认为，"一带一路"绝非一般意义上的经济考量，最重要的是具有战略意图，而且这种战略目标是对抗美国的"亚太再平衡"战略，同时安抚周边国家保持稳定环境为中国崛起提供保障。这位学者还指出，目前打破影响中国崛起的最大障碍就是如何跳出美国现有的盟国包围圈。毫无疑问，"一带一路"倡议是解决这个问题的最佳方案，如中国租用巴基斯坦瓜达尔港项目、吉布提新港项目等具有经济和战略双重目的。受访的布鲁金斯学会另外一位曾经担任外交官的特聘研究员认为，中国希望通过"一带一路"倡议增进与相关国家的密切联系，从而改善和稳定中国的周边环境。很显然，这种努力对世界格局也会产生相应的影响，它会使亚太地区成为全球政治经济中心，以及国际新旧秩序争论的中心。

5.3 新时代中国国际传播在国际社会中的普遍反响和效果

有关新时代马克思主义中国化国际传播思想在境外的反响，除了上述调研外，相关国际组织和外国政要对诸如构建人类命运共同体和新型国际关系、"一带一路"倡议等的积极评价以及一些国家和国际组织开展的具体行动也充分说明中国理念与联合国宗旨、人类社会主流价值取向高度契合，凸显了中国理念符合世界人民的根本期望。在 2020 年年初抗击全球新冠疫情斗争中，日本前首相鸠山由纪夫表示，中国在习近平总书记的坚强领导下，以举世震惊的速度和举措抗击疫情，取得重大胜利，我们对此作出高度评价。当前，日本一些医疗防护物资供不应求，中国各地向日本伸出援手，中国共产党还专门致信分享疫情防控经验举措，令我们非常感动。这是习近平总书记提出的"人类命运共同体"理念的真实写照。① 而联合国及其附属组织近年来多次将中国倡议和中国理念写入会议决

---

① 质疑中国的援助，听听外国政党怎么说［EB/OL］．［2020-04-02］．中联部新闻办，https://news.ifeng.com/c/7vL6F7cPoeG.

议中无疑成为新时代中国引领构建新型国际关系的最好体现。国际贸易中心执行主任冈萨雷斯曾经指出，在解决经济增长过程中世界范围内出现的贫富分化和社会不公等问题上，国际社会出现了究竟是通过孤立主义还是国际合作进行解决的不同声音。构建人类命运共同体理念所内含的"国际合作是双赢的，而不是零和游戏"①观点无疑是体现世界各国发展利益最大公约数的清晰表达。诺贝尔经济学奖得主、拥有英美双重国籍的世界著名经济学家安格斯·迪顿认为，构建人类命运共同体理念是对人类社会未来发展的伟大构思，中国为实现这个目标所做的努力尤其令人钦佩，他对中国经济发展对世界以及全球化的巨大贡献表示钦佩和赞赏。2018年8月，中共中央对外联络部研究室发表的文章《人类命运共同体：为世界描绘美好未来》中提到，近年来，国外政党政要对习近平提出共同推动构建人类命运共同体、携手建设更加美好世界的主张持续给予高度评价，认为这一主张不仅体现了中国共产党的天下情怀和使命担当，而且为创造性地解决全球性问题和挑战指明了方向、提供了路径，必将推动国际秩序发生深刻变革。② 坦桑尼亚革命党总书记基纳纳表示，习近平对当今世界作出的卓越贡献就是提出构建人类命运共同体理念，这对于近年来一些大国纷纷推行民族主义、孤立主义乃至霸权政治形成了鲜明对比。无论是构建人类命运共同体还是建设更加美好世界的倡议，都向国际社会表明中国致力于建设一个平等、开放与和平的世界，这不仅会造福中国人民，还将造福世界人民。意大利共产党和重建共产党、韩国主要政党、匈牙利主要政党等均以不同方式指出，当今国际社会交流合作日益频繁，世界各国利益关联更加紧密。习近平提出的构建人类命运共同体和建设美好世界主张，不仅顺应了和平、发展、合作、共赢的世界发展大势，而且必将深刻影响人类社会前途命运。最重要的是，这一主张强调各国之间相互尊重、平等相待，坚守公平正义准则，践行合作共赢理念，有助于引领全球化和全球治理向更加普惠、包容、公平的方向发展。实际上，构建人类命运共同体理念不仅完美承继了

---

① 习近平. 共担时代责任，共促全球发展 [EB/OL]. [2018-01-04]. 人民网，http://theory.people.com.cn/n1/2018/0104/c416126-29746002.html.

② 中共中央对外联络部研究室. 人类命运共同体：为世界描绘美好未来 [EB/OL]. [2018-08-20]. 中国社会科学网，http://www.cssn.cn/gjgxx/201808/t20180820_4545467.shtml? COLLCC=2513217331&.

"天下为公""天下大同"的优秀传统思想，而且也弘扬了世界许多国家和地区的文化、文明所共同主张与倡导的人类思想精髓。也就是说，优秀传统文化作为人类文明共通的智慧结晶，它早已经超越了时空界限，在人类历史长河中不断闪耀着启迪人们利用智慧和坚毅促使人类文明向更高层次进步的火花。这是构建人类命运共同体丰富而坚实的共同思想政治基础。

与此同时，"一带一路"倡议实践也取得了令人瞩目的显著成效，不仅有力促进了中国经济社会发展和对外开放水平，而且极大地扩大了中国在国际社会的影响力和感召力。首先，成功举办了两届"一带一路"国际合作高峰论坛，并有计划地实施"丝绸之路"中国政府奖学金。第一届"一带一路"国际合作高峰论坛于2017年5月在北京举行，双边或多边达成了近300项合作成果。第二届"一带一路"国际合作高峰论坛于2019年4月25—27日在北京举行。与会外国国家元首和政府首脑等共38名领导人以及联合国秘书长和国际货币基金组织总裁等国际组织领导人和来自150个国家、92个国际组织的6000余名外宾参加了论坛。用德国媒体的话说，这是联合国才能召集到大规模国际性会议。习近平发表高峰论坛主旨演讲并全程主持领导人圆桌峰会，与会各方不仅就共建"一带一路"广泛深入地交换意见，而且达成了"一带一路"高质量共建的共识。圆桌峰会一致通过的联合公报集中体现了这些共识和成果。共同发展、合作共赢是"一带一路"的理念和目标。它反对一家独大，倡导共同做大、一起分享。在这样的理念下就需要把中国自身发展同国际合作相结合，尤其是能够将国际共识转化成行动动力。在此基础上，中国发起成立"一带一路"绿色发展国际联盟倡议并开通"一带一路"官方网站。其次，通过"一带一路"倡议与相关国家和地区的战略对接和政策沟通不断得到强化，基础建设成效明显。"一带一路"倡议所内聚的命运共同体意识被持续凝聚成国际合作共识，从而在世界范围内形成了共建"一带一路"的良好氛围。不仅如此，在参与各方形成共识基础上，加速推动基础设施互联互通建设已经初见成效。作为"一带一路"倡议的核心内容和优先领域，设施联通成为启动各方合作的基础和平台。近年来，中国和俄罗斯原油管道建设复线工程业已竣工并正式投入使用，中俄东线天然气管道建设正按计划有序推进。连接中欧之间的货运列车累计开行数量突破1万列。再次，经贸投资合作成效明显、金融服务体系不断完善、民心相通不断深入。近年来，根据互利共赢、不断做大蛋糕的原则，中国与"一带一路"相关国家的贸易和投资合作不断扩大。截至 2018 年，中国与相关国家货物贸易进出口总额超过 6 万亿美元，年均增长 4%，高于同期中国外贸的整体增速，占中国货物贸易总额的比重达到 27.4%①；与相关国家已建设 80 多个境外经贸合作区，为当地创造了 24.4 万个就业岗位。② 其中，中国和白俄罗斯共建工业园等成为双边合作的典范。不仅如此，中国与老挝跨境经济合作区、中国和哈萨克斯坦霍尔果斯国际边境合作中心等一大批合作园区也在加快建设。此外，为"一带一路"倡议创造稳定的融资环境，中国与相关国家通过加强金融合作，在促进货币流通和资金融通的同时，大力激发价值链创造，积极引导各类资本参与实体经济发展，深度挖掘区域和世界经济健康发展潜力。至 2019 年年初，俄罗斯、伊朗、越南、土耳其、巴基斯坦、委内瑞拉、尼日利亚、阿尔及利亚等至少 28 个国家和地区可使用人民币作为结算货币。此外，中国还与阿根廷、英国、日本、瑞士、巴西、韩国等多个国家和地区签署了双边本币互换协议，已有 10 多家中资银行在 30 多个国家设立了一级机构。

总之，国际社会对新时代马克思主义中国化国际传播思想的高度关注和热烈讨论表明，以实现中华民族伟大复兴中国梦和建设和平发展、包容互鉴、互利共赢的世界梦及构建人类命运共同体和新型国际关系、推进"一带一路"倡议为核心的新时代中国对外传播理念和实践已成为国际社会的广泛共识和人类社会走向美好未来的正确方向。从根本上说，体现全球领导力的国家不仅仅要依靠自身的硬实力，而且必须依靠反映人类社会共同生存发展的基本道义才能在世界范围内引发思想上的最大共鸣。就此而言，新时代马克思主义中国化国际传播思想对于中国和世界而言，都具有重要里程碑意义。世界梦、构建人类命运共同体、新型国际关系等理念和"一带一路"倡议为中国和世界提供了指南，必将引导各国更

---

① 中国与"一带一路"沿线国家货物贸易进出口额 6 年间累计超 6 万亿美元［EB/OL］. ［2019-04-22］. 每日经济新闻，https://baijiahao.baidu.com/s？id=1631514834137040566&wfr=spider&for=pc.

② "一带一路"五周年数据［EB/OL］. ［2018-08-10］. 中国产业信息研究网，http://www.china1baogao.com/data/20180810/775392.html.

好地参与到全球治理改革创新中，进一步促进全球秩序和治理体系朝着公正合理、互利共赢方向发展。当今世界面临很多挑战，以美国为代表的新单边主义行径进一步削弱和分散了解决全球共同面临问题的能力。在这样的情况下，国际社会需要应对全球性挑战的全新理念和全新的领导中心。新时代马克思主义中国化国际传播思想心系全人类的共同命运，展现出一种前所未有的解决全球性问题的积极力量，发挥了国际社会应对世界面临百年未有之变局的"稳定器"功能，不仅有利于世界各国加强团结，而且能够有效制衡国际关系中的负面因素。

6. 贯彻落实新时代中国国际传播相关政策性建议

6.1 贯彻落实新时代中国国际传播的基本内涵

新时代马克思主义中国化国际传播思想是在系统总结中共十八大以来中国对外传播工作实践经验基础上和中国特色社会主义走进新时代、中国逐步向世界舞台中央走进的关键社会历史时期形成和发展起来的，这其中既有对毛泽东、邓小平、江泽民和胡锦涛等新中国成立以来中国共产党领导人对外传播重要思想精髓的继承，更有结合新时代中国特色对外传播实践的理论创新。就继承角度而言，中华人民共和国成立以来，中国对外传播致力于维护国家主权、安全和发展利益，向国际社会展示中国共产党团结带领中国人民在革命、社会主义建设探索和改革开放等不同时期取得的一系列举世瞩目的伟大成就，从来没改变过；改革开放以来，为中国特色社会主义建设营造和平稳定外部环境而广交朋友善结缘，维护世界和平、促进共同发展一直是中国对外传播政策的宗旨。就创新性而言，习近平总书记提出将实现中华民族伟大复兴中国梦与各国人民追求美好幸福生活的世界梦有机统一起来，构建人类命运共同体和新型国际关系，坚持正确义利观、推动"一带一路"倡议和亚洲基础设施投资银行发挥的沟通平台作用，以"亲诚惠容"作为中国与周边国家的交往理念，创新发展"真实亲诚"的对非政策理念以及新全球治理观、新合作观、新发展观、新安全观、新文明观等，既超越了中国传统对外传播理论体系，也超越了长期以来西方主导的国际舆论场传统传播理论，既充分体现了中国优秀传统文化思想精髓的价值转换，也针对如何解决当今人类面临的普遍问题提供了中国方案、贡献了中国智慧，把新时代中国特色对外传播推进到新高度、新境界。新时代马克思主义中国化国际传播思想向国际社会传递一种声音，即中国近代以来的历史证明，中国靠自己的努力，靠中国共产党领导全国人民一起进行艰苦卓绝的斗争实现了民族独立，又在中国共产党领导下实行改革开放走上了重新崛起之路，坚定不移地迈向世界舞台中央。这是一个从站起来到富起来，再到强起来的波澜壮阔的历史发展进程，这个历史发展进程完全摒弃了欧美列强靠殖民掠夺和战争而迅速富强起来的老路子。与此同时，新时代马克思主义中国化国际传播思想向世界各国展示了中国用自己的实际行动证明谁是世界和平的坚定维护者、谁是人类社会共同发展的积极倡导者和引导者、谁是公正合理的国际关系民主化的真正捍卫者和践行者。沧海横流方显英雄本色。世界文明和人类社会发展的历史充分证明，任何依靠掳掠、欺凌和侮辱那些比它更弱小国家来证明自己强大的国家都必然会被钉在历史的耻辱柱上，而包容友好、合作互利则永远都是赢得信任和赞赏坚不可摧的基石。总之，新时代马克思主义中国化国际传播思想是在实现中华民族伟大复兴关键阶段的历史进程中不断形成和发展起来的，整个思想体系贯穿辩证唯物主义和历史唯物主义的立场、观点、方法，体现了深厚中华优秀传统文化和哲学思想的当代价值转换，继承和拓展了新中国成立以来对外传播传统，开辟了新时代中国特色对外传播的新境界。新时代马克思主义中国化国际传播思想科学回答了中国作为正在重新崛起的大国如何向世界准确阐释中国发展道路这个对外传播的牛鼻子以及推动建设一个什么样的世界、构建什么样的国际关系和新形势下中国需要怎样对外交往等重大问题，明确了新时代中国对外传播工作的形势任务、目标原则、路径手段、战略策略、体制机制，是科学、系统、完备的思想体系，是新时期中国对外传播事业最宝贵的精神财富。

第一，新时代马克思主义中国化国际传播思想历史使命清晰、价值理念明确、基本原则坚定、战略布局稳妥、政治保障得力、精神追求脱俗。如果说中国的重新崛起是人类社会进入 21 世纪最为重要的历史进程，那么新时代马克思主义中国化国际传播思想则是对这种历史进程的最为忠实的刻画者和叙述者。这种刻画和叙述全方位、多角度地向世界清晰表达了近代以来一个饱经忧患、不屈不挠、浴火重生的民族如何从历史中走来、怎样走来、将要到何处去及怎么去的所思所想所做。就此而言，新时代马克思主义中国化国际传播思想秉持"天是世界的天，地是中国的地，只有眼睛向着人类最先进的方面注目，同时真诚直面当下中国人的生存现实，我们才能为人类提供中国经验"①的开放理念和胸怀"天下一家"的开阔视野，向世界展现了一个古老文明大国走在重新崛起的历史进程中的无私情怀和豪迈精神状态。正是这样的理念和情怀决定了新时代马克思主义中国化国际传播思想的历史使命、价值追求、基本原则、战略布局、政治保证和精神追求。其中，历史使命是全方位服务并助力于实现中华民族伟大复兴中国梦这个宏图伟业，促进人类社会共同进步、世界文明持续发展；价值追求是为人类文明未来发展提供中国方案、贡献中国智慧。在互信互利基础上构建人类命运共同体，摒弃以邻为壑、强权政治、零和博弈思维；基本原则是坚持走和平发展道路，坚定维护国家利益，打造全球伙伴关系网络；战略布局是改革创新全球治理体系，共建"一带一路"，构建新型国际关系、实现国际关系民主化；政治保证是坚定不移坚持中国共产党领导下推动对外传播体制机制不断改革完善，提供时代变局所需的中国方案、贡献文明交流互鉴所需的中国智慧；精神追求是着眼时代发展潮流，塑造新时代中国特色负责任大国包容、开放、多元的新形象，积极引导国际社会树立正确的"义利观""安全观"。英国人马丁·雅克在其著作《大国雄心》中明确表示，"习近平时代"的特征是面向未来。因为"现代性模式绝非仅有一种"，以什么样的道路实现本国发展的最大化，中国的发展成为一个新的成功范例。② 面对新时代中国特色社会主义发展的新情况和国际形势的新变化以及保护主义、单边主义、极端主义等全球性新挑战，广大发展中国家也迫切需要维护自身信息传播主权并要求在国际舆论场中的平等地位。在这种情况下，摒弃所谓"文明冲突"论调，在构建人类命运共同体理念下强化交流，增进互信，共克时艰，已经成为国际社会大多数国家的共识。因此，新时代马克思主义中国化国际传播思想不仅是新时代中国特色社会主义发展的必然结果，而且符合世界百年未有之变局的时代发展潮流和人类文明历史演进的趋势，也正是促进国际关系民

---

① 文学是民众的文学（文学现象）[N]. 人民日报，2014-03-14.
② [英]马丁·雅克. 当中国通知世界[M]. 张莉，刘曲，译. 北京：中信出版社，2010：330.

主化、构建新型国际体系所需要的，同时也为推动国际关系变革和国际治理体系的创新奠定了重要基础。

第二，新时代马克思主义中国化国际传播思想在继承和发扬改革开放以来以"韬光养晦、决不当头"①为原则的中国对外传播传统基础上，创造性地运用"软硬"两手进行危机处理，呈现出"韬光养晦、主动作为、坚守底线、直面挑战、善于斗争"鲜明特征。中国人自古以来以"温良恭俭让"为美德，但中国人也坚定地奉行"人不犯我我不犯人 人若犯我我必犯人"的信条。毫无疑问，"韬光养晦、不打头"对外传播策略在为中国改革开放事业营造良好外部氛围的同时，也令中国面临着有理说不出、说了传不开的境况。为了打破这种尴尬的现象，习近平总书记鲜明地提出构建中国特色社会主义对外传播话语体系，提升中国在国际舆论场中的话语权，这意味着中国开始将"韬光养晦，不打头"的对外传播策略转变为"韬光养晦、主动作为、坚守底线、直面挑战、善于斗争"，新时代中国特色对外传播就此进入自近代以来与西方舆论打交道过程中未曾出现过的"新常态"。这种"新常态"使得以美国为代表的一些西方势力围堵中国的对抗战略思维屡屡碰壁，国际舆论场上中国话语权在逐渐增强，中国也越来越多地针对西方的恶意诽谤和抹黑给予了强有力的回击。与此同时，针对西方关于中国重新崛起的忧虑，中国在各种国际场合向世界郑重承诺，绝不走西方崛起的战争之路。新时代马克思主义中国化国际传播思想在策略上施展的这种"软硬"两手变化引发了西方的广泛关注，他们从近年来中国应对国际局势变化的各种策略上看到了国际舆论场上一种具有"大国风范"的中国国际话语权正逐渐在世界舞台上发挥应有的影响力。正是习近平总书记积极倡导并身体力行的对外传播"新常态"让世界及时准确地把握到了一个"苟日新，日日新，又日新"（《礼记·大学》）的中国新时代。就此而言，中国对外传播的"新常态"不仅将重新建设一种更加公平合理的国际舆论新秩序，而且也必将为人类社会文明更加包容互鉴作出贡献，西方的"选择性"国际传播标准将不再能够单独垄断国际舆论场的控制权。很多海外观察家认识到，新时代中国日益呈现出充满自信而且步伐稳健的"新常态"，这种

---

① 这是邓小平针对 20 世纪 80 年代末和 90 年代初国内外形势提出的一些策略性原则举措。

"新常态"也一定会在事关全球治理体系的变化中产生广泛而又深远的影响。从这个意义上讲，世界应该尽快适应具有典型中国特色的"新常态"。与中国各个领域进入"新常态"同步，新时代中国特色对外传播开启"新常态"一方面因应了实现中华民族伟大复兴中国梦所需要的内外部舆论环境，另一方面也顺应了构建以和平合作、平等互利、共建协商、共享互赢的新型国际关系。这种"新常态"既为改革全新全球治理体系提供有力舆论保障，同时也势必促使现有国际秩序不断革除弊端以适应时代发展大势。2014年，日本《外交学者》杂志网站发表的一篇文章曾经将习近平称为"认真的改革者"，当然这篇文章同时也提醒西方一些人士，"习近平的改革可能不是他们认为应该是的那种"。① 一些其他外媒近年来也观察到，中共十八大以来，中国对外传播战略出现一个显著变化就是去美国化，即以新中国成立以来传统主体架构确保马克思主义在政治思想上的指导地位，与美国在意识形态领域展开针锋相对的斗争，在改革创新国际治理体系和构建国际政治经济新格局时不惧美国造谣抹黑和进行极限施压。

第三，新时代马克思主义中国化国际传播思想的重要目标就是实现中国在国际舆论场上的"影响等效"和"传播共振"。"习式风格"的对外传播近年来经受了国际上大风大浪的重大外交考验，体现了一种作为新兴大国的责任担当和日渐成熟的对外交往理念及模式，凸显了数千年文明积淀的大国风度。中国有理有据、坚定果敢地应对2018年以来美国挑起的贸易争端就是很好的证明。习近平总书记对外传播中所体现出来的"习式风格"从根本上来讲就是在充分尊重对外传播规律基础上，将新时代中国特色现状及发展目标与人类社会未来大势有机结合，从而在国际舆论场上形成具有中国风格、中国气派的对外传播话语体系，并在政治上、经济上、文化上等各个不同领域引发世界范围内的思考，以形成广泛的国际影响。具体来说，就是整合传播渠道，融合传播平台，充分发挥中国共产党在世界广大政党中的优势和中国改革开放优势以及中华民族深厚优秀文化积淀优势；对事关中国社会发展和中国关于人类社会发展创新的理念思路、实施路径等向国际社会解惑释疑是新时代马克思主义中国化国际传播思想的根本目标和重要

---

① 四个理由说明习近平是认真的改革者[EB/OL].[2020-09-11]《外交学者》杂志网站，http://thediplomat.com/.

任务，而且已经在国际舆论场上引发了"影响等效"和"传播共振"。所谓"影响等效"和"传播共振"，是指对外传播主体在国际舆论场上所要达到的理想目标通过关键性议程设置表达出其在政治、经济、文化、军事、环境等领域的原则主张和行动举措，能够在世界范围内引发较为正面客观而又持续深入的舆论反响效果，进而在国际社会形成某种理念和行动上的共识。"一呼百应"式的国际社会回应是对外传播"影响等效"和"传播共振"的典型特征，但绝非唯一特征。在整合传播形成集群力量方面，新时代中国对外传播已有不少探索。如除了利用传播媒体，"一带一路"倡议各项目标协议的启动、亚投行顺利进入运营轨道，还利用各种重要国际场合和国际活动扩大促进世界各国对"构建人类命运共同体理念和新型国际关系"更加深入、更加广泛的深刻认知，邀请国外知名政要、专家学者、驻华外交官员到中国基层进行实地考察，强化中国共产党与世界其他政党的联系，组织宗教文化界主动走出去与外界进行接触和交流等，这些为实现"影响等效"和"传播共振"提供了切实有效的路径选择。正如广大发展中国家普遍认为的那样，新时代对外传播思想为在世界百年未有之变局的国际环境中应对包括大规模传染性疾病、逆全球化、世界经济发展低迷和气候变化在内的各种挑战提供了中国方案，为世界文明未来发展描绘了路线图，提振了国际社会对人类未来的信心。新时代对外传播思想不仅清晰地向世界传递中国的现状和未来发展意图，而且对于世界各国解决本国所面临的挑战都具有重要的借鉴意义。中国之所以能够在复杂多变的国际局势下引领世界未来发展潮流，重要原因之一就是有习近平作为大国领袖所具有的非凡的观察问题、解决问题的宏大视野和战略定力，为中国和世界扫清浊浪、指明前进方向。阿根廷圣胡安国立大学社会科学学院副教授霍塔扬指出，习近平倡导的对外传播新思路新理念打破了国际垄断资本主义在世界政治上的话语霸权，对于推动建立更为公正合理的全球治理体系发挥无与伦比的促进作用，这对受西方发达国家饱受欺凌的广大发展中国家来说至关重要。新时代马克思主义中国化国际传播思想强调各国相互依存和互利共赢。在当今世界，国际社会唯有通过开展合作，拥抱彼此，才能更好地实现经济和社会共同发展。

第四，释梦、筑梦和追梦成为贯穿新时代马克思主义中国化国际传播思想全篇的主线。从某种意义上讲，梦想是人类社会发展和文明不断进步的重要精神支撑。新时代马克思主义中国化国际传播思想的核心要义就是对外阐释好、传播好中国梦和世界梦，这既关乎实现中华民族伟大复兴中国梦能否有一个良好、和谐的外部氛围，也关乎中国梦能否与人类社会共同进步的世界梦能否有机统一。道理很简单，"大家好才是真的好"。中国在自身发展的同时主动带动其他国家人民实现追求美满幸福生活梦想，把中国机遇转变为世界机遇，既是大国应该有的担当，更是大国义不容辞的责任。中国向全球治理提供可资借鉴的公共产品，贡献中国思想智慧，创造人类共享文明成果，向世界呈现中国"天下一家"的博大情怀。中国梦走向世界的进程也是中国在世界舞台上不断展现国际影响力、道义感召力和形象亲和力并不断得到国际社会认可的过程。这样的过程既是中国洗刷近代所遭受的西方霸权欺凌并重新将中国智慧贡献于全人类共同发展的历史见证，也凝聚了自第一次鸦片战争以来数代中国仁人志士的心血和汗水。历史的长河不因任何事物的发展而停止它奔流不息的脚步，人类社会中令人历久弥坚的记忆往往是那些精彩的瞬间。当代民族国家形象塑造的方式有许多种。其中，领导人在国际活动中具有典型个性化风格的举手投足无疑成为外交实践中的经典画面并进而在无形中会影响到国际社会对该国国家形象的认知。中共十八大以来，习近平总书记身体力行，在一些重要对外交往场合根据情况深情讲述充满个性的生动感人故事了引发人们的感情共鸣，用当地人妇孺皆知的诗赋、谚语、典故和民间交往诠释中国梦和世界梦。这种清新自信而又掷地有声的对外传播风格、平和率直的人格魅力以及所展现出来的博大宽广胸怀给交往对象留下了深刻的记忆，中国梦和世界梦在习近平总书记对外传播新理念新思路指引下比任何时候更生动、更具象地在国际舆论场中引发广泛影响、强烈共鸣。近年来，构建人类命运共同体、新型国际关系等理念更加深入人心、"一带一路"倡议和亚投行运营不断开花结果，中国梦和世界梦的脚步迈向更加广阔的未来。正是因为有了梦想，才会有追梦的动力。新时代中国特色大国对外传播之所以能够在实现中华民族伟大复兴中国梦和和平合作、互利共赢世界梦的伟大征程中坚定而自信地阔步向前，逐步走向世界舞台中央，正是因为中国梦和世界梦作为中国对外传播"新名片"，不断受到世界上越来越多国家和喜爱和平的人们认可和支持。"雄关漫道真如铁，而今迈步从头越。"世界百年未有之变局拉开了新的历史起点，中国特色对外传播在牢牢抓住服务中华民族伟大复兴这条主线的基础上，积极倡导国际社会推动改革创新全球治理体系和构建以合作共赢为核心的新型国际关系，着力解决全球治理体系失灵、国际规则体系不能应对全球性挑战等问题，使世界秩序向着更加公正合理方向发展，坚定不移地推进国际社会共建和谐共生的"人类命运共同体"，进一步向世界展现中国梦拥抱世界的博大胸怀和责任担当。伴随着新时代中国特色大国对外传播进入习近平开创的"新常态"，中国梦与世界梦也将更加珠联璧合、交相辉映，中国与国际社会携手开创一个更加美好未来的梦想一定会在实践中变为硕果累累的现实。

第五，对外清晰阐释中国特色社会主义本质并向世界展示中国共产党何以能领导中国取得革命、社会主义建设和改革开放等伟大成就以及如何对待西方话语强权是新时代中国国际传播的重要内容。对此，习近平明确提出，要加快构建中国特色、中国风格、中国气派的对外传播话语体系，用中国理论解释中国实践和人类社会发展大势。长期以来，西方之所以能够垄断并操控国际舆论场的一个重要的原因就是其在长时间对发展中国家的欺凌中形成了一套完整的话语体系。这套话语体系以西方文明优越感及其所谓民主自由价值观为核心，对世界上其他文明大肆进行随意的扭曲和责难。新时代马克思主义中国化国际传播思想的一个重要任务就是扭转西方话语体系所扭曲的中国形象，力求化解国际舆论场中对中国的误解、避免消耗，建立多元化的国际话语体系、反对话语霸权，增进国际社会对中国客观全面的了解，增强中国软实力，以与时俱进的中国化马克思主义对外传播理论对外界阐释中国和世界，扭转在国际重大问题上的"失语""失声"状况，及时通过国际舆论场准确发出中国声音。其中，用中国理论解释中国和世界最根本的就是紧紧把握中国特色社会主义这个核心。即，坚持马克思主义在意识形态领域的主导地位不能变、坚持以改革开放为引导的中国特色社会主义道路不能变、坚持以人民民主专政为基础的社会主义制度不能变、坚持以弘扬优秀传统文化并将之有机转化为当代核心价值观精神滋养动力不能变。中国进入"新时代"所发生的一系列历史性变化也促使学者们发现，文明多样化的发展终究抛弃了以美国为代表的西方基督教文明一统天下的观点。其中，美国学者福山修正自己曾经提出的"历史终结论"就是一个最好的例证。对此，新时代马克思主义中国化国际传播思想强调讲好中国故事就是要用具有中国特色的对外话语体系阐释中国实践。对外话语是国家如何向国际社会进行自我形象呈现的所有方式总和。张维为认为，如果一个国家没有自己的话语，是无法真正崛起的。① 在当今国际话语权被西方垄断的语境下，如果不构建自己的国际传播话语体系，即便是做对的事情，也会被西方舆论胡搅为错误，一如西方个别政客和媒体无视中国在 2020 年年初抗击新冠疫情中所作的巨大贡献而仍然抹黑和攻击中国一样。同时，作为一个正在崛起的大国，如果没有自己的话语，就会在国际风浪面前缺乏定力和担当，在捍卫国家核心利益问题上就会遭遇西方的舆论围攻，无法回应国际国内的各种挑战，不能有效应对西方敌对势力精心策划的舆论战。鉴于此，在国际舆论场上用中国理论阐释和表达中国声音不仅在于向国际社会清晰传递中国立场、态度，而且更重要的是为了扭转在国际上现在还处于有理说不清、说了传不开的被动境地。改革开放以后的相当长时间内，中国习惯套用西方理论解释中国现实，所谓话语层面上的"与世界接轨"在一定程度上就是动不动就用西方的概念描述中国的实践，亦即用西方的"履"来套中国的"脚"。而实践一再表明，很多西方理论无法解释中国的实践，西方一些学者之所以一再唱衰中国正是源于此。因此，中国必须发展自己的对外传播理论，构建自己的对外传播话语体系，让富有中国特色的表达成为国际舆论场的"新常态"。当然，构建中国特色话语体系离不开对西方控制的所谓国际主流话语体系的分析与对话，且这种对话必须建立在平等交流的基础上。只有对西方主流话语体系进行逻辑上和实践上的深刻剖析，中国特色对外传播话语体系构建才会更有针对性和成效性。

第六，构筑全方位的立体传播格局，向国际社会全面准确客观地展示中国国家形象是新时代中国国际传播的根本任务。中共十八大报告首次明确提出将扎实推进公共和人文外交，维护中国海外合法权益。这也标志着中国将中国特色的对外传播纳入国家战略布局。充分发挥对外传播多元主体功能是增强公共对外交往效果的重要手段。无论是政府部门、新闻媒体、科研院所，还是企业、社会组织以及普通社会公众等实践主体的国际行为体，都应当纳入对外传播工作的全局。毫无疑问，发挥多元传播主体作用的根本目的就是不失时机地利用各种机会向世界展示中国国家形象。国家形象事关国际社会对民族国家的全面认知和评价，已经成为当代国家软实力的重要组成部分。新中国成立以来，毛泽东、邓小平、江

---

① 张维为. 中国超越［M］. 上海：上海人民出版社，2014：序.

泽民、胡锦涛等领导人特别重视中国国家形象的国际呈现。从整体上讲，新时代中国国家形象的构成体现在以下几个维度：独立自主走自己的路、办自己的事，在对外交往中结伴而不结盟；深化改革开放，着力实现中华民族再次复兴；坚定不移维护国家核心利益，努力实现国家完全统一；坚定中国特色道路自信、理论自信、制度自信和文化自信；谋求世界和平合作、共建共享、互利共赢，致力于构建人类命运共同体和新型国际关系。

6.2 贯彻落实新时代中国国际传播的政策性建议

新时代马克思主义中国化国际传播思想是在中国特色社会主义进入新时代和实现中华民族伟大复兴中国梦的伟大征程中逐渐形成和发展起来的具有鲜明时代特征和富于中国特色、中国风格、中国气魄的当代马克思主义中国化对外传播理论，它既是习近平新时代中国特色社会主义思想的重要组成部分，也是传承弘扬和创新发展马克思主义中国化对外传播理论的最新成果，更是习近平总书记治国理政新理念新思想新理论在对外传播实践中的重大理论升华和指导新时代中国对外传播和对外交往实践的科学理论指南。纵观《威斯特伐利亚和约》以来近400年时间，影响世界政治格局和国际秩序变迁的因素及表现形态从未有如此复杂多变。如果说该和约签订以后的几百年时间里，世界形势由于大国崛起而引发的变化主要围绕以"自由、民主、人权"为核心的西方资产阶级文明确立及其在全世界范围内的不断扩张而展开，那么人类进入21世纪第二个10年后所要面对和正在经历的重大变化，就是中国在时隔近千年之后重新走近世界舞台中央以及其他新兴市场国家的崛起。这种变化有别于近代以来世界格局不断变迁的一个突出的呈现就是中国以和平的方式而不是西方大国崛起中所走过的战争路径实现重新崛起。尽管如此，中国的重新崛起仍然不可避免地触及现有以美国为代表的西方大国试图永远维持在世界范围内所谓"领导权"的敏感神经，这些现有大国中的很多政客和媒体根本没有做好接受中国崛起的任何思想准备，西方这种针对中国崛起而产生的"红眼病"现象在笔者所做的境外调研中得到了很好印证。就此而言，当代中国对外传播面临着如何应对守成大国对以中国为代表的新兴大国在全球治理体系改革、意识形态以及高科技和其他领域内话语权所进行的刻意阻挠甚至抹黑。这意味着新时代中国特色对外传播话语体系构建既要在分析总结近代以来国际话语权生成内在逻辑的基础上对西方主导的现有国际舆论场以客观冷静科学的态度进行全方位剖析，又要在精准把握人类社会历史发展大势前提下透过现象和细节以"不畏浮云遮望眼"的勇气做到登高望远天地阔，有理有利有节、从容不迫、不失时机地充分利用各种机遇和应对各种挑战，从而在国际舆论场中找准世界格局演变中的中国地位并发挥中国作用，在世界范围内不断展现新时代中国对外传播新气象、新作为。新时代马克思主义中国化国际传播思想凝练时代发展之精华，开辟社会主义国家对外传播新境界，是实现中华民族伟大复兴中国梦、构建人类命运共同体的理论和行动指南。因此，如何将新时代马克思主义中国化国际传播思想落到实处、显出实效、形成影响就成为新时代中国对外交往活动和传播实践中的急迫时代命题。

第一，以"四个自信"从容而坚定地回击国际舆论场中被西方扭曲的中国形象。在反制国际舆论场中西方针对中国的噪音时，既要做到及时又要"猛准狠"，特别是在回击个别冥顽不化的西方政客及媒体恶意抹黑中国的行为时应该坚决摒弃那种"打人不打脸、骂人不揭短"的心态。从历史和现实的角度看，西方一些政客和媒体之所以动辄跳到反华前台歇斯底里污名化中国，主要原因有二：

一是近代以来"西方中心论"和"白人至上主义"的傲慢思维支配着这些反华政客和媒体的所有行为，他们无法接受中国快速崛起的事实。正是个别西方人思维中这种根深蒂固的陈旧思想观念以及处于意识形态对抗的需要而导致他们对于世界上任何有可能超越于西方发展的其他民族都会不择手段地予以遏制并打击，即便是他们所谓的盟友也不例外。20世纪80年代，美国对当时正处于如日中天发展势头的日本所采取的各种迎头棒喝式的打击措施就是很好的例证。由此，对于1978年以后西方所始料未及的中国如此迅猛发展势头，一些人不仅震惊，而且也从内心深处无法接受。即便是对于举世公认的西方个别具有所谓"理性"思维的战略家如基辛格而言，中国这种前所未有的发展速度也极大地触及他们心灵深处所谓能够"容忍"中国发展到一定程度的那根"底线"，因为对于他们而言"只有永恒的利益，而没有永恒的朋友"，这与中国自古以来所奉行的"义利兼顾"有着本质的区别。长期旅居美国的经济学家文一在《伟大的中国工业革命》一书中一针见血地指出了这种"红眼病"现象："但中国却在1978年实行改革开放后重新发现了这个'只能意会不可言喻'的知识——工业革命的'秘方'。这个事实几乎完全不被西方学界和媒体所洞察。因此，我们才看到西方(甚至好多中国人自己)对中国迅雷不及掩耳之崛起的极度迷惑和严重低估，并由此而滋生的恐惧、怀疑与偏见。"①如何有效诊治西方个别人因为中国发展而所患"红眼病"是近年来中国对外传播所面临的一个重大现实问题。然而对于一些总是企图以中国发展威胁世界为名而中饱私囊的西方政客而言，不能够容忍中国的崛起而决意采取任何突破人类道德底线的话语表现已经成为他们在国际舆论场中不可逆转的常态。对于这些傲慢和偏见已经浸入骨子里的西方政客及依附于垄断资本的媒体而言，他们本身所具有的意识形态偏见再加上对中国迅猛发展的恐惧和怀疑就形成了对待涉及中国所有事务的别具一格的"双重标准"。这些政客无视中国在国际事务中所展现出来的践诺言行，千方百计对中国进行造谣中伤和污名化，以种种浅薄行为迎合其国内政治需要。这种状况在 2020 年年初开始的全球抗击新冠疫情斗争中表现得尤为扎眼，实际上西方个别政客和媒体在这次疫情中的做法不仅污名化了中国，而且也在事实上反噬他们自己。近年来中国对外传播针对西方如此种种不负责任的言行展现出极大的耐心和冷静的理性，或许这与中国一贯奉行的"打人不打脸，骂人不揭短"的隐忍美德息息相关。但是，从实现中华民族伟大复兴中国梦和更长远的战略布局而言，中国对外传播不能一味地以儒家"仁义礼智信"为精髓的思想应对西方以"丛林法则"为核心的国际话语体系，否则就是对西方个别政客和媒体所与生俱来的"豺狼"本性的纵容。正是源于如此基本判断，新时代马克思主义中国化国际传播思想提供了应对以西方为主导的国际舆论场的根本原则，那就是：在做好长期斗争的同时，全力构建具有中国特色的新型国际话语体系，主动进行国际舆论场中的议题设置。西方个别政客和媒体诋毁中国、抹黑中国、唱衰中国的声音在相当长的历史时期内不会自动消失，甚至在短时间内有可能会更加变本加厉。中国对外传播在实践中以不变应万变的同时，应采取更加积极主动、富有作为的雷霆举措毫不手软地击破西方搞乱中国社会普遍存在的求稳定、讲和谐、谋发展共识和撕裂中国的图谋。

---

① 文一. 伟大的中国工业革命："发展政治经济学"一般原理批判纲要[M]. 北京：清华大学出版社，2016：4.

二是以"均势"为核心的近代由西方主导的国际政治经济秩序日趋衰微和以"丛林法则"为核心的西方大国崛起之路促使个别政客和媒体在国际舆论中不惜一切代价"围攻"并污名化中国。基辛格在《世界秩序》中写道："均势概念应当重新评估。从理论上讲，均势应该是不难计算的。但事实是，协调一国与他国的考量并对考量的极限达成共识是极其困难的。"①事实上，对美国来说，将中国的迅速崛起确定为其在 21 世纪所面临的挑战已经成为传统意义上"均势"原则失去其原有效能的分界线。因为，作为冷战后世界上仅存的唯一超级大国，美国在世界范围内垄断国际事务所需要的霸权已经远非"均势"原则能够提供。在这样的情况下，中国的崛起被其视为阻碍其在全球范围内随心所欲的因素丝毫不令人感到奇怪。鉴于此种战略考量，中国的发展所取得的每一个成就都会令已经将中国视为强大对手的美国一些歇斯底里的反华政客和媒体感到"如鲠在喉"，他们操纵国际舆论场中西方顽固势力抹黑中国，想尽办法阻碍中国前进毫无疑问就成为其强盗逻辑的一部分。中国对外传播越是在这样的情况下越是要在回击那些不怀好意的西方政客或媒体中保持强大的战略思维定力，这就是以经过中国改革开放成功实践证明了的"四个自信"坚决有理有据地驳斥他们的造谣中伤，在必要情况下以其自身固有的"丛林法则"思维揭露那些突破做人起码底线的政客和媒体撒谎成性的本质，并戳穿他们的谎言。还可以充分利用法制和行政的手段对这些政客和媒体在其顽固坚持对华不友好前提下果断设定其涉华活动权限，如私人来华旅游，与华展开经济、文化等活动，这也是新时代中国对外传播主动进行议程设置的体现。也即是说，对于那些长期坚持反华立场甚至突破做人底线不择手段攻击和诋毁中国的顽固政客和媒体该打脸就打脸、该揭短就揭短，不能对他们再按照儒家的"谦和"思想对他们一味迁就忍让。为什么近年来西方个别反华势力更加有恃无恐地污名化中国？正如前文所述，就是因为对外传播遵循中国传统"和为贵"思想，在改革开放后相当长时间内为了营造良好改革开放外部环境，在反击那些顽固反华势力过程中对他们抱有某种程度的幻想而采取了一些在实质上反而助长他们嚣张气焰的行动。因此，新时代马克思主义中国化国际传播思想呈现

①　[美]亨利·基辛格. 世界秩序[M]. 胡利平，等译. 北京：中信出版集团，2015：487.

出在韬光养晦基础上主动作为的鲜明特征，这也是新时代中国对外传播实践的科学指南和根本原则遵循，既体现出对新中国成立以来对外传播思想和实践的继承，又凸显了新的历史时期为了实现时代赋予新的历史使命而不断创新的理论和实践勇气。对于那些无论在意识形态还是个人主观上一贯反华的个别西方政客和媒体而言，搞乱中国社会、推翻中国共产党领导、颠覆中国特色社会主义制度是他们"吃了秤砣铁了心"的终极目标。正如英国著名学者马丁·雅克所认为的那样，中国不是空谈家，而是行动派。对于那些见不得中国好的人，无论中国做什么，他们都会消极对待。所以，中国走自己的路，让他们说去吧。他在谈到有西方国家质疑中国抗击新冠疫情中的确诊人数和死亡人数时说道，西方个别国家和一些人动不动就喜欢质疑中国的统计数据，这也不是什么新鲜事儿了。自 20 世纪 90 年代以来，在中国经济腾飞之初，一直有许多西方人质疑中国经济增长率。但俗话说得好，事实胜于雄辩。实际情况是中国经济已经脱胎换骨，跃居世界第二大经济体。如果所有统计数据都是假的，中国不可能有如此成就。①

第二，建议成立由国家主要领导人挂帅和外交部主要负责协调的中央对外传播领导小组，形成对外传播"圈层力量"组合，进一步优化和完善新时代对外传播的顶层设计。所谓形成对外传播"圈层力量"组合，是指在对外传播实践中改革并创新现有对外传播管理模式，适当聚合分散在各个不同领域、不同行业、不同战线的对外传播力量，形成像费孝通先生所说的涟漪效应那样由各种不同对外传播力量共同参与组成一个对外传播的"圈层"。这个"圈层"的具体对外传播主体包括：国家最高领导人作为圈层中最内层的对外传播力量；中央层面涉及对外传播的相关主管机构可以作为次于最高领导人的次内层对外传播力量；中央部委与对外传播相关官员、学者和媒体作为贴近次内层的又一圈层力量；各种与国家形象相关的国内外研讨会以及不同行业的从业骨干人员、自媒体人员作为次外层对外传播力量；普通社会公众作为对外传播的最外层力量。鉴于此，建议在中央层面调整对外传播相关主管机构，成立由国家主要领导人挂帅和外交部主要负责协调，并由中央外事领导小组办公室、中宣部、中央政策研究室、国防部、人民

① 英国知名学者：不质疑中国 有些国家脸往哪儿放［EB/OL］.［2020-05-02］. 凤凰网，https：//news.ifeng.com/c/7w8lY6eaiNU.

日报社、新华社、中央广播电视总台、国家外文局、中央党校以及全国重点高校等参与的国家级对外传播领导小组，作为实施国家对外传播的次内圈层力量，在国际舆论生态和发展趋势的研判、对外传播政策的制定及实施和执行中发挥政策主导性功能，以有效弥补现有对外传播主管机构力量分散、专业性不足、视野不够开阔、管理方式僵硬的短板；相应地，在省级层面建立由相关部门构成的类似机构，以弥补现有省级层面对外传播相关机构发挥作用不够明显的短板。

形成对外传播不同圈层力量合力的最大优点就是既能够同时发挥各种不同力量在国际舆论场中更好提前预判国际舆论生态随时可能发生的各种变化，及时主动进行议程设置和话语主导，以"有放有收"的思维科学管理对外传播具体事务，又能够在国际舆论场出现复杂局面或在构建新型国际舆论场中将中国方案按照由外到内顺序依次提出，避免不必要的国际舆论杂音干扰。在 2020 年抗击新冠疫情斗争中，中国对以美国为代表的个别西方政客和媒体的混淆是非的回击显示出来不同圈层共同发挥的合力作用。对外传播发挥"圈层力量"作用的着力点在于在中央层面建立职责明确、结构合理、层次分明、功能等效的对外传播组织机构，该机构集国际舆论生态研判和政策决策、实施及执行于一体。现有对外传播组织管理力量从某种意义上来说既分散，又相互之间责任模糊，以至于在对国际舆论格局和发展趋势的判断和应对上不能形成富有成效的有机整体，这就从根本上影响了以更加全面和开阔的视野发挥干事创业积极性和主动性。特别是在对外传播遇到严峻挑战时，相关对外传播主体在认识大是大非、主动应对挑战方面积极性不足。要在对外传播中发挥好主动性、积极性和正能量，使对外传播达到最佳效果，就必须充分发挥对外传播各圈层力量的自主性、创造性和主动性，让各圈层力量形成强大传播合力。而形成对外传播各圈层力量合力的关键要素在于相关组织管理机构在指导对外传播实践中有效做到权力"下放"，通过权力"下放"赋予专家学者、媒体和行业骨干在对外传播中更大的自主权，特别是赋予媒体更大的对外传播议题设置主动权。长期以来，中国媒体在对外传播中观点鲜明、图文并茂、声像俱佳、生动有趣的传播作品并不多见。"硬新闻"板着面孔播发，"软新闻"千篇一律犹如教育未成年人的问题还普遍存在。西方一些受众和媒体对中国对外传播持怀疑与不信任态度的形成固然受其自身意识形态偏见的影响，但也与中国媒体对国际传播受众研究的自主性不充分、话语表达僵硬呆板有一定的关系。造成这种状况的原因毫无疑问是媒体受到相关主管部门的管制而变得过于僵硬，限制了媒体传播中讲故事的能力，导致媒体不能自主灵活地凸显媒体传播中应有的机动性。因此，习近平总书记要求对外传播应该以讲故事的形式对外传播好、塑造好新时代中国的"四个大国"形象，而对外传播不同圈层利用各自优势讲好中国故事在事实上就增强了中国对外传播的总体效果。

提倡在对外交往活动中讲故事是习近平总书记的一贯作风。早年在地方工作时，他多次要求从事文字工作的同志在起草文件和讲话稿中要注重受众的信息接受习惯，强调摒弃"八股文"式的大道理说教，以生动形象的故事打动人。擅长归纳概括以及理论提炼是东方智慧的典型特征，但对一般外国受众而言，他们可能对于具体真实的个案、生动有趣的故事、戏剧性冲突性的情节更感兴趣。用讲故事的方式开展对外传播，是国际传播共有的一种范式，符合不同文化背景受众的接受习惯。习近平总书记明确提出如何讲好中国故事的具体路径。新中国成立以来，中国在对外传播实践中积累了丰富的经验，但也存在一些不足。其中，一个典型的短板就是顶层设计的力量较为分散，尽管在中央层面有很多相关部门参与对外传播的政策制定，但是对外传播实践中容易形成责任推诿，并导致实际开展工作时由于怕担责而畏首畏尾。对外传播是一个牵一发而动全身的涉及全局性、权威性和引导力、影响力的工作。如果在实践中对对外传播工作管理不能以开放的视野审视瞬息万变的国际舆论生态，就不能准确判断国际舆论走向，导致在对外传播中自缚手脚。其实，个别突破底线的西方政客和媒体在舆论上牵制中国的一个惯用伎俩就是以所谓民主、自由的价值观和客观、公正、自由、公信的新闻专业主义旗帜为幌子，将其西方价值观标准升格为"普天之下莫非王土"的"普世"标准，从而以"压制言论自由"的标签大肆攻击中国共产党和社会主义制度。对于此种情况，不如放开除最内圈层之外的所有圈层力量对西方这种动辄以祖师爷面目对中国进行的责难和抹黑合力进行揭露与鞭笞。放开对各圈层力量在对外传播中自缚手脚式的僵硬管制并不意味着放任各圈层力量在对外传播中随心所欲、漫无边际地胡拼乱凑，而是在原则和政策允许的前提下根据自身特色在国际舆论场中主动发声，并进行话语体系构建。作为相关管理机构的重要任务在于如何疏导各圈层力量发挥自身优势开展有效对外传播，而不是对各圈层对外传播进行围堵或压制。

　　第三，强化并创新新时代中国特色国际传播专门人才的培养和培训，以坚定的政治信仰、过硬的专业知识、敏锐的观察应变能力和开阔的国际视野以及敢于担当勇于负责的精神作为从事新时代国际传播专门人才的标准。对外传播是民族国家在国际舞台上国家形象的总体呈现，它需要集政治性、专业性、知识性、综合性于一身的复合型专门人才。中国现有对外传播人才队伍与新时代中国特色对外传播相比还存在不少差距，其中对外传播专门人才的缺乏以及队伍的分散最为突出。建议从中央层面着手，就培养和发现适应新时代形势发展的专门人才进行科学谋划和相关政策制定与引领。比如，对现有从事对外传播的专门人才进行系统性培训，扩大高校本科和研究生阶段国际传播专业方向招生、优化相关课程设置；强化对外传播专门人才的培养就是加强新时代马克思主义中国化国际传播思想学习，不断在理论和实践上提高政治素养、政策素养、文化素养和专业素养，为传播"中国声音"，构建"新时代中国特色对外传播话语体系"夯实理论和实践基础。科学的实践必须有科学的理论指导。新时代对外传播必须旗帜鲜明地以习近平总书记关于实现中华民族伟大复兴中国梦和构建人类命运共同体、改革创新国际治理体系的新理念新思想武装头脑、提升理论素养。对外传播工作需要极强的政策领悟能力和实践操作能力，这就需要从事对外传播工作的从业人员具备精准领会党和国家关于对外传播工作的各项方针政策，培养深度解读国家政策、措施的功力和能力，不断提高政策执行水平，做到用先进的思想武装人、引导人、塑造人、鼓舞人，首先要从理论和政策执行层面提升自己，这样才能在是非面前、模糊语境中展露辨析力，把握好方向，不至于人云亦云、迷失方向。与此同时，作为新时代中国特色对外传播专门人才，如果没有文化自信，对优秀传统文化、当代文化和世界上其他民族优秀文化不了解，很难做到在对外传播中做到游刃有余。不仅如此，以互联网思维有力应对国际舆论生态变化显然已经成为新时代对外传播专门人才的必备素质。鉴于此，从事新时代对外传播的专门人才如果没有互联网思维，就不能充分利用互联网新媒体传播创新构建中国特色对外传播话语体系。培养新时代合格对外传播专门人才还要通过主流媒体大力发展新媒体业务，不断创新传播渠道，积极推进主流新媒体业态的健全、完善和转型，拓展多语种对外传播，为对外传播专门人才在新的技术领域施展才华创造条件；使对外传播专门人才熟练掌握互联网技术并能够利用互联网技术开通多语种网站，形成网络电台和电视台、手机广播电视以及 App 新闻终端等资源共享、形态融合、语种集合的对外传播特色。

与此同时，适应新时代中国特色对外传播专门人才还应该是用中国特色话语阐释中国特色社会主义核心价值观和人类社会发展未来趋势的中国方案的行家里手。中国特色社会主义核心价值观是中国优秀传统文化当代价值的有机转换。习近平总书记多次强调在对外传播中应全面展示数千年优秀文化积淀的文明大国形象。这些论述对新时代中国特色对外传播的启示就在于，以文化人不仅是几千年来中国塑造人、影响人、感染人的优良传统，也是在人类文明发展面临重要转折点时代背景下实现文明互鉴、沟通世界的重要路径。中共十八大以来，以习近平同志为核心的中央领导集体大力弘扬中国优秀传统文化，不断将优秀文化精髓与治国理政实践相结合，"大同世界""和而不同""天人合一"等反映人与人、人与社会、人与自然朴素辩证法思维的传统文化思想的当代价值转化不仅体现了中国特色话语体系的无穷魅力，而且彰显了新时代社会主义大国的文化自信。在这个层面上说，积极挖掘并传递中国传统文化的思想精华、对外传播社会主义核心价值观，构建新时代中国特色话语体系是对外传播合格人才不可或缺的必要条件。除此之外，新时代中国特色对外传播专门人才必须具有以效果为导向的传播意识，并具有娴熟的话语组织和表达能力，把讲道理与讲故事、自己讲与别人讲有机统一起来。这就要求：不仅要用中国特色语言向世界讲述中国故事，还要用中国的语言阐释世界故事；不仅要讲宏观叙事的国家故事，还要讲发生在百姓中间的具体微观的日常生活之事。处理好自己讲与别人讲的关系就是在自己讲述的同时要学会利用他国故事，从他国故事中善于发现、转述、旁引、阐释某种现象或理论对外传播自己的立场和观点。借他人语言和故事强化自己态度和立场是一门艺术，需要表达者具有敏锐的洞察力和高超的逻辑思维判断能力以及语言运用的转化力。此外，作为新时代对外传播专门人才，在国际舆论场发声时必须抢抓先机、旗帜鲜明、声音响亮。过去很长一段时间内，中国对外传播的一个重要短板就在于做得多而向世界说得少。特别是在对外传播中国政治、经济、文化大政方针或就相关问题答疑解惑、解决舆论争端时，应该善于抢抓发声的先机，变被动为主动，敢于发声，敢于向国际社会态度坚决地表达中国的立场、态度、观点及处理问题的思路和具体方案，不能缩手缩脚、欲言又止，给人一种理亏说不出口的假象。上述作为对外传播专门人才基本素质的要求从根本上源于增强"传播"能力的基础以及"话语"表达能力的培养。从实质上说，对外传播效果取决于"话语"传播的内容，这是对外传播能否有效产生感染力和影响力的关键所在。不仅如此，话语能力还直接涉及话语体系构建，它集中体现了话语表达的逻辑性、系统性和完整性。"对外传播话语体系"面对受众范围广泛、成分复杂，有其独特的内在规定性。这种内在规定性既要以本民族话语体系为根本，又要兼顾其他不同地区和民族受众的信息选择、接受和表达习惯。更重要的是，无论是宏观叙事的理论呈现还是具体微观的故事讲述，得到受众某种形式认可和支持的首要前提就是排除受众一般潜在的抗拒心理，而排除这种状况的路径又取决于传播者信息表达的具体方式和对传播内容阐释的方法，即话语表达能力。除上述基本素质要求外，广泛而有力的社会动员能力是新时代中国特色对外传播专门人才的又一必备素质。例如，充分利用以社交媒体为代表的新兴媒体形态动员并发挥海外华人、留学生、国内外草根层面"意见领袖"群体性力量，组织国内外受众开展多种益于相互沟通理解的喜闻乐见活动传递中国声音、阐释中国理念、表达中国立场、弘扬中华文化，构建全方位、立体化、多位一体的新时代对外传播模式。

第四，强化国际传播要求灵活讲述中国故事、阐释中国理念、提供中国方案的力度和方式，弱化单纯说教式的政治宣传。以国内宣传思想工作方法代替对外传播是新中国成立以来对外传播的主要方式之一。这种传播方式语气生硬，强调以高大上的理论和概念化、标签化的方式居高临下进行宣讲，忽视了国际受众的信息接受需求的内容和路径。由于历史的原因，西方社会中无论是政界、学界还是一般社会公众普遍对政治宣传持坚决的否定态度。新中国成立至改革开放后前20年的很长一段时间里，中国对外传播一度以单纯乏味而又刻板僵硬的政治说教为主要内容。这对新时代对外传播提供的启示是在国际舆论场中应尽可能弱化单纯"说教式"的政治宣传，但弱化单纯"说教式"的政治宣传并不意味着放弃政治原则和政治斗争，而是要根据国际舆论场的实际情况开展具有针对性的不容模糊的坚决斗争。比如，针对西方个别政客和媒体的一贯挑衅和肆意污名化，应该理直气壮地用大无畏的政治勇气正面揭露对方对抗性思维导致的政治挑衅。同时，从文明交流互鉴的角度倡导多种文明共存、文化多元，以更加坚定的道路自信采取不同语言叙事表达中国和平发展的客观现实，强调人类文明价值共享和世界合作共建，实现互利互赢。近年来，西方对于中国崛起引发了一种焦虑，这种焦虑既体现了以西方为主导的全球治理体系产生的诸多矛盾和困境，也反映了西方对自身日益呈现出来的衰落现象的不甘心。面对世界百年未见之大变局，中国如何在对外传播中做到既不触动西方面对日益衰退而不断增加的敏感神经，又能根据自身发展状况发挥改革创新全球治理体系的更大作用确实是一个需要智慧和耐力应对的重大问题。在这种情况下，习近平总书记关于新时代对外传播既要"韬光养晦"，又要"主动作为"的思想指明了前进的方向。"韬光养晦"就是在国际舆论中避免意识形态领域的纠缠，因为冷战的一个重要教训就是苏联在意识形态领域被西方牢牢拖累得精疲力竭，最后导致大厦轰然倾塌；"主动作为"就是把握好历史机遇期，利用一切合适机会展示中国共产党领导下的中国特色社会主义和改革开放使古老中国所焕发出的勃勃生机，这种勃勃生机没有必要以政治化语言进行刻板的表达，更要避免给人夸张和炫耀的感觉，可以用其他各种更为生动、贴切、形象的方式和沉着、含蓄、心平气和、包容、自信、文明、平等的心态向国际社会展现客观、真实、包容、多元的中国。针对国际舆论场中的主流舆论，主动强化议题设置。

坚持问题导向与问题意识是避免对外传播中刻板僵硬、空洞抽象政治化宣传的重要切入点，也是讲好中国故事、传递好中国声音的基本前提。这个问题导向和问题意识要求我们既要对中国在实现中华民族伟大复兴中国梦过程中仍然存在的短板有清醒的认知，要认识到在国际舆论场中应对国际关切和质疑中本来完全可以理直气壮回应而没有回应的地方，如对西方个别政客和媒体蓄意污名化中国的认识不到位、应对预案不充分、应对措施针对性不强等问题。新时代对外传播坚持问题导向和问题意识的关键在于对自己与他者如何做出平衡性的评价。以辩证的思维发现问题、看待问题、分析问题和解决问题是新时代对外传播坚持问题导向和问题意识的关键。正如本书前述，新时代中国对外传播在转型与变革中担负着为实现民族复兴不断营造良好外部氛围和积累强大动能的历史重任，同时面临国际政治经济变迁和全球化遭遇一系列前所未有新问题带来的错综复杂的矛盾和挑战。创新发展新时代对外传播必须强化问题意识、坚持问题导向，因为问题既是实践的起点，也是创新的动力，抓住问题就能抓住对外传播发展的"牛鼻子"。坚持问题导向和问题意识是新时代马克思主义中国化国际传播思想的理论品格和根本要求。习近平总书记运用马克思主义对新时代中国对外传播发展目标、任务、要求、实施路径指出了明确方向。中共十八大以来，习近平总书记在精准把握当代世界局势变迁和技术推动下的国际舆论生态格局复杂多变中的重大问题，深刻洞悉国际传播历史和时代发展规律基础上，就如何构建新时代中国特色对外传播话语体系，提升国际话语权进行了一系列富有远见卓识的重要论述，提出了一系列新时代中国对外传播的新理念新思想新战略。

第五，提升和强化中国特色对外话语意涵向国际共识转化的能力，构建凸显"人类命运共同体"最大公约数的国际传播话语共同体。新时代马克思主义中国化国际传播思想的一个重要内容就是构建融通中外的具有中国特色、中国风格、中国气魄的对外传播话语体系。伴随冷战结束，世界多极化发展趋势势不可挡，尽管以美国为代表的个别西方国家仍抱残守缺企图垄断国际事务。广大发展中国家谋和平、求发展的迫切愿望促使各种不同文明在交流中相互碰撞、互为依存的态势更为明显。虽然逆全球化现象在一定条件下也有进一步加剧的可能，但是信息技术推动的人类超越以前任何历史阶段互联互通的大趋势却势不可挡。在这样的情况下，如何超越历史传统、文化语言、意识形态、社会制度等差异，在不同文明之间架起沟通的桥梁，已经成为民族国家相互交往合作中不可回避的现实问题。新时代中国对外传播的一个重要突破口就是如何将中国特色对外话语转化为国际共识，即不仅让国际社会不仅能够听懂中国话语，而且还要让国际社会认可并支持中国话语所蕴含的思想行动，进而形成广泛的国际共识。这就需要新时代中国特色对外传播话语凝练和形成过程中尽最大可能找准人类社会发展和世界文明进步的最大公约数。这个公约数既包括各国人民实现美好生活向往的共同追求，也包括各个国家在处理世界面临共同问题时如何求同存异，还包括如何在不同文化传统、社会心理的民族国家间寻求语言表述、行动表达和接受习惯等方面能够认可的方式。这一方面要求话语内涵本身具有普世认可的价值，另一方面话语表达方式符合人们的习俗传统。即是说，把要讲的话与国际社会想听的内容有机结合。这样，构建既有中国特色又能在国际社会说得出、传得开、影响广的话语表达体系就有了基础。融通中外不是简单地迎合国际上某个受众群或者简单地与西方所主导所谓国际规则接轨，而是要通过不同国家和地区受众喜闻乐见的方式、易于理解的语言，更好地传播中国特色发展道路如何找到的、怎样走来的，中国的理念如何形成的、已经在现实中得到怎样的验证，从而让中国观点变成世界语汇、成为国际共识。其中，一个重要的核心内容就是对中国价值进行全面、客观、科学而又具体的概念界定。比如，中国之所以很长时间内在人权领域与西方交锋处于被动的不利地位，其中的重要原因就是在有关人权内涵的核心界定时长期围绕西方的定义打转转。中国提出，作为发展中国家，人权首先是生存权发展权。这是中国在人权理论上的一个突破和创新，得到了广大发展中国家的认可和支持，也为中国在人权领域和对手交锋赢得了主动。再比如，在关于对互联网使用和管理问题上，中国是最早提出"信息传播无国界、网络空间有主权"理论的国家，这就在一定程度上将互联网的使用与国家安全问题进行了明确的界定和区分，这种界定和区分合情合理合法，得到了越来越多的国家的认同，即便西方国家也有很多表示接受这种对互联网使用权与管理权定义的方法。同时，融通中外，必须坚持有的放矢，不能千篇一律。世界上各个国家千差万别，各个民族历史经历各不相同，发展思路和发展道路迥异，中国特色对外传播话语也应该从实际出发，要讲国际社会通行的"世界语"，即对外传播人类社会所共同认可的有利于人类整体文明发展的关键性价值取向。正如东方人吃饭用筷子、西方人用刀叉一样，不必刻意区分通过何种方式吃饭好，只要强调以健康方式吃饭就行。

第六，以"四个自信"增强中国特色对外传播话语的世界共识转化与构建凸显人类命运共同体最大公约数国际传播话语共同体的底气。"四个自信"之所以是新时代中国对外传播不断创新的底气支撑的一个重要原因就是"四个自信"反映了百年来中国共产党带领中国人民不懈努力艰辛历程所提供的宝贵经验。同时，经过时间和实践检验，其既是中国实现国强民富的有效选择，也是实现中华民族伟大复兴中国梦的必然选择。新时代中国特色对外传播面临的形势复杂多变：在世界处于百年未有之变局的关键时刻，中国成为全球治理体系改革创新、国际权力转换和新型国际关系构建的核心力量，而以美国为代表的个别西方国家则已经确定以不惜一切手段遏制中国发展并在国际舆论场中肆意歪曲、丑化中国形象，导致国际涉华舆论瞬息万变、舆论生态错综复杂。针对这样的状况，中国对外传播首先要稳住阵脚，在"四个自信"的基础上以提升国际话语权、增强软实力和在国际社会展示中国全面形象为主要突破点，强化以"话语原创性、重大信息的首发性、影响的广泛性"为核心的对外传播能力指标体系，将传播主体由单一政府组织向全民过渡，培养全社会开展对外传播的公共外交意识，构建政府、社会组织、媒体、企业、社会公众等多元主体通过不同渠道发声的"圈层传播"和"多元传播"模式。习近平总书记指出："讲好中国故事是全党的事，各个部门、各条战线都要讲。要加强统筹协调，整合各类资源，推动内宣外宣一体发展，奏响交响乐、唱响大合唱，把中国故事讲得愈来愈精彩，让中国声音愈来愈洪亮。"①与此同时，在移动互联网快技术发展驱动下，碎片化、现场化和海量化的信息生产成为日常生活中人们信息接触的常态，受众思维模式、阅读习惯和审美风格也发生了翻天覆地的革命性变化，制作简洁明快、意涵丰富、赋予情感、接收便捷的信息内容成为时代发展的必然。信息技术、社会结构与审美情趣变革的直接后果就是极大改变了人类的生活方式与信息传播图景，人类社会正处于文明史上又一场前所未有的变革之中，人工智能、大数据、社交互联、移动互联、智能互联、万物互联掀起了传播领域颠覆式创新的一波又一波浪潮。鉴于此，担负对外传播的不同形态媒体可更多地运用可视化和交互性等传播技巧更好地适应国际社会不同受众特征的变化。包括主流媒体在内的各类对外传播主体在主动适应国际舆论环境变化中应该积极利用信息技术革命所带来的根本性传播手段变革，在传播方式方面适应中国特色对外传播话语创新，为塑造和拓展中国"文明大国""东方大国""负责任大国"和"社会主义大国"的形象开辟新路径。这一方面意味着肩负对外传播重任的媒体必须创新自身传播理念与思路，积极求新求变，不断完善和优化中国特色对外传播话语体系以实现讲好中国故事、阐释中国特色、传播中国声音的战略目标；另一方面也需要各种媒体主动运用新兴网络传播手段，借力传统媒体与新兴媒体融合的传播格局，不断强化信息在对外传播中的覆盖范围与渗入的广度和深度，通过多样化的渠道与不同国家、不同地区的民众

① 中共中央宣传部. 习近平总书记系列重要讲话读本(2016年版)[M]. 北京：学习出版社、人民出版社，2016：211.

沟通、交流与对话，扩大中国声音的影响力。信息技术的发展固然创新了新时代中国特色对外传播思维和路径，但从根本上说技术运用的根本动力来自人的观念。只有人在信心满满、朝气蓬勃的时候才有可能创新性地依托技术的先进手段创造出不平凡的业绩。如果人消极颓废，再好的技术也可能发挥不出最佳的状态。从这个意义上说，"四个自信"成为不断拓展新时代中国对外传播新局面的理论和实践压舱石。

参 考 文 献

1. [德]哈贝马斯：包容他者[M]. 曹卫东，译. 上海：上海人民出版社，2002.

2. 马克思恩格斯选集(第4卷)[M]. 北京：人民出版社，1995.

3. 马克思恩格斯选集(第1卷)[M]. 北京：人民出版社，1995.

4. 马克思恩格斯全集(第30卷)[M]. 北京：人民出版社，1960.

5. 马克思恩格斯全集(第35卷)[M]. 北京：人民出版社，1995.

6. 马克思恩格斯全集(第3卷)[M]. 北京：人民出版社，1960.

7. 马克思恩格斯全集(第8卷)[M]. 北京：人民出版社，1961.

8. 马克思恩格斯选集(第1卷)[M]. 北京：人民出版社，1995.

9. 马克思恩格斯选集(第1卷)[M]. 北京：人民出版社，2012.

10. 毛泽东文集(第7卷)[M]. 北京：人民出版社，1999.

11. 毛泽东新闻工作文选[M]. 北京：新华出版社，1983.

12. 毛泽东选集(第1卷)[M]. 北京：人民出版社，1991.

13. 毛泽东选集(第2卷)[M]. 北京：人民出版社，1991.

14. 毛泽东选集(第3卷)[M]. 北京：人民出版社，1991.

15. 邓小平文选(第2卷)[M]. 北京：人民出版社，1994.

16. 邓小平文选(第3卷)[M]. 北京：人民出版社，1993.

17. 共产党宣言[M]. 北京：人民出版社，1949.

18. 中共中央党史和文献研究院. 习近平关于中国特色大国外交论述摘编[M]. 北京：中央文献出版社，2020.

19. 习近平. 习近平谈治国理政[M]. 北京：外文出版社，2014.

20. 习近平. 论坚持人与自然和谐共生[M]. 北京：中央文献出版社，2022.

21. 习近平. 论坚持推动构建人类命运共同体[M]. 北京：中央文献出版社，2018.

22. 习近平. 习近平外交演讲集（第一卷）[M]. 北京：中央文献出版社，2022.

23. 习近平. 习近平谈治国理政（第二卷）[M]. 北京：外文出版社，2017.

24. 习近平. 论坚持人与自然和谐共生[M]. 北京：中央文献出版社，2022.

25. 习近平. 论坚持推动构建人类命运共同体[M]. 北京：中央文献出版社，2018.

26. 习近平. 习近平谈治国理政（第三卷）[M]. 北京：外文出版社，2020.

27. 习近平. 摆脱贫困[M]. 福州：福建人民出版社，1992.

28. 习近平. 论坚持推动构建人类命运共同体[M]. 北京：中央文献出版社，2018.

29. 中共中央宣传部. 习近平新时代中国特色社会主义思想学习纲要（2023年版）[M]. 北京：学习出版社，人民出版社，2023.

30. 中共中央宣传部. 习近平总书记系列重要讲话读本（2016年版）[M]. 北京：学习出版社，人民出版社，2016.

31. 中共中央文献研究室. 习近平关于全面深化改革论述摘编[M]. 北京：中央文献出版社，2014.

32. 中共中央文献研究室. 习近平关于社会主义文化建设论述摘编[M]. 北京：中央文献出版社，2017.

33. 中共中央文献研究室. 习近平关于协调推进"四个全面"战略布局论述摘编[M]. 北京：中央文献出版社，2015.

34. 钱穆. 民族与文化[M]. 贵阳：贵州人民出版社，2019.

35. 苏格. 平易近人：习近平的语言力量（外交卷）[M]. 上海：上海交通大学出版社，2018.

36. 文一. 伟大的中国工业革命："发展政治经济学"一般原理批判纲要[M]. 北京：清华大学出版社，2016.

37. 张岱年，方克立：中国文化概论[M]. 北京：北京师范大学出版社，1994.

38. 张维为. 中国超越[M]. 上海：上海人民出版社，2014.

39. [法]德里达. 马克思的幽灵：债务国家、哀悼活动和新国际[M]. 何一，译. 北京：社会科学文献出版社，2011.

40. [法]皮埃尔·布尔迪厄. 区分：判断力的社会批判（上册）[M]. 刘晖，译. 北京：商务印书馆，2015.

41. [法]让-雅克·卢梭. 爱弥儿[M]. 胡以娜, 译. 天津：天津人民出版社, 2008.

42. [法]萨特. 辩证理性批判[M]. 徐懋庸, 译. 北京：商务印书馆, 1963.

43. [荷兰]斯宾诺莎. 伦理学[M]. 贺麟, 译. 北京：商务印书馆, 1983.

44. [美]爱德华·W. 萨义德. 东方学[M]. 王宇根, 译. 北京：生活·读书·新知三联书店, 1999.

45. [美]安乐哲. 和而不同：中西哲学的会通[M]. 温海明, 译. 北京：北京大学出版社, 2009.

46. [美]亨利·基辛格. 世界秩序[M]. 胡利平, 等译. 北京：中信出版集团, 2015.

47. [美]牟复礼. 中国思想之渊源[M]. 王立刚, 译. 北京：北京大学出版社, 2009.

48. [美]沃伦·克里斯托弗. 美国新外交：经济、防务、民主——美国前国务卿克里斯托弗回忆录[M]. 苏广辉, 等译. 北京：新华出版社, 1999.

49. [英]马丁·雅克. 当中国通知世界[M]. 张莉, 刘曲, 译. 北京：中信出版社, 2010.

50. 韩震. 社会主义核心价值观的话语构建与传播[M]. 北京：中国人民大学出版社, 2019.

51. 周宇豪, 刘守义. 马克思主义中国化传播话语体系百年嬗变[M]. 北京：人民出版社, 2020.

52. 林语堂. 吾国吾民. 诗歌[M]. 长沙：湖南文艺出版社, 2012.

53. 汪民安. 现代性[M]. 南京：南京大学出版社, 2012.

54. 习近平. 决胜全面建成小康社会　夺取新时代中国特色社会主义伟大胜利——在中国共产党第十九次代表大会上的讲话[N]. 人民日报, 2017-10-28.

55. 习近平. 携手打造中老具有战略意义的命运共同体[N]. 人民日报, 2017-11-14.

56. 习近平. 续写千年胞波情谊的崭新篇章[N]. 人民日报, 20201-01-17.

57. 习近平. 永远的朋友　真诚的伙伴[N]. 人民日报, 2016-06-17.

58. 习近平. 阔步迈进新时代, 携手共创新辉煌[N]. 人民日报, 2018-11-28.

59. 习近平. 让中阿友谊如尼罗河水奔涌向前[N]. 人民日报, 2016-01-20.

60. 习近平. 让中津友谊绽放出更加绚丽的芳华[N]. 人民日报, 2015-11-30.

61. 习近平. 在金砖国家领导人第六次会晤上的讲话[N]. 人民日报, 2014-07-12.

62. 习近平. 中哈关系插上梦想的翅膀[N]. 人民日报, 2017-06-08.

63. 冯雪珺. "共建一带一路带来新商机"[N]. 人民日报, 2019-06-04.

64. 文学是民众的文学(文学现象)[N]. 人民日报, 2014-03-14.

65. 严瑜. 中俄建交 70 载 这是最好的一组大国关系[N]. 人民日报(海外版), 2019-05-27.

66. 习近平系列重要讲话读本：敢于啃硬骨头 敢于涉险滩——关于全面深化改革[N]. 人民日报, 2014-07-09.

67. 冯雪珺. "共建一带一路带来新商机"[N]. 人民日报, 2019-06-04.

78. 习近平. 在全国党校工作会议上的讲话[J]. 求是, 2016(9).

69. 胡正荣. 国际传播的三个关键：全媒体·一国一策·精准化[J]. 对外传播, 2017(8).

70. 金苗. 中华文化国际传播与影响力提升路径[J]. 南京社会科学, 2023(1).

71. 康渝生, 胡寅寅. 人的本质是人的真正的共同体——马克思的共同体思想及其实践旨归[J]. 理论探讨, 2012(5).

72. 老舍. 我是怎样学语言的[J]. 解放军文艺, 1951(1).

73. 胡正荣. 国际传播的三个关键：全媒体·一国一策·精准化[J]. 对外传播, 2017(8).

74. 金苗. 中华文化国际传播与影响力提升路径[J]. 南京社会科学, 2023(1).

75. 梁桂全. 为什么要"坚定不移走中国特色刘晖. 从趣味分析到阶级构建：布尔迪厄的"区分"理论[J]. 外国文学评论, 2017(4).

76. 刘力波. 文化视域中的马克思主义中国化[D]. 陕西师范大学, 2007.

77. 刘立华, 马俊杰. 中国梦与话语权的建构——一项基于语料库的新华社对外报道中国梦话语研究[J]. 天津外国语大学学报, 2016(1).

78. 刘晖. 从趣味分析到阶级构建：布尔迪厄的"区分"理论[J]. 外国文学评论, 2017(4).

79. 刘力波. 文化视域中的马克思主义中国化[D]. 陕西师范大学, 2007.

80. 洛文(鲁迅笔名),《申报月刊》(第二卷第七号), 1933-07-15.

81. 孙宇, 宫承波. 国际传播精准化的基本逻辑与多维进路[J]. 当代传播, 2022

（6）.

82. 汪曾祺. 写给青年作者的建议[J]. 视野，2018（17）.

83. 王巍，刘怀玉. 马克思交往理论的哲学人类学内涵[J]. 河海大学学报（哲学社会科学版）2015（6）.

84. 王永贵. 影响中国"和平崛起"的西方意识形态透视[J]. 毛泽东邓小平理论研究，2004（9）.

85. 吴飞，王舒婷，陈海华. 提升中国国际传播中的共情力[J]. 对外传播，2023（9）.

86. 邢丽菊. 新时期中国外交思想的传统文化内涵[J]. 国际问题研究，2015（3）.

87. 张立文. 中国传统和合文化与人类命运共同体[J]. 中国人民大学学报，2019（3）.

88. 周宇豪，刘宇. 习近平国际传播观的科学内涵、核心内容与时代特征[J]. 新闻与传播评论，2022（6）.

89. 赵建国. 论共情传播[J]. 现代传播（中国传媒大学学报），2021（6）.

90. 张树庭. 精准聚焦全面提升国际传播效能[J]. 红旗文稿，2023（13）.

91. 文建. 提升传播精准度 增强国际话语权[J]. 中国记者，2019（8）.

92. 加强和改进国际传播工作 展示真实立体全面的中国[EB/OL]. [2021-06-02]. http://politics.people.com.cn/n1/2021/0602/c1024-32119745.html.

93. "你们被西方媒体操纵了！"隔离期间，加拿大博主揭秘外媒反华套路[EB/OL]. [2020-05-02]. https://news.ifeng.com/c/7w8lY6eaiNU.

94. "一带一路"五周年数据[EB/OL]. [2018-08-10]. http://www.china1baogao.com/data/20180810/775392.html.

95. 1974 年 2 月 22 日毛泽东提出划分三个世界的理论[EB/OL]. [2009-09-23]. http://world.people.com.cn/GB/8212/169570/169571/10102265.html.

96. 从 6 个外交细节看邓小平如何讲述"中国故事"[EB/OL]. [2020-02-19]. http://dangshi.people.com.cn/n1/2020/0219/c85037-31595084.html.

97. 四个理由说明习近平是认真的改革者[EB/OL]. http://thediplomat.com/.

98. 推动文明交流互鉴 要有这样的态度[EB/OL]. [2019-05-15]. https://china.huanqiu.com/article/9CaKrnKkvNG.

99. 习近平向金砖国家工商论坛闭幕式发表致辞［EB/OL］.［2023-08-23］. http://politics.people.com.cn/n1/2023/0823/c1024-40061822.html.

100. 习近平新时代中国特色社会主义思想学习纲（19）［EB/OL］. http://theory. people.om.cn/n1/2019/0815/c40531-31296054.html.

101. 习近平在阿根廷媒体发表署名文章［EB/OL］.［2018-11-29］. https://www. thepaper.cn/newsDetail_forward_2681877.

102. 习近平在中共中央政治局第三十次集体学习时强调 加强和改进国际传播工作 展示真实立体全面的中国［EB/OL］.［2021-06-01］. https://baijiahao. baidu.com/s？id＝1701351690005252206&wfr＝spider&for＝pc.

103. 新形势下宣传思想工作怎么做？习近平提出 15 字使命任务［EB/OL］. ［2018-08-23］. http://www.xinhuanet.com/politics/2018/08/23/c_1123313935. htm,2018 年 8 月 23 日。

104. 英国知名学者：不质疑中国 有些国家脸往哪儿放［EB/OL］.［2020-05-02］. https://news.ifeng.com/c/7w8lY6eaiNU.

105. 质疑中国的援助，听听外国政党怎么说［EB/OL］.［2020-04-02］. https:// news.ifeng.com/c/7vL6F7cPoeG.

106. 中国与"一带一路"沿线国家货物贸易进出口额 6 年间累计超 6 万亿美元 ［EB/OL］.［2019-04-22］. https://baijiahao.baidu.com/s？id＝1631514834137 040566&wfr＝spider&for＝pc.

107. 蔡纯琳. 习近平这样回答时代之问［EB/OL］.［2018-04-11］. http://news. youth.cn/sz/201804/t20180411_11596072.htm.

108. 陈赟、李忠发、吕传忠. 习近平同印度总理莫迪在金奈继续举行会晤［EB/OL］. ［2018-10-12］. http://www.qstheory.cn/yaowen/2019-10/12/c_1125097282.htm.

109. 杜尚泽，倪涛. 习近平凭吊援坦中国专家公墓［EB/OL］.［2013-03-26］. http://cpc.people.com.cn/n/2013/0326/c64094-20911831.html.

110. 杜勇. 大国关系中的领导人"私交"［EB/OL］.［2016-06-14］. http:// newpaper.dahe.cn/hnsb/html/2014-06/14/content_1093138.htm？div＝-1.

111. 冯峰义. 利相兼，以义为先［EB/OL］.［2018-09-04］. http://theory.people. com.cn/n1/2018/0904/c40531-30270065.html.

112. 连玉明. 激发社会和民间团体对外文化交流活力［EB/OL］.［2023-05-25］. https：//www.workercn.cn/c/2023-05-25/7852063.shtml.

113. 刘东凯，侯丽军，张艺. 国家主席习近平接受拉美三国媒体联合书面采访［EB/OL］.［2013-05-31］. http：//www.gov.cn/ldhd/2013-05/31/content_2416330.htm.

114. 刘芳源. 从习近平总书记署名文章中，感受山水相连、世代友好的情谊［EB/OL］.［2020-01-17］. http：//www.ccdi.gov.cn/toutu/202001/t20200117_207969.html.

115. 刘华. 习近平：把不冲突不对抗、相互尊重、合作共赢的原则落到实处［EB/OL］.［2014-11-12］. https：//world.huanqiu.com/article/9CaKrnJFOKa.

116. 刘志勇. 习近平接受金砖国家媒体采访 强调走和平发展道路［EB/OL］.［2013-03-19］. http：//news.cntv.cn/2013/03/19/ARTI1363680866411369.shtml.

117. 卢舒倩. 在腾讯公司"让民族互联网产业走向世界"［EB/OL］.［2012-12-12］. http：//news.ifeng.com/mainland/special/xijinpingshenzhen/content-3/detail_2012_12/13/20121354_0.shtml.

118. 文秀. 习近平的文学情怀［EB/OL］.［2016-11-03］. http：//cpc.people.com.cn/n1/2016/1103/c64387-28832255.html.

119. 吴澧. 周有光：应当从世界来看国家［EB/OL］.［2014-02-02］. https：//cul.qq.com/a/20140212/020831.htm.

120. 习近平. 把权力关进制度的笼子里［EB/OL］.［2015-01-26］. http：//theory.people.com.cn/n/2015/0126/c392503-26453095.html.

121. 习近平. 促进共同发展 共创美好未来［EB/OL］.［2013-06-06］. http：//cpc.people.com.cn/n/2013/0606/c64094-21761957.html.

122. 习近平. 共倡开放包容共促和平发展——在伦敦金融城市长晚宴上的演讲［EB/OL］.［2015-10-22］. http：//world.people.com.cn/n/2015/1022/c1002-27728729.html.

123. 习近平. 共创中阿关系的美好未来［EB/OL］.［2016-01-21］. http：//www.xinhuanet.com//world/2016/01/22/c_1117855467.html.

124. 习近平. 共创中韩合作未来 同襄亚洲振兴繁荣——在韩国国立首尔大学的

演讲［EB/OL］.［2014-07-04］. http://www.xinhuanet.com/world/2014/07/04/c_1111468087.htm.

125. 习近平. 共担时代责任，共促全球发展［EB/OL］.［2018-01-04］. http://theory.people.com.cn/n1/2018/0104/c416126-29746002.html.

126. 习近平. 共同构建人类命运共同体——在联合国日内瓦总部的演讲［EB/OL］.［2017-01-18］. http://cpc.people.com.cn/n1/2017/0119/c64094-29034230.html.

127. 习近平. 弘扬丝路精神，深化中阿合作——在中阿合作论坛第六届部长级会议开幕式上的讲话［EB/OL］.［2017-03-08］. http://world.people.com.cn/n1/2017/0308/c411452-29132367.html.

128. 习近平. 开放共创繁荣　创新引领未来——在博鳌亚洲论坛2018年年会开幕式上的主旨演讲［EB/OL］. http://www.xinhuanet.com/politics/2018-04/10/c_1122659873.htm.

129. 习近平. 谋求持久发展　共筑亚太梦想——在亚太经合组织工商领导人峰会开幕式上的演讲［EB/OL］.［2014-11-10］. http://cpc.people.com.cn/n/2014/1110/c64094-26001014.html.

130. 习近平. 亲诚惠容［EB/OL］.［2017-09-06］. http://theory.people.com.cn/n1/2017/0906/c413700-29519658.html.

131. 习近平. 深化改革开放　共创美好亚太——在亚太经合组织工商领导人峰会上的演讲［EB/OL］.［2013-10-08］. http://www.xinhuanet.com/politics/2013-10/08/c_125490697.htm.

132. 习近平. 守望相助，共创中蒙关系发展新时代——在蒙古国国家大呼拉尔的演讲［EB/OL］.［2014-08-02］. http://www.xinhuanet.com/world/2014/08/22/c_1112195359.htm.

133. 习近平. 顺应时代前进潮流　促进世界和平发展——在莫斯科国际关系学院的演讲［EB/OL］.［2013-03-24］. http://www.gov.cn/ldhd/2013-03-24/content_2360829.htm.

134. 习近平. 携手建设中国—东盟命运共同体——在印度尼西亚国会的演讲［EB/OL］.［2013-10-03］. http://www.gov.cn/ldhd/2013-10/03/content _

2500118.htm.

135. 习近平. 永远做可靠朋友和真诚伙伴——在坦桑尼亚尼雷尔国际会议中心的演讲［EB/OL］.［2013-03-25］. http://www.gov.cn/ldhd/2013-03-25/content_2362201.htm.

136. 习近平. 在"不忘初心、牢记使命"主题教育总结大会上的讲话［EB/OL］.［2020-01-08］. http://www.gov.cn/xinwen/2020-01/08/content_5467606.htm.

137. 习近平. 在党的新闻舆论工作座谈会上的讲话［EB/OL］.［2016-02-19］. https://news.12371.cn/2016/02/19/ARTI1455884864721881.shtml.

138. 习近平. 在联合国教科文组织总部的演讲［EB/OL］.［2014-03-28］. http://www.xinhuanet.com/world/2014-03/28/c_119982831.htm.

139. 习近平. 在全国宣传思想工作会议上的讲话［EB/OL］.［2013-08-20］. http://www.12371.cn/special/qgxcsxgzhy/.

140. 习近平. 在中法建交 50 周年纪念大会上的讲话［EB/OL］.［2014-03-02］. http://www.xinhuanet.com/politics/2014-03/28/c_119982956_3.htm.

141. 习近平. 在中央工作经济会议上的讲话［EB/OL］.［2013-12-14］. http://news.12371.cn/2013/12/14/ARTI1386968513713965.shtml.

142. 习近平. 致中国人民对外广播事业创建 80 周年的贺信［EB/OL］.［2021-12-03］. https://www.gov.cn/xinwen/2021/12/03/content_5655697.htm.

143. 习近平. 做党和人民信赖的新闻工作者［EB/OL］.［2022-11-08］. http://politics.people.com.cn/n1/2022/1108/c1001-32561406.html.

144. 习近平. 在十九届中央政治局第三十次集体学习时的讲话［EB/OL］.［2021-05-31］. https://www.gov.cn/xinwen/2021/06/01/content_5614684.htm.

145. 熊争艳，侯丽军. 向世界发出中国走和平发展道路的强音——专家解读习近平在德国发表重要演讲［EB/OL］.［2014-03-29］. http://www.xinhuanet.com/world/2014-03/29/c_1110008413.htm.

146. 徐京跃，周英峰. 习近平在十八届中央纪委二次全会上发表重要讲话［EB/OL］.［2013-01-22］. http://cpc.people.com.cn/n/2013/0122/c64094-20289660-3.html.

147. 学习小组. 习近平的 6 个"互联网思维"［EB/OL］.［2014-11-21］. http://

yuqing.people.com.cn/n/2014/1121/c210107-26068049.html.

148. 学习中国. 大大用典"海纳百川，有容乃大"［EB/OL］.［2017-01-30］. https：//m.huanqiu.com/article/9CaKrnK08nq.

149. 张首映. 中国特色社会主义新闻理论概述［EB/OL］.［2013-07-23］. http://theory.people.com.cn/n/2013/0723/c367073-22296551.html.

150. 张彦敏. 两篇署名文章，习近平@"四好"邻国［EB/OL］.［2019-06-14］. http://dangjian.gmw.cn/2019-06/14/content_32920822.htm.

151. 赵婀娜. 清华大学国家形象传播研究中心成立［EB/OL］.［2014-12-16］. http://news.youth.cn/jy/201412/t20141216_6266137.htm.

152. 中共中央对外联络部研究室. 人类命运共同体：为世界描绘美好未来［EB/OL］.［2018-08-20］. http://www.cssn.cn/gjgxx/201808/t20180820_4545467.shtml？COLLCC=2513217331&.

后　记

　　本书作为国家社科基金重大项目"马克思主义中国化百年传播话语体系变迁研究（1919—2018）"（18ZDA315）的阶段性成果，经过课题组近五年的酝酿思考和相关成员的不懈努力，即将付梓。回想几年来大量节假日和其他休息时间被本书写作所占据，真是感慨良多。

　　国际传播已经成为当代民族国家在世界舞台上展示自身形象和国际影响力的重要路径和手段。习近平总书记指出，要深刻认识新形势下加强和改进国际传播工作的重要性和必要性，下大气力加强国际传播能力建设，形成同我国综合国力和国际地位相匹配的国际话语权。这就要求我们加强国际传播话语体系建设，努力构建中国特色、中国风格、中国气魄的国际传播话语体系。新时代马克思主义中国化国际传播思想是在系统总结中共十八大以来中国对外传播工作实践经验基础上和中国式现代化建设走进新时代、中国重新走近世界舞台中央的关键社会历史时期形成和发展起来的，这其中既有对毛泽东、邓小平、江泽民和胡锦涛等党和国家领导人国际传播重要思想精髓的继承，更有结合新时代中国特色国际传播实践的理论创新。

　　作为国家软实力重要组成部分的国际传播不仅在当代国际政治格局和国际关系中发挥着重要的功能，而且关涉到国际舆论对民族国家形象的认知和态度。与民族国家呈现在国际舞台上的硬实力不同，软实力的积累和发展及其在国际事务中作用的发挥是一个长期的过程，它更多地依赖于沟通与合作，而非强制性力量对国际关系和国际政治产生重大而深远的影响。新时代中国式现代化事业的蓬勃推进无疑为21世纪人类文明发展增添了无与伦比的美丽画卷，这就要求新时代中国国际传播必须突破原来固有思维模式，以更加宽泛的广度、更加精进的深度向国际社会展现真实、客观和多元的现代东方大国形象。中共二十大报告要求"不断提升国家文化软实力和中华文化影响力"。习近平总书记指出："中华优秀传统文化是中华文明的智慧结晶和精华所在，是中华民族的根和魂，是我们在世界文化激荡中站稳脚跟的根基。"①这与"中国式现代化""创造人类文明形态"等相呼应，成为新时代中国国际传播工作的根本遵循。中国优秀传统文化自古以来秉持天下大同、美美与共的思想理念，强调人类共生共济，共同发展、共享成果，是一个不可分割的命运共同体。与此同时，新时代中国特色社会主义建设取得的历史性伟大成就获得了国际社会广泛而积极的关注。但是，以美国为首的西方国家却对这些成就从意识形态上进行错误解读甚至对中国进行故意抹黑和造谣中伤。鉴于此，新时代中国国际传播需要解决的重点问题不仅是如何向世界讲述中国故事，而且是在讲述中国故事，呈现多元、立体、客观中国形象，戳穿以美国为首的西方国家在国际舆论场上编造的有关中国的谎言和谬论。本书正是基于以上思考而不断成型。

很显然，以一个人的力量单独支撑一本学术著作的问世不仅单薄，而且难免顾此失彼，它离不开团队成员的共同努力和艰辛付出，更离不开朋友们大量无私的帮助和支持。这既是作者之所以能够静下心、埋下头来全神贯注于学术思考的动力源泉，也是笔者必须向为本书能够得以出版而无私奉献的团队成员、各位友人致以特别感谢的重要原因。首先要特别感谢的是武汉大学出版社编辑胡国民，他以惯常敏锐的理论观察力和卓越的专业能力对本书成稿提出了中肯的意见和建议，其严谨认真态度令人起敬，在此谨表衷心谢忱。中原工学院的孙锐、高琳、郑文辉参加了本书的撰写工作。其中，孙锐承担了第二章和第三章的写作，高琳承担了第四章和第五章的写作，郑文辉在初稿形成过程中做了大量基础性工作。对此，一并表示衷心感谢。同时，也由衷地感谢写作中所涉及的参考文献作者。当然，对于个别由于记忆或其他原因导致的参考文献罗列疏漏或错误表达真诚歉意！

周宇豪

2024 年 4 月

---

① 中共中央党史和文献研究院. 习近平关于社会主义精神文明建设论述摘编[M]. 北京：中央文献出版社，2022：236.